发展报告

2024

2024 GUANGXI FAZHAN BAOGAO

广西壮族自治区人民政府发展研究中心　编著

中国发展出版社
CHINA DEVELOPMENT PRESS

图书在版编目（CIP）数据

2024广西发展报告 / 广西壮族自治区人民政府发展
研究中心编著. -- 北京：中国发展出版社，2024. 12.
ISBN 978-7-5177-1454-5

Ⅰ. F127. 67

中国国家版本馆CIP数据核字第2025EN6442号

书　　　名：2024广西发展报告
著作责任者：广西壮族自治区人民政府发展研究中心
责 任 编 辑：杜　君　常昌盛
出 版 发 行：中国发展出版社
联 系 地 址：北京经济技术开发区荣华中路22号亦城财富中心1号楼8层（100176）
标 准 书 号：ISBN 978-7-5177-1454-5
经 销 者：各地新华书店
印 刷 者：北京富资园科技发展有限公司
开　　　本：787mm×1092mm　1/16
印　　　张：16.75
字　　　数：292千字
版　　　次：2024年12月第1版
印　　　次：2024年12月第1次印刷
定　　　价：98.00元

联 系 电 话：（010）68990642　68990625
购 书 热 线：（010）68990682　68990686
网 络 订 购：http://zgfzcbs. tmall. com
网 购 电 话：（010）88333349　68990639
本 社 网 址：http://www.develpress. com
电 子 邮 件：121410231@qq.com

目　录
CONTENTS

广西充分激发各类经营主体活力对策研究

目
录

广西加快构建现代化产业体系对策研究

摘要 本课题从贯彻落实习近平总书记对广西加快构建现代化产业体系的重要指示精神及贯彻落实《关于加快构建广西现代化产业体系的意见》文件精神的角度出发，总结了广西产业体系发展的成效，厘清广西构建现代化产业体系存在的困难和问题，提出加强补链延链强链、抓科技教育发展新质生产力、促进现代服务业赋能制造业、扩大数智技改覆盖面、建设优质载体、优化产业发展环境等相关建议，供自治区党委、政府决策参考。

近年来，广西壮族自治区①党委、政府全面贯彻落实习近平总书记关于广西工作论述的重要要求，奋力闯出速度质量统一的产业振兴之路，确保产业总量持续增长、工业振兴成效显著、新兴动能加快培育、产业集聚效应凸显、产业实体实力持续增强、产业绿色转型加速，构建现代化产业体系的基础不断夯实。2024年，广西贯彻落实习近平总书记对广西加快构建现代化产业体系的重要指示精神，出台了《关于加快构建广西现代化产业体系的意见》及1+N系列文件。本课题组从全面贯彻落实习近平总书记对广西加快构建现代化产业体系的重要指示精神的角度出发，抓住新型工业化这个"关键任务"，围绕推动三产融合发展，针对广西产业结构不优、产业科技创新水平不高、产业数转进程相对滞后、产业园区承载能力不足、产业环境不够完善等短板和弱项，提出加强补链延链强链、抓科技教育发展新质生产力、促进现代服务业赋能制造业、扩大数智技改覆盖面、建设优质载体、优化产业发展环境等相关建议，供广西壮族自治区党委、政府决策参考。

---

① 由于本书为"广西发展报告"，所以书中的"广西""自治区""本区""全区"，均指广西壮族自治区，特此说明。——编者注

一、广西现代化产业体系的建设现状

广西现有的产业发展为构建现代化产业体系奠定了良好的基础，主要体现在工业振兴、新兴产业、产业集聚、经营主体、绿色转型等方面。其中，工业作为产业发展的主引擎，对现代化产业体系的构建起到主心骨作用。

（一）工业振兴成效显著

2021 年以来，自治区党委、政府作出推进工业振兴决策部署，以前所未有的决心和力度抓工业，产业整体实力、质量效益、竞争力显著增强。

工业实力明显增强。从规上工业总产值增长情况看，2023 年广西规上工业总产值达 23177 亿元，比 2020 年增加近 5000 亿元（见图 1），三年增长了近三成，年均增长率约为 8.5%。

图 1 2017—2023 年广西规上工业总产值增长情况①

从工业增加值增长情况看，2023 年广西工业增加值近 7000 亿元，比 2020 年增加近 2000 亿元。规上工业增加值三年增加四成，三年平均增长 6.5%，比全国同期高 0.6 个百分点。其中，广西 2023 年规上工业增加值增长 6.6%，比全国同期高 2 个百分点（见图 2）。

从工业投资增长情况看，2021—2023 年广西工业投资完成额年均增长

---

① 若无特殊说明，本书所有图表均为作者根据广西壮族自治区发展和改革委员会、广西壮族自治区人民政府国有资产监督管理委员会、广西壮族自治区商务厅、广西壮族自治区市场监督管理局、国家统计局、中华人民共和国海关总署等官方机构提供的数据制作。

17.3%，高于全国同期 7.1 个百分点。2021—2023 年三年累计完成工业投资 1.06 万亿元（见表 1），比 2018—2020 年总量增加 56.3%，工业投资呈现快速增长态势。新建项目对工业产值、增加值的增长贡献率均超过 50%。

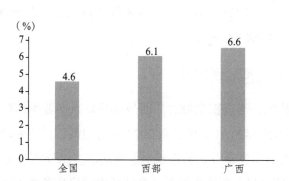

图 2　全国、西部、广西 2023 年规上工业增加值增长情况

表 1　广西工业投资、工业税收、规上工业利润变化情况　　　单位：亿元

	2018—2020 年	2021—2023 年	累计总量增加
工业投资	6781	10600	3819
工业税收	2433.6	2806.3	372.7
规上工业利润	3014.4	3200.2	185.8

另外，工业贡献明显加大。工业增加值占 GDP 的比重从 2020 年的 23.6% 提升至 2023 年的 25.4%（见图 3）。2023 年工业对 GDP 的增长贡献率达 33.4%，工业有力支撑了 GDP 的增长。

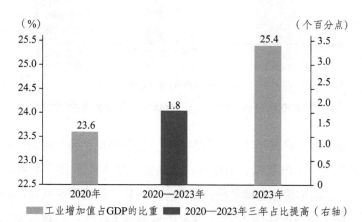

图 3　2020 年、2023 年广西全部工业增加值占 GDP 比重的增长情况

从工业税收贡献情况看，工业税收占全部税收的比重从 2020 年的 33.4% 提升至 2023 年的 39.8%，工业税收贡献率大幅提升。2021—2023 年工业税收累计完成 2806.3 亿元，比 2018—2020 年多增 372.7 亿元。工业利润稳步增长，从表 1 可看出，2021—2023 年广西累计实现规上工业利润 3200.2 亿元，比 2018—2020 年增加 185.8 亿元。

（二）新兴动能加快培育

新兴产业壮大，形成新支撑。广西战略性新兴产业增加值占规上工业增加值的比重从 2020 年的 16% 提升至 2023 年的 20%，对工业增长的贡献率超过 35%。其中高技术制造业、装备制造业增加值占比分别提高至 8%、21%（见图 4）。目前，新材料、新能源汽车、新能源电池已成长为 500 亿元级以上产业，光伏组件、电子铜箔、电池正负极新材料等已大规模量产，初步打造北海光伏硅基材料基地；新能源汽车形成全产业链，车型涵盖轿车、运动型多用途汽车（SUV）、多用途汽车（MPV）等品类；新能源电池形成全产业链，竣工产能超 135 吉瓦时，达产后产值将超过千亿元。

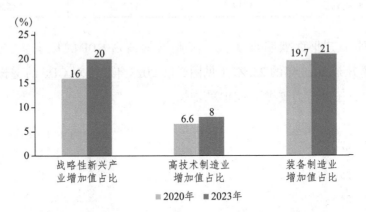

图 4　2020 年与 2023 年广西部分新兴产业增加值占比对比

传统产业升级，焕发新活力。高端板材、特种钢材、高端钢铁材料成为钢铁产业增长的主力，电解铜、不锈钢、成品糖、装载机等 10 多种产品产量稳居全国前十。立足林果蔬畜糖等特色资源，广西累计创建国家级农业现代化示范区 9 个、现代农业产业园 10 个、国家产业强镇 64 个、"一村一品"示范村镇 142 个，优势特色资源得到充分挖掘利用。设施农业总产值已超 2500 亿元，占农林牧渔业总产值的 1/3 以上，成为现代特色农业发展的新增长点。2023
年，广西高技术服务业营业收入同比增长 20.3%，其中信息服务、电子商务分
别增长 26.7%、21.3%，广西数字经济核心产业增加值同比增长达 15%。

（三）产业集聚效应凸显

当前，广西形成了钢铁、有色金属、食品、石油化工、电力等 10 个千亿
元产业（见图 5）。其中，钢铁、有色金属、食品 3 个产业产值超过 3000 亿
元，石油化工、电力、造纸与木材加工 3 个产业产值超过 2000 亿元，成为国
内重要的工程机械、发动机、汽车、金属新材料、新能源电池及材料等生产基
地以及全球最大的锰基新材料基地。新能源汽车、装备制造等领域共 9 个特色
产业集群入选国家中小企业特色产业集群，数量位居全国第九、西部地区第
二。广西先后形成粮食、蔗糖、水果、蔬菜、渔业、优质家畜等 6 个千亿元产
业集群，糖料蔗、水果、蚕桑、茉莉花（茶）等产业长期位居全国第一。广西
累计创建国家级优势特色产业集群 9 个，已成为全国最大的秋冬菜生产基地，
园林水果产量连续 6 年全国第一，糖料蔗种植面积和食糖产量连续 33 年居全
国第一，全国"菜篮子""果盘子""糖罐子"的地位有效夯实。广西持续推进
生产性服务业集聚示范区建设，建成 38 个以现代物流、数字经济、科技服务、
金融服务、文化旅游等为主导行业的自治区级现代服务业集聚区。

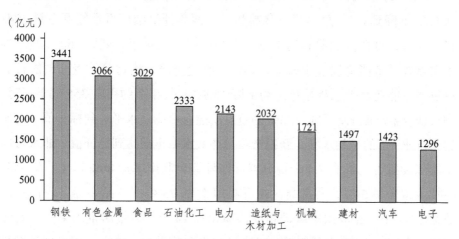

图 5　2023 年广西十大千亿元产业及其产值

（四）经营主体不断壮大

龙头企业"头雁"效应明显。截至 2023 年底，广西累计培育龙头企业 212 家，产值超过百亿元的工业龙头企业达 30 家，比 2020 年增加 13 家，带动区内配套规上工业企业 6000 多家。专精特新和单项冠军企业不断涌现，培育形成国家级专精特新"小巨人"企业 101 家，总量位居西部第 4 位。培育国家级单项冠军企业（产品）5 家（个），培育自治区专精特新中小企业 737 家、单项冠军企业 109 家。在库规上工业企业首次突破 1 万家，工业经营主体突破 11 万家，相比于 2020 年增幅达 50%。柳工集团下属柳州欧维姆机械股份有限公司入选国务院国资委"创建世界一流专精特新示范企业"名单。截至 2024 年 4 月，广西累计培育国家级农业龙头企业 58 家、自治区级农业龙头企业 506 家。自治区级以上农业龙头企业营业收入累计达 2950 亿元，其中营业收入破百亿元的有 6 家、10 亿元以上的有 57 家。持续推进服务业企业"上统入库"，广西 A 级物流企业达到 164 家，实现了 14 个设区市全覆盖。

（五）产业绿色转型加速

完善"双碳"政策体系，工业绿色化发展水平提升。三年来广西新增国家级绿色工厂 78 家、绿色园区 8 个、绿色供应链 1 条；自治区级绿色工厂 99 家、绿色园区 17 家、绿色供应链 3 条、绿色产品 155 种。能耗强度从 0.55 下降到 0.5，总体呈下降趋势。广西累计消纳可再生能源电量 2948 亿千瓦时，可再生能源利用率排名全国前列。三年累计减碳 560 万吨。推动重点领域节能降碳技术改造，钢铁、有色金属、建材等重点高载能行业单位产品能耗水平三年累计平均下降 15.9%，每年节约用电 355 亿千瓦时。淘汰铁合金产能 1.7 万吨，35% 的重点用能企业能效水平达到标杆值，占比远超行业 5% 的平均水平，新投产项目能效水平全部达到标杆值。非水可再生能源装机占比提高 7.4 个百分点，秸秆综合利用率达 86% 以上，绿色防控技术覆盖率 54%，畜禽粪污综合利用率 89.73%，"三品一标"农产品总数达 1741 个。建成国家级动物疫病净化场 14 个，数量居全国第一。北海市成为全国首批 20 个整区域推进高标准农田建设试点之一。积极推进柳州国家气候投融资试点，建成广西首个绿色金融服务平台，2023 年融资总额达 454.13 亿元。注重文旅资源生态保护，北海银滩、南宁那考河入选国家级美丽海湾、美丽河湖优秀案例，桂林会仙喀斯特、北海金海湾红树林入选国际重要湿地名录。

二、广西现代化产业体系建设的短板和弱项

尽管广西在现代化产业体系建设多个领域取得了一定成效，但仍然存在产业链条不长、产业科技创新能力不足、产业智改数转进展较慢、产业园区建设滞后、产业发展环境不够优等问题和困难，制约构建现代化产业体系进程。

（一）产业链条不长

1. 产业链条处于中低端环节

广西整体产业形态仍较传统，产品附加值偏低、产业链偏上游、价值链偏低端，产业链供应链的高端化、关键化不足。战略性新兴产业和高技术制造业发展速度较快，但产业规模偏小、产业基础尚不牢固，尚难支撑工业经济大盘；高载能产业规模体量大，在资源环境约束条件不断趋紧的背景下，产业转型压力大。重点产业链集中于原料工业、中间品工业，消费品工业不多，存在品种不够好、品质不够优、品牌不够响等问题，典型如广西的特色铝产业，铝材与电解铝产量比仅为 1.3 : 1，低于全国平均水平，航空航天、半导体、舰船、汽车等领域用的高端铝材产品绝大部分销往区外，凸显产业下游加工能力的不足。"大而不强"仍然是广西农业产业的现状，广西农业产业链价值链仍处在中低端水平。农产品仍以初加工为主，冷链物流设施建设相对落后，农产品产后价值损失率和运输损耗率仍然较高。农业龙头企业数量少、实力偏弱，与农业大省份的地位还不匹配。2023 年在全国农业 500 强企业中，广西仅 3 家企业上榜。数字经济和平台经济等新业态、新模式发展也不够活跃，2023 年广西数字经济企业存续数量约为 1.64 万家，仅为全国平均水平的 51.25%。

2. 产业链部分环节缺失

部分零部件本地配套率不高，如电子信息本地一级配套率需进一步提升，金属冶炼和压延加工业未能与区内高端装备制造形成产业链，限制了企业发展壮大。如南南铝加工区内难以找到合适的配套企业，上游铝产品需从

外省购进。销售端未能充分利用新业态新模式，网络零售额在社会消费品零售总额中的占比仅为 7.2%，明显低于全国 9.56% 的平均水平；人均电商平台农产品销售额仅为 130.83 元，仅相当于全国平均水平的 34.78%。

（二）产业科技创新能力不足

1. 研发投入严重不足

根据统计部门官网的数据，2022 年，广西全社会研究与试验发展（R&D）经费投入首次突破 200 亿元，达到 217.9 亿元，R&D 经费投入强度（R&D 经费与营业收入之比）为 0.83%，但全区规模以上工业企业 R&D 经费投入强度仅为 0.65%，与全国平均水平（1.39%）仍有较大差距，企业科技创新活力不足。2022 年广西高技术制造业 R&D 经费为 18.1 亿元，投入强度为 1.00%，而同期全国高技术制造业 R&D 经费为 6507.7 亿元，投入强度达到 2.91%，同样与全国平均水平有较大差距。

2. 科技创新与产业创新融合不够

创新链与产业链融合不够，目前还未找到较为成熟的畅通科技成果向现实生产力转化的路子，科技成果转化支撑地方经济发展的作用亟待增强。从企业角度看，企业特别是广大中小企业希望能够与高校院所开展协同创新，将科技成果放到企业转化，但苦于当前产学研融合政策体系不够完善，技术市场、科技成果孵化平台发育不够成熟，高校院所支撑科技成果熟化、转化能力不足，削弱了企业信心，企业渴望得到科技成果的同时担心存在转化困难。从高校角度看，不少学科专业结构与地方经济发展需求结合不够紧密，学校科研方向与地方战略需求、企业产业发展需求不匹配，能解决地方重大需求的科技成果转化项目不多，产学研脱节。从科研院所角度看，研发经费投入不足造成科技创新的自主性相对较低，创新链核心动力和原始创新能力仍然不足。

3. 科技创新人才支撑产业发展能力不足

广西缺乏国内一流水平的高校、科研院所和国家级科技创新平台，缺少具有战略眼光、产业规模大、利润水平高的领军企业，缺失聚集和培育高端科技创新人才的载体，导致重点产业领域引育高层次人才和团队工作难度大，目前引进的高层次人才、团队与广西产业发展匹配度不够。各地各单位引育高层次人才和团队的能力相差较大，区域分布很不均衡，引育的高层次人才和团队主要集中在南宁、柳州、桂林三个市的优势高校、院所和科技型企业，国有企业和其他设区市引育数量极少。

（三）产业智改数转进展较慢

1. 中小企业智改数转动力偏弱

工业互联网技术更新迭代快，中小企业过度依赖政府补贴，数字化、网络化、智能化改造的内在动力不强，认知水平和投入水平有待提升，企业内部缺乏专业人才，企业管理者对数字化转型认识还不到位，数字化转型资源投入受限，存在不能用、不会用、不敢用的问题。

2. 大中小企业融通转型有待加强

工业互联网在区域间、行业间、不同规模企业间发展不均衡，目前仅有柳工、上汽通用五菱、柳钢、玉柴等行业龙头建设企业级工业互联网平台，带动能力偏弱，工业互联网生态打造缺乏核心引领，提供数字化赋能的企业多来自深圳、广州。

3. 数字化人才吸引力度不足

2023 年广西累计发布数字经济企业人才网上招聘岗位数约为 6000 个，仅为全国平均水平 2.7 万个的 22%。数字经济企业招聘平均月薪酬约为 8700 元，同期全国平均水平为 1.03 万元，低于江西（1.01 万元）、重庆（1.05 万元）、辽宁（9240 元）、新疆（9875 元）等省份，数字经济人才薪酬水平较低。

（四）产业园区建设滞后

1. 园区总体发展水平不高

国家级园区数量少、体量小，综合实力较弱。广西现有各类以工业为主导的园区 133 个，其中国家级园区仅 16 个。2023 年突破千亿产值的园区仅有 4 个，与云南省（7 个）和江西省（8 个）相比存在差距。在全国 230 家经开区综合考评中，仅有钦州港经开区进入前 100 名，排第 94 位；在全国 177 家高新区综合评价中，仅南宁高新区进入前 50 名，排第 48 位。近半数的园区未达到百亿元规模，如沿边临港 4 市各类园区超过 30 个，其中 70% 以上园区产值未超过 30 亿元。

2. 园区基础设施配套能力不足

产业园区建设起步晚，"散小弱"现象比较普遍，规划、建设、运营、服务等体系尚未形成，市、县（市、区）及园区建设资金匮乏，园区基础设施和生活配套设施短板突出。现行政策标准为供应前用地必须达到"三通一平"（供水、供电、道路和场地平整），鼓励达到"七通一平"（"三通一平"加排水通、电信通、天然气通、热力通），而江苏等东部省市园区设施建设用地标准在 30 年前就确定为"九通一平"或"七通一平"。

3. 产业园区聚集度不高

大部分园区缺乏龙头企业引领，没有形成产业链、供应链，未能形成产业聚集效应。如北海市现有的加工制造类企业，大部分配套供给仍在东部地区，上下游供应链依赖东部地区，运营成本增加；凭祥市仍以"过路经济"为主，加工制造项目少，产业链条短。

4. 园区管理体制机制不活

园区与属地权责不清，部分园区管委会经济管理权限授权不充分，机关化行政化明显，承担过多社会事务管理而偏离主责主业，园区"管委会＋平台公司"的基本架构大多有形无神，管委会与平台公司机制不顺，平台公司无法完全发挥作用；平台公司市场化运营程度低，难以通过融资途径解决资金需求，缺少发展的独立性。激励机制不活，绝大多数园区未设独立财政，产业园区存在缺乏财权、无有效资产等问题。

（五）产业发展环境仍需完善

1. 政务平台数据不够畅通

全区共有 204 个政务服务专业系统，其中单向或双向未连接"桂通办"的共 174 个，未对接系统的有 30 个。即便已对接的系统，数据也未真正实现共享，基层工作人员需在 3 个平台进行数据二次录入才能在"桂通办"上显示数据。国垂、区垂各系统尚未完全实现数据互联互通，影响业务协同效率，各设区市多采取部门线下联动的方式开展审批工作，降低了改革创新的成效。

2. 要素成本优势不明显

受"三区三线"影响，用地指标紧缺，耕地占补平衡压力大，征地拆迁安置遗留问题多；用地成本高，贺州工业用地成本在 20 万元 / 亩以上，与广东的梅州、揭阳、潮州等市相比优势不足，承接产业转移的吸引力下降。产业人才短缺，广西的劳动报酬偏低，高成长性优质企业较少，缺乏人才吸引力；高校毕业生流失多，中小企业出现比较严重的招人难、留人难问题。企业融资仍然存在较大困难，银行抵押贷款以土地、厂房抵押为主，经营权、知识产权、股权等质押的金融产品较少；中小企业财务管理不规范，抵押担保条件达不到信贷要求。

3. 公平竞争环境营造不充分

部分企业反映，在一些重点行业、重大项目、政府采购等领域的市场准入还存在一些隐形门槛，中小企业实际享受的政策红利有限。地方财政压力会影响费用减免、低息贷款等优惠政策的实施力度，导致经营主体对营商环境满意度不高。除南宁市外，其他设区市无力足额拨付外资企业奖励资金，而是通过协调解决要素问题吸引投资。

4. 法治监管环境仍需优化

跨部门综合监管和基层监管不足，存在监管责任不落实、监管制度不健全以及重复检查、多头执法等问题，甚至存在监管盲区和真空，能动司法理念有待加强。部分地区法官办案能力不足，或存在机械办案、就案办案、"同案不同判"等问题，影响企业对司法的信心。部分涉企案件执行工作不规范，强制执行措施运用不够精准，胜诉权益兑现慢。民营企业产权和企业家合法权益保护意识树立得还不够牢固，保护机制还不够健全，乱收费、乱罚款、乱摊派现象仍未根治，应付未付、应退未退问题还没有完全解决。在企业面临困难和问题时，存在未公平公正处理的情况，"有求必应"效果不明显，这在一定程度上打击了企业发展的信心，影响投资环境和政府公信力。

三、加快构建广西现代化产业体系的相关建议

坚持以习近平新时代中国特色社会主义思想为指导，深入贯彻落实习近平总书记关于广西工作论述的重要要求，从细化《关于加快构建广西现代化产业体系的意见》重要举措的角度出发，重点在育强企业、科技创新、三产融合、智改数转、载体建设、发展环境等 6 个方面下功夫，充分利用好

"7+N"现代化产业体系建设基金效能，打造以先进制造业为骨干，自主可控、安全可靠、竞争力强的现代化产业体系，不断夯实中国式现代化广西篇章的物质技术基础。

（一）抓补链强链延链，打造更多优质产业主体

发挥产业体系较为完备的基础优势，统筹推进补链强链延链，统筹推进"链主"企业和"专精特新"企业融合发展，提升产业链供应链现代化水平。

1. 加快落地一批优质重大项目，带动产业"补链"

一是推动项目引进更专业。邀请企业家、科技人员成立顶级专家数据库，为体量大、技术先进、专业性强的项目论证把脉，全面把握项目计划的可行性。项目引进要从以"土地优惠、税收减免"为主向"资本运作、基金支持"转变，加快社会资本涌入盈利空间较大的项目，减轻财政压力，增强项目运营市场动力。二是推动项目布局更精准。从高位集中统筹好产业布局，高效实施持续引进产业项目的差异化政策，尽量减少同质化竞争和分散投入，统筹土地、能耗资源，支持机械装备、有色金属、石油化工等产业项目落地。集中财政、人才资源支持蔗糖产业精深加工、新能源汽车、新材料等产业项目落地，撬动社会资本在南宁、柳州、桂林等地与政府共同投资以上优质项目。三是推动项目落地更有力。建立产业基础设施建设、招商引资工作、项目落地建设和后期运营利益共同体，提高落实效率。编制年度重大项目自然资源服务保障清单，统筹保障重大项目所需的土地利用计划指标、林地定额等自然资源要素。

2. 加快认定培育更多链主型龙头企业，带动产业"强链"

一是培育、认定一批具有生态主导力和核心竞争力的龙头企业，支持龙头企业优化整合产业链、创新链、价值链，加快成为具有生态主导力和产业链控制力的一流企业，强化"链主"带动"强链"，促进产业群链提升。二是持续深化国有企业改革，推动国有企业加大对重点产业链关键环节投资力度，发挥国有企业在重要产业链中的龙头中枢作用，使其勇当现代产业链"链长"。三是引导大企业向中小企业开放各类创新资源要素，共享产能资源，支持和带动中小企业创新。鼓励大企业先试、首用中小企业创新产品，促进中小企业配套产品推广应用。四是扩大产业配套半径，推动产业关联配

套，支持产业链上的龙头企业向上游设计研发和下游终端产品等高附加值环节延伸，形成大企业"以大带小"、中小企业"以小托大"的良好发展生态，以"延链"助力产业体系实现更大价值。

3. 加快中小企业专精特新发展，带动产业"延链"

一是培育、认定一批专注于产业链薄弱环节的专精特新"小巨人"和单项冠军企业，支持一批产业链关键环节补短板强基础产业化项目建设，提升产业链关键环节配套能力，"补链"接断点。二是构建优质企业梯度培育体系，不断壮大优质中小企业梯度培育库，加大财税、金融、人才、知识产权、数据等方面的支持力度，激发涌现更多"专精特新"中小企业。三是全面落实《中华人民共和国中小企业促进法》，坚持管理和服务并重、发展和帮扶并举，完善中小企业工作体系、政策法规体系、服务体系和运行监测体系；健全防范化解拖欠中小企业账款长效机制，切实保护中小企业合法权益。

（二）抓教育科技人才综合改革，加快培育新质生产力

在当前新一轮科技革命和产业变革正在加速演进的背景下，新技术不断涌现、新业态层出不穷，我们要充分发挥科技创新驱动作用，深化科技教育人才综合改革，加快推动科技创新与产业创新深度融合，形成产业、科技、教育、人才合力，加快培育新质生产力。

1. 探索形成符合产业需求的教育模式

一是支持开展校企合作，探索专业设置、课程开发、学制设置等更加合理的专业技能人才培养模式，不断提高人才培养质量，为产业发展注入新的活力。二是支持部分本科高校、高职高专探索"产学研用"相结合的高级技师培养模式，支持高校招收企业中的技师、高级工作为定向生，让其在学习期间参与高校科技研究和接受高职技能技术教育，打通技术应用落地"最后一公里"，培养出更多高素质技术技能人才、能工巧匠、大国工匠。三是瞄准广西产业发展需求，适时调整高校专业设置，引导高校围绕先进制造、新能源汽车、电子信息等重点产业设置专业。

2. 统筹创新平台与项目资源，赋能产业发展

一是进一步推动企业科技创新平台建设，形成与产业发展紧密结合、各有侧重、布局合理的产业科技创新平台体系，支持高水平高校院所争创全

国重点实验室，行业龙头企业创建自治区实验室，规上企业建设技术创新中心、企业技术中心、工程研究中心等创新平台；鼓励国家重点实验室、自治区实验室、科技成果转化中试基地等平台与企业合作，开展关键技术研究及产业化应用，加快科技成果转化、熟化、产业化。二是做好科技"尖锋"行动"后半篇文章"，组织实施自治区实验室专项，精准支持龙头企业联合高校院所、下游企业开展协同创新；聚焦产业转型升级，壮大战略性新兴产业，培育未来产业，组织实施一批重大科技专项，开展关键核心技术攻关，通过科技创新不断提高新产品的科技含量和附加值，打造一批具有自主知识产权和核心竞争力的产品，走科技强、产品强的路子，以科技创新为支撑，推动产业向高端化、智能化、绿色化方向发展。

3. 量质并举，抓好高层次人才引育工作

建立以产业实际需求为核心的产业人才政策，对产业所需、企业所求的人才加大支持力度，构建适应现代化产业体系的智力支撑体系。一是引导科技人员服务产业，按照"聚焦一个产业、引进一个团队、带动一批人才"的模式开展工作，政府以安家费补贴、个人所得税减免等方式支持重点龙头企业引进院士等顶尖人才的团队成员到企业开展科技成果转化、技术支持等工作。二是在广西规上工业企业中推行企业科技特派员制度，自治区每年支持500名区内高校院所科技人员到企业中开展技术研究，视成果产出情况予以补助项目支持。三是大力发掘与培养企业家，通过政策支持、资金扶持、项目引导等方式，吸引和培养一批具备创新精神、具有创业能力和管理水平的优秀人才。

4. 进一步促进科技成果转移、转化

一是探索建立覆盖全区、连接周边省份的技术转移对接平台，进一步优化科技成果转化激励政策，建立技术转移有渠道、成果转化无堵点的科技成果转化机制，进一步支持企业与国内外高水平高校院所开展协同创新，借助"外脑"促发展。二是鼓励设区市设立科技成果转化母基金，与商业银行、风险投资机构、私募股权等社会资本联合设立子基金参与科技成果转化和产业化，为科技创新提供全方位的金融服务，形成多元化的科技投融资体系。三是建立科技创新成果"精准识别—熟化转化—创业孵化"体系，对科技成果的市场潜力、技术成熟度、产业化风险等进行全面评估，为基金的支持和科技财政资金的资助提供科学依据。四是支持设区市、龙头企业到科技资源富集区建立科创飞地，汇聚优秀人才与科技成果，形成"外地孵化＋本地生产"的科技成果转化与人才柔性引进模式，为广西产业发展提供有力支持。

（三）抓现代服务业赋能，同先进制造业、现代农业深度融合

现代服务业同先进制造业、现代农业深度融合已成为产业升级的重要方向。应顺应各产业融合发展的新趋势，推动现代服务业同先进制造业、现代农业深度融合，提升服务业供给质量和效率。

1. 深入推进现代服务业与先进制造业融合发展

一是培育壮大融合发展主体。支持企业通过多种方式实现对资源要素、技术研发和市场开发的有效整合，发挥平台型组织、产业集群的重要作用，培育壮大工业设计、信息技术服务、人力资源管理、知识产权服务、创意设计等生产性服务业经营主体，积极培育平台型企业。二是拓展融合发展新路径。促进现代服务业与原材料制造业、消费品制造业融合，强化物流服务与生产制造的无缝对接，借助现代供应链优化制造流程，实现供需精准匹配，提升制造业运行效率。如重点加快现代服务业与重点制造业的融合，推动现代服务业与原材料产业融合，从研发设计到生产制造各环节对接下游企业，加快原材料行业从提供原料产品向提供原料和工业服务解决方案转变。三是培育融合发展的新业态、新模式。支持企业增强柔性制造能力，实现以用户为中心的个性定制与按需生产；推进文化旅游与制造业深度融合，支持有条件的工业企业、园区和历史遗迹景点通过挖掘文化底蕴、丰富品牌内涵、优化工厂设计等方式，打造集生产、展示、观光、休闲、科普、购物等于一体的工业旅游景点景区。

2. 促进现代服务业与现代农业深度融合发展

一是培育社会化服务主体。构建广西农业社会化服务规范化体系，培育发展种业研发、仓储物流、农机作业及维修、农产品营销、农业金融服务、资源回收利用等农业生产性服务业，推广"全程机械化＋综合农事""机械化＋数字化"等服务新模式，发展多种形式的小农户托管模式，拓展、延伸和丰富农业产业链，提高农业生产经营的附加值和利润率。二是强化科技兴农。加强良种技术攻关，做大做强种业企业，高标准建设现代种业基地，促

进现代种业创新链、产业链、价值链和服务链协同发展，打造亚热带特色种业强区。加快农业机械化薄弱环节技术装备引进推广和技术集成创新示范，开展区域性水稻产业中心、丘陵山区特色农作物生产机械化重要基地宜机化改造提升。三是发展设施农业。坚持以绿色发展为导向，集成和推广有利于碳达峰碳中和的农业集约化生产技术，以优化设施农业布局、健全农业经营体系、推动产业融合发展为重点，以强化技术装备升级和现代科技支撑为关键，重点支持设施种植、设施畜牧、设施（生态）渔业、水果产业基础设施及配套设备建设，逐步提高设施农业产值占农林牧渔业总产值的比重。

3. 推动一二三产业深度融合

一是大力发展农产品加工和冷链物流。用好用足广西农业规模优势，培育认定一批农产品特色加工专精特新中小企业，实施一批农产品加工链条延伸项目，建设一批农产品加工产业主题园区和农产品加工副产品综合利用试点，提升农产品精深加工能力，推动农业生产供应链、精深加工链、品牌价值链同构，不断提高农产品综合加工转化率。加快补齐仓储保鲜和冷链物流短板，在县域重要流通节点建设改造一批农产品产地冷链冷藏保鲜设施，在农产品主产县或特色农产品优势区建设一批全国性或区域性农产品骨干冷链物流基地，提高农产品产后集散和商品化处理效率。二是强化联农带农。突出抓实农业产业头部企业和"链主"企业培育，引领行业集聚发展。发展壮大新型农村集体经济，推动通过资源发包、物业出租、居间服务、资产参股等多样化途径发展新型农村集体经济。健全完善龙头企业、家庭农场、合作组织和农户之间的利益联结机制，推广"订单收购＋分红""农民入股＋保底收益＋按股分红"等方式，让农民分享更多产业发展收益。三是农文旅康融合发展。发挥区位、资源、文化等优势，促进农业与生态、文化、旅游、康养、餐饮、信息等业态融合发展，建设"农业＋健康产业"原料基地，创建休闲农业重点县、休闲农业与乡村旅游示范区，大力发展农家乐、乡村民宿、生态康养、农业观光等多种业态，打造世界级的乡村旅游目的地。

（四）抓数智技改扩大覆盖面，推动产业转型升级

进一步把握数字化、网络化、智能化方向，加快推动智能改造、数字转型、设备联网，广泛应用数智技术，推动产业高端化发展。

1. 降低中小企业智改数转技术难度和成本

一是重点在 5G 刚性场景出台政策标准。抓重点行业和成熟应用提前布局，如在矿山、港口、钢铁等场景扩建新厂房的，通过一次性补贴方式，鼓励企业在工业内网设计中纳入 5G 行业标准，减少试错成本。二是着力解决中小企业共性难题。收集汽车、冶金、金属材料、机械等集群性较好的行业中中小企业存在的共性问题，由技术承包商、区内外数字化人才共同破解，并及时在全行业推广。三是复制经验，扩大数字化转型覆盖面。通过签约，与试点中小企业、工程承包商及其他参与主体达成共识，试点转型成功后的技术积累、人才支撑，均服务于同行业企业。把同一行业产值、数字化转型成本不同的企业，分类作为转型标杆，允许和鼓励其他同类型企业全程参与数转过程，为企业积累经验。

2. 加快打造示范平台，带动中小企业数字化转型

一是持续打造制造业数字化转型示范平台，设立广西数字经济发展专项引导资金，适时设立产业发展基金，推动传统产业基于自身特点和要求实现全方位、全链条数字化转型，全面系统推进互联网、大数据、云计算、元宇宙、区块链等新一代数字技术在研发设计、生产制造、经营管理、销售服务等环节的一体化应用，提升重点企业关键业务环节的数字化率。二是发挥大企业数字化转型的示范作用，通过供应链等带动中小企业数字化转型。深化应用广西制造业数字化转型路线图，启动重点产业链数字化链式转型工作，重点支持制糖、汽车、机械等龙头企业制定一体化数字化转型方案，帮助和带动上下游重点配套企业数字化转型，打造一批数字化转型典型场景。三是打造重点领域数字化转型促进中心，开发"小快轻准"工业软件产品和解决方案。认定和打造一批具有影响力的行业数字化转型促进中心，重点支持制糖、冶金、机械、汽车等广西传统优势产业，建设数字化转型公共服务平台，有针对性地为中小企业提供数字化转型服务，形成一批可复制、可推广的数字化转型典型模式。

3. 持续推进产业智能化改造

一是在人工智能方面，以人工智能赋能新型工业化。以人工智能和制造业深度融合为主线、以智能制造为主攻方向、以场景应用为牵引，统筹布局通用大模型和垂直领域专用模型，从供需两端发力，营造创新生态，高水平

赋能新型工业化。推动人工智能大模型在各产业开展示范应用，在通用大模型基础上针对垂直行业进行精准训练，开发行业性人工智能解决方案，发挥其深度赋能的巨大潜力。二是在智能制造方面，大力发展智能产品和装备、智能工厂、智慧供应链，创新个性化定制、网络化协同等模式。加大制造业机器"换人"、设备换芯、生产换线力度，开展智能制造成熟度试点，持续新增智能工厂，加快工业企业智能化改造步伐。三是在引领示范方面，加强标准引领和专业服务，分行业领域推广智能制造。系统开展智能制造能力成熟度评估工作，培育一批国家级和自治区级智能制造标杆企业、示范工厂、优势场景，争创国家智能制造试点示范基地。

（五）抓园区建设，夯实产业载体支撑

以深化产业园区改革、有序承接产业转移为主线，高标准、高起点建设中国—东盟产业合作区，强化规划引领，加快园区设施建设，加快项目落地建设，加强产业协作招商，不断提升产业园区活力、承载力和竞争力，努力打造粤港澳大湾区重要战略腹地。

1. 深化产业园区体制机制改革

一是加快整合升级。出台专项方案，将产业虚化、规模偏小、管理松散、运营困难的产业园区原则上就近整合并入现有国家级或自治区级产业园区，稳妥有序推行"一区多园"管理模式，实行一个主体、一套班子管理多个园区的管理体制。二是强化统筹管理。制定新的"广西产业园区管理办法"，开展自治区级、市级等不同级别的产业园区认定，强化分层分类管理。创新建立产业园区统计制度，加强经济运行分析研判。组织开展《中国开发区审核公告目录》涉及广西的审核修订工作，争取更多产业园区列入目录并对其实施动态管理。三是推进园区管理体制和运营机制改革。探索"区政合一＋公司""管委会＋公司"等产业园区管理运营模式，用活各类创新政策，吸引更多央企、区直国企、民营企业参与园区建设、招商、运营和管理。四是建立完善考评体系。建立共性与激励相结合、平时监测预警与年终评审相结合的考评体系，围绕经济增长、质量效益、运营能力和创先争优等确定考评指标，压实各级主体责任。强化大数据统计分析，动态监测园区主要考核指标进展。

2. 加快园区规划建设

一是强化规划引导。各设区市全面实施《广西产业园区建设三年行动方案（2024—2026年）》《中国—东盟产业合作区总体发展规划》并完成片区总体规划和启动片区控制性详细规划。加快编制《全区产业园区总体发展规划》，加快完善产业园区规划体系。加快构建产业园区"4+3+7"承接产业转移新格局，重点培育8个超千亿元园区、发展壮大69个超百亿元园区。二是提升产业园区设施水平。加强标准化、个性化、定制化厂房建设，满足制造业企业集群和重点项目各种落地需求。加快建设园区路网、供水、供电、供热、燃气、环保、关键物流等配套设施和数字基础设施。三是以高能级示范园区带动产业集群式发展。围绕钢铁、有色金属、石油化工、电子信息等优势产业，全力构建龙头企业引领、产业链完整、集群化发展的高能级产业示范园区，打造一批国家级产业集群。四是提升园区建设运营水平。推广以财政资金引导、国企资金撬动、社会资本参与为主要路径的建设新模式，吸引社会资本以市场化方式多渠道参与园区开发建设。按照最新要求，让"资金跟着项目走"，做好专项债券项目安排。推广资产证券化（ABS）、不动产投资信托基金（REITs）等工具，盘活存量资产，拓宽融资渠道。探索以连锁经营、委托管理、投资合作等多种形式，推动中央企业、东部省市参与产业园区建设运营。

3. 加大园区招商引资力度

一是加强产业园区招商的统筹协调。深入实施《广西产业园区招商引资三年行动计划（2024—2026年）》，聚焦糖、铝、机械装备、钢铁、有色金属、汽车、石油化工、新材料等重点制造业产业链，建立"1链+1链长+N片区"重点产业链招商专班机制。积极推进"政府+链主企业+N产业园"招商模式，协同链主企业共同举办供应商大会、合作伙伴大会、全国性行业活动等。二是深入实施中国—东盟产业合作区专题招商。自治区层面与沿边临港产业园区建立"一对一"联动招商责任制，构建"产业园区+专业投促团队"的区市县三级联动招商工作机制。围绕沿边临港产业园区招商引资"早期收获"，聚焦关键环节、关键技术、关键企业的引进。主动对接沿海发达地区产业新布局，聚焦各片区主导产业，建立完善链主企业清单、重点目标企业清单、重点意向企业（项目）清单，开展"驻点招

商 + 园区推介""产业链招商 + 园区推介"等联合招商模式，大力承接产业梯度转移。三是强化区市县园区统筹联动招商。加强自治区四级招商统筹联动，形成市对市、园对园、企业对企业、平台对平台、协会对协会等多维度的招商体系。支持行业关联度较高的产业园区组建招商联盟，根据比较优势，统筹组合招引项目。四是加强多元招商。实施以商招商，发挥龙头企业、链主企业和知名商协会等中介机构作用，建立全球招商网络。加快广西（上海、深圳）产业合作中心建设。实施场景招商，吸引一批"独角兽"企业、"专精特新"企业落户园区。实施资本招商，发挥好各类私募股权投资基金的作用，以资本为纽带招引一批靶向产业链项目。常态化实施驻点招商、小分队招商，在长三角、粤港澳、京津冀等地区举办产业链招商活动。发挥"一把手"招商的引领示范作用。推动湾区桂商回归，建立信息数据库和回归项目库，实施有效对接。五是推动"飞地园区"建设。加快推进广西（深圳）、广西（上海）"反向飞地"（科创中心）建设，深化桂粤、桂沪、桂浙、桂苏等省际合作，加快建立与东部省市产业协作机制，推进"一对多"和"多对一"园区合作共建，同步引进产业项目。加快南宁（深圳）、崇左（江门）、百色（杭州）、东兴（苏州）、桂林（深圳南山）等跨省"飞地产业园区"建设。

（六）抓发展环境优化，积极构建良好的产业生态

重点从政务、要素、法治、沟通、政策五个方面着手，加快培育"营商广西 桂在便利"服务品牌，打造国内国际市场经营便利地，为加快构建现代化产业体系提供重要的保障。

1. 优化政务环境，全面提升服务产业能力

一是产业项目要快审快批。大力推动项目审批"高效办成一件事"改革，在用地、用能、用海、能耗、环评等领域，一切围着项目转、一切盯着项目干，强化要素保障部门协同联动审批，提升审查审批效率，促进项目尽快办理完结。大力推行企业投资项目承诺制规定，加快开展承诺制指导服务等工作，推动项目尽快投产达产。推行项目审批部门"零容忍"制度，哪个部门拖延，哪个部门就被问责。二是政务平台要互联互通。加快完善广西统一信息平台，打破政府间"信息孤岛"，强化广西数字政务一体化平台与各

行业系统数据汇聚，"无条件归集"各业务系统信息，形成大平台共享、大数据慧治、大系统共治的架构，为优化发展环境提供数据支撑。强化具体业务协同，实现各部门信息互通、资源共享、工作联动，实现跨层次、跨地域、跨系统、跨部门、跨业务"一网通办""一网统管""一网协同"。三是政务服务要提质增效。加快推行审批事项全流程电子化改革，努力实现"零跑动"政务服务。简化证明事项，深化拓展证明事项告知承诺制，实现免材料类政务服务事项"一号快办"。优化在线帮办服务，开展涉企审批服务"一照通行"。

2. 优化要素环境，大力夯实产业发展基础

一是强化产业资金保障。提升金融服务能力，持续发挥好"桂惠贷"的作用，进一步鼓励金融机构创新优化服务，大力推出支持产业发展的供应链金融、知识产权质押融资、融资租赁等业务，推动股权投资、债券融资等向产业倾斜。积极对接社会资本，吸引社会资本、金融机构共同参与，充实扩大天使、风投、创投等各类基金，加大对产业领域的投资力度。二是强化项目用地保障。坚持"要素跟着项目走"，完善广西重大产业项目用地差别化奖励机制，重点支持"双百双新"项目、"专精特新"项目用地。优化新增用地配置，支持各地采取灵活方式保障工业项目用地供应；深化"标准地"改革，新增工业用地加快按"标准地"出让。提高存量用地效益，借鉴浙江等地的做法，实施"亩均论英雄"改革，倒逼各地、各企业节约用地。鼓励已出让土地向地下、空中挖潜拓展，支持"产业上楼"，提高园区容积率。三是强化产业工人保障。加强产教融合交流，畅通产业发展和人才培育信息，引导区内各高校特别是理工科院校，加强与各行业交流对接，持续组织校企用工对接活动，加强产教融合实训基地建设，围绕广西产业需求培养人才、建设学科、开展科技攻关。当前，要继续完善人才政策体系，加大人才子女入学、居留、签证、社保、住房等方面保障服务力度，精准快速引进高层次紧缺人才。

3. 优化法治环境，大力保证企业公平竞争

一是完善企业准入和退出制度。持续破除市场准入壁垒，全面实施市场准入负面清单制度，切实推动"非禁即入"普遍落实，尤其在企业反映较多的市场准入、招投标、融资、优惠政策享受、拓展广西市场等方面取得突

破，助力企业增强发展信心和能力。建立常态化府院联动机制，帮助经营失利企业重整再生、有序退出和资源释放。二是提升市场综合监管能力。落实国务院建设全国统一大市场部署及"民营经济31条"等政策，加强公平竞争审查，依法保护民营企业合法权益，开展反不正当竞争专项整治，维护公平竞争的市场秩序。全面实施跨部门联合"双随机、一公开"监管，加强信用监管信息披露，促进优胜劣汰。三是持续规范涉企行政执法。深入推进综合监管改革，进一步规范多部门联合监管范围和频次，推动监管信息共享互认，避免多头执法、重复检查，防止"任性执法、类案不同罚、过度处罚"等。四是加强企业产权和企业家权益保护，完善保护体系建设。依法依规对企业法人采取强制措施，不得违法违规采取企业停产停业等措施。

4. 优化沟通环境，切实营造产业发展良好氛围

一是持续开展调研服务。常态化、长效化开展实体经济调研服务，围绕"三升两去三消减"任务目标，运转好自治区、市、县（市、区）三级工作专班，扎实开展稳中求进、深化改革等八大调研服务，持续加快壮大实体经济64条政策措施落地。建立实体经济服务员管理保障制度体系，用好、管好实体经济服务员这支队伍，加强服务实体经济的App的推广应用，建立健全政企沟通机制，持续发现并解决企业问题。二是构建"亲清"政商关系。坚持亲而有度、清而有为，明确公与私的界限，坚持坦荡真诚接触交往、积极作为靠前服务，及时了解企业具体诉求，加大力度纾困解难。建立健全政商交往负面清单制度，公开列明"红线"、底线，使政商关系既要"清白"更要"明白"。建立健全政商交往容错机制，消除干部顾虑，对于负面清单之外政商交往中出现的一些过失予以适度包容。

5. 优化政策环境，不断提高企业政策获得感

一是科学制定惠企政策。充分听取企业、行业协会、商会的意见，深入了解产业发展的"急难愁盼"问题，找准靶点，按照不同企业类型精准制定惠企政策，提供精准化、差别化政策，让企业享受更多政策红利。严格贯彻落实上级的约束性政策，在制定广西相关政策时，既不自行放宽，也不层层加码。二是大力宣传惠企政策。多维互动、创新宣传，精准匹配、精准推送，充分发挥"智桂通""智慧云"等政务平台作用，让"企业找政策"转变为"政策找企业"，进一步提高政策知晓度。三是积极兑现惠企政策。强

化数字化赋能，加快建设广西统一的政策申报平台，以"数据共享＋企业承诺"代替材料提交，以后台数据碰撞代替人工审查，实现政策申报材料"零提交"、政府"零审批"、申请"秒兑现"，扩大各类惠企政策"免申即享"覆盖面，大力提升政策兑现数量、效率，切实避免兑现平台环节多、耗时长、效果不明显的问题。

课题组组长：唐毓流

课题组副组长：刘祖喜

课题组成员：张　健　覃江龙　张　娜　曹　丽

何　杰　王欣晨　邓松云　郑雄彬

张明瑞　陈振宇　张　兵

广西持续扩大对内对外开放、打造国内国际双循环市场经营便利地的对策研究

摘要 习近平总书记 2023 年考察广西时要求，"持续扩大对内对外开放"，"打造国内国际双循环市场经营便利地"①。广西既是开放前沿，也是战略腹地，具有"融汇天下、便利四方"的良好条件，以及独特的区位、平台、政策、资源等优势，是广西全面融入国内大循环、国内国际双循环，对内做活、对外做通，增强内外联动，着力构建更有活力的开放型经济体系的有力支撑。本课题阐述广西持续扩大对内对外开放、打造国内国际双循环市场经营便利地的重大意义，分析了基础条件以及主要差距、国外与外省经验，梳理出主要路径与便利地建设的重点领域，从吸引更多区外投资、培育更多外向型产业、提升居民消费潜力、推动更多资金流向区内、吸引游客来桂和人才留桂、进一步降低物流成本等六个方面提出对策建议。

习近平总书记十分关心广西的发展，多次对广西工作作出重要指示批示，考察广西时要求"持续扩大对内对外开放"，"打造国内国际双循环市场经营便利地"②。2022 年 10 月，国家出台支持新时代壮美广西建设的重要文件，明确要求广西打造国内国际双循环市场经营便利地。及时开展相关研究，对于加快把广西打造成为融通四海畅联天下的国内国际双循环市场经营便利地、使其融入全国统一大市场、服务建设中国—东盟命运共同体，具有重要意义。

---

①② 《习近平在广西考察时强调 解放思想创新求变向海图强开放发展 奋力谱写中国式现代化广西篇章》，新华社，2023 年 12 月 15 日。

一、重大意义

持续扩大对内对外开放、打造国内国际双循环市场经营便利地既是方向指引也是战略任务，既是地域优势也是重要选择，既是时代使命也是历史传承，既是专属策略也是施工蓝图。广西打造国内国际双循环市场经营便利地，就是要对标国际高标准经贸规则，大力提升投资便利化、贸易便利化、消费便利化、资金流动便利化、人员往来便利化、物流畅通便利化水平，充分使用两个市场、两种资源，持续扩大对内对外开放，加快构建现代化产业体系，不断提升综合实力和竞争能力，在全国统一大市场中发挥更大作用，为服务建设中国—东盟命运共同体作出更大贡献。

（一）重要意义

广西是中国唯一与东盟陆海相连的省区，是我国与东盟开放合作的前沿。打造国内国际双循环市场经营便利地不仅是深入贯彻落实习近平总书记关于广西工作论述的重要要求的战略举措和助力构建中国—东盟命运共同体的务实举措，也是谱写中国式现代化广西篇章的重大任务要求和广西着眼当前国内国际形势的必然选择。打造国内国际双循环市场经营便利地不仅有利于广西自身的发展，也可为整个国家构建更为紧密的中国—东盟命运共同体提供重要支撑。

1. 持续扩大对内对外开放、打造国内国际双循环市场经营便利地，是学习贯彻习近平总书记关于广西工作论述的重要要求的战略举措

党的十八大以来，习近平总书记三次考察广西，为广西发展进一步指明了前进方向、注入了强大动力。习近平总书记要求广西"解放思想、创新求变，向海图强、开放发展"[①]，这 16 个字指出了建设新时代壮美广西的方向和路径，是贯彻落实好习近平总书记关于广西工作论述的方向指引。"解放思想、创新求变"既是针对广西一域的要求，也有针对全国大局的考量，"向海图强、开放发展"，是广西的机遇和优势，也是广西的责任和使命。打造国内国际双循环市场经营便利地是广西"解放思想、创新求变"的具体实

---

① 《习近平在广西考察时强调 解放思想创新求变向海图强开放发展 奋力谱写中国式现代化广西篇章》，新华社，2023 年 12 月 15 日。

践，也是"向海图强、开放发展"的重要抓手。2022年10月，国家出台支持新时代壮美广西建设的重要文件，对广西打造国内国际双循环市场经营便利地提出要求。2024年1月，中央区域协调发展领导小组办公室印发《关于支持广西加快打造国内国际双循环市场经营便利地的若干措施》，明确提出一系列支持政策。2024年广西新春第一会（持续扩大对内对外开放、打造国内国际双循环市场经营便利地大会），自治区党委、政府向全区上下发出"打造国内国际双循环市场经营便利地"的动员令。打造国内国际双循环市场经营便利地，是以习近平同志为核心的党中央着眼国内国际两个大局，从构建新发展格局的高度赋予广西的使命任务，是广西将区位优势、地域优势转化为发展优势、发展胜势的不二选择。

2. 持续扩大对内对外开放、打造国内国际双循环市场经营便利地，是助力构建中国—东盟命运共同体的务实举措

当前，广西与东盟在经贸、教育、文化、金融等多领域的交流合作，持续不断、如火如荼，以国内国际双循环市场经营便利地来深化广西与东盟经贸往来的紧密联系，是广西助力打造中国—东盟命运共同体的一项重要务实举措。通过打造国内国际双循环市场经营便利地来抢抓中国—东盟自由贸易区3.0版建设机遇，挖掘面向东盟的贸易新增长点，促进与东盟国家双向投资合作，对积极服务构建具有战略意义的命运共同体具有重要意义。这不仅是促进中国经济发展的重要途径，更是加强与东盟国家合作、实现互利共赢的关键所在，也是重塑新竞争优势与守好祖国"南大门"的开创性行动。

3. 持续扩大对内对外开放、打造国内国际双循环市场经营便利地，是谱写中国式现代化广西篇章的重大任务要求

打造国内国际双循环市场经营便利地，是基于广西条件为其量身打造的重要部署。打造国内国际双循环市场经营便利地，也是广西加快构建现代化产业体系、构建更有活力的开放型经济体系，成为高水平开放新高地，努力在实现高水平开放这个新赛道上抢占发展先机、赢得竞争优势，以高水平开放促进高质量发展，在服务和融入新发展格局上取得更大突破，成为中国与东盟乃至更广泛国际市场之间的桥梁和纽带，促进国内国际市场的相互融通和共同发展，谱写中国式现代化广西篇章的重大任务要求。

4. 持续扩大对内对外开放、打造国内国际双循环市场经营便利地，是广西着眼当前国内国际形势的必然选择

从国际形势看，保护主义倾向抬头，世界经济不确定、不稳定因素增多，对国际贸易格局产生重大影响，我国同欧美及东盟国家的贸易不断受到冲击，广西要打造面向东盟国际大通道以及"一带一路"有机衔接重要门户的目标将受到挑战。从国内形势看，湖南、江西等周边省份在产业承接方面与广西存在竞争，广东湛江港口强势崛起，云南口岸经济日趋强势，区域竞争激烈。从广西自身形势看，国内消费需求下降，外贸出口放缓、全球经济增速放缓等因素都对广西扩大对内对外开放提出新的挑战。打造国内国际双循环市场经营便利地，扩大对内对外开放是抓手，加快打造国内国际双循环市场经营便利地是目标，是广西着眼当前实际及长远考虑的必然选择。

（二）内涵分析

持续扩大对内对外开放是推动经济全球化发展的重要途径，旨在通过推进双向开放，开拓国际国内两个市场，促进国内国际要素有序流动、资源高效配置、市场深度融合。国内国际双循环市场经营便利地，是一个内涵丰富的开放体系，国内国际是其宏大视野，双循环是其时代特征。市场经营便利地是指开放、便利、高效的市场经营环境。国内国际双循环是指扩大内需，注重中国国内市场，提升自身创新能力，避免过于依赖中国以外的市场，同时保持对外开放。市场经营便利是其主旨要义，市场经营便利的核心在于为市场经营主体提供便利的营商环境。2024 年 6 月 12 日，广西壮族自治区领导在国务院新闻办举行的"推动高质量发展"系列主题新闻发布会广西专场上指出：国家赋予广西打造国内国际双循环市场经营便利地的重大使命任务，就是希望广西发挥自身独特的区位优势，更好地融入和服务新发展格局，以高水平开放推动高质量发展，"便利地"建设就是要在投资、贸易、消费、资金流动、人员往来、物流运输等方面，不断提升便利化水平。我们认为，广西打造市场经营便利地主要应做到六个便利化（见图 6）。

投资便利化。投资便利化是指扫除投资者进入市场和进行投资的各种障碍，提高办理相关手续的透明度和便捷性。改善投资环境，简化程序，降低

成本，为投资者提供更加友好和高效的服务。

贸易便利化。贸易便利化是指通过降低国际贸易的难度和成本，简化贸易程序和手续，提高贸易效率和透明度，从而促进商品和服务的国际流通，旨在通过改善贸易环境，提升国家的贸易竞争力，吸引更多的外国投资，推动经济增长。

消费便利化。消费便利化是指通过各种措施和政策，提高消费者在购买商品和服务时的便利性，降低消费成本，提升消费体验。这涉及消费过程中的多个方面，包括购买、支付、服务、售后等环节。

资金流动便利化。资金流动便利化是指通过优化政策、法规、技术和服务等手段，提高资金在不同经济主体、不同地区以及不同国家之间的流动效率和安全性，降低资金流动的成本和风险，增强金融市场的活力和竞争力。

人员往来便利化。人员往来便利化是指通过简化出入境手续、降低跨境旅行成本和风险、提高服务质量等措施，促进人员在不同地区、国家之间的自由流动。

物流畅通便利化。物流畅通便利化是指通过一系列政策和措施，提高物流系统的效率，确保货物和服务在供应链中的顺畅流动。这涉及减少物流成本、简化流程、提升服务水平和增强物流网络的连通性。

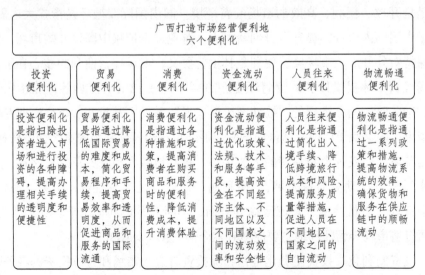

图6　持续扩大对内对外开放、打造国内国际双循环市场经营便利地的六个便利化

二、基础条件及主要差距

广西既是开放前沿，也是战略腹地，具有"融汇天下、便利四方"的良好条件，独特的区位、平台、政策、资源等优势，是广西全面融入国内大循环、国内国际双循环的有力支撑，是对内做活、对外做通，增强内外联动，着力构建更有活力的开放型经济体系的有力支撑。打造国内国际双循环市场经营便利地，广西具有得天独厚的优势基础条件，但也存在"放管服"仍需优化、交通基础设施"通而不畅"、人员留桂机制不活、外向型产业基础不够牢固、消费供给有待优化等短板，同时还面临着产业的"越顶转移"、周边竞争及外部挑战。

（一）广西近年来推动市场便利化方面的成效

近年来，广西加快服务和融入新发展格局，对标国际高标准经贸规则，推动制度型开放，大力提升投资、贸易、消费、资金流动、人员往来、物流畅通等便利化水平，在促进国内国际双循环中发挥更大作用。

1.投资便利化方面

近年来，广西发挥投资在经济发展中的重要引擎作用，专门就投资促进立法，制定了《广西壮族自治区投资促进条例》，明确体制机制的建立，强调良好的法治环境和公平公正、开放包容、合作互赢、诚实守信、重商亲商的投资环境的重要性；又出台了《关于进一步加强招商引资推动广西高质量发展的意见》《广西加大吸引外商投资力度若干措施》等政策文件，创新招商模式、强化招商服务、完善招商机制，有效推动了投资便利化，招商引资和项目投资管理成效显著。同时，广西坚持把优化营商环境作为"一把手工程"推进，全力实施优化营商环境"补短提弱""品牌领跑"行动。2023年，全区政务服务事项网上可办率已超过99%，超过60%的依申请政务服务事项实现电子证照关联，不仅为群众和企业减免了大量纸质材料，更让"数据多跑路，群众少跑腿"的承诺真正落到实处。打造了信贷"桂惠贷"、企业开办"快掌桂"、登记财产"桂易登"、纳税服务"税好办"、政务服务"智慧办"等响当当的品牌。持续实施审核制度改革，推进"交地即交证""供地即开工"，广西投资潜力、政策支持力度及市场开放程度等方面呈现较好态势。2023年全区招商引资到位资金10120万元（见图7），同比增长

15.2%，制造业项目到位资金占比 57.6%，招商引资项目固投占全区固投比重由 2022 年的 35.3% 提高到 2023 年的 43%，新增规模以上工业企业中的招商引资企业占比 55.2%，招商引资成为全区扩投资、稳增长的有力支撑。

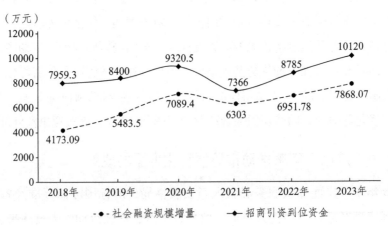

图 7　2018—2023 年全区招商引资到位资金和社会融资规模增量

2. 贸易便利化方面

近年来，全区强力推动贸易便利化，出台了《促进广西内外贸一体化发展实施方案》《促进中国（广西）自由贸易试验区跨境贸易便利化若干政策措施》《广西推动外贸扩量提质实施方案》等系列文件，围绕开拓市场服务保障、优化通关流程、提升便企服务、深化改革创新等方面精准发力，为贸易高质量发展提供了有力支撑。2023 年，广西对外进出口总额增速持续高于全国，增长势头强劲（见图 8），广西对东盟的进出口总额为 3394.4 亿元，规模首次突破 3000 亿元，创历史新高；与越南贸易的进出口总额达 2539.5亿元，同比增长 29.2%。越南连续 25 年成为广西第一大贸易伙伴国。中国（广西）自由贸易试验区成立 4 年来，吸引了超过 10 万家企业入驻，累计实际使用外资 15.5 亿美元，外贸进出口额为 9617.1 亿元。2023 年广西自贸试验区以不到全区万分之五的面积，实现了全区 42.3% 的外贸进出口额。广西加快推进中越边境智慧口岸建设，大幅提升海港口岸大宗商品进口通关便利化水平，开展推行"提前申报、卡口验放"等通关便利化改革，推动南宁综保区—南宁空港跨境电商"区港联动"快速通关改革，实现能级提升和物流提速。2023 年，广西口岸进出口整体通关时间分别为 15.16 小时和 0.28 小时，较

2017 年分别压缩 73.2% 和 98.01%。友谊关口岸"浦寨—新清"货运专用通道实现"口岸智能化 24 小时通关、中国南宁—越南北江／北宁 24 小时运抵"。

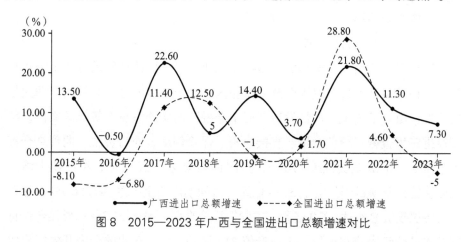

图 8　2015—2023 年广西与全国进出口总额增速对比

3. 消费便利化方面

近年来，全区加大政策支持力度，激发消费新动能，充分提升消费便利化，印发《关于进一步促进消费的若干措施》《广西强商贸扩内需促消费行动方案（2022—2025 年）》等系列文件，推出促进汽车消费、家电消费等措施，持续推进城市商圈、便民一刻钟示范及县域商业体系建设，加大商贸市场主体支持力度，不断增强消费增长内生动力。打好政策组合拳，实施"约惠广西—2023 消费提振年"行动，开展"33 消费节"等促销活动，全年实现批发和零售业增加值 2316.94 亿元，比上年增长 6.7%。电子商务同比增长 21.3%，限额以上新能源汽车零售额增长 35.8%，实物商品网上零售额增长 9.5%，批零住餐营业额较快增长。广西供销大集带动农产品销售额超 350 亿元、同比增长 20.4%。持续打造"一刻钟便民生活圈"等消费平台载体，加快生活必需品流通保供体系建设。目前，共有南宁、桂林、北海、钦州、玉林、贵港、贺州、河池 8 个市获批国家一刻钟便民生活圈试点城市。推进 41 个现代服务业集聚区建设。服务业中电子商务、研发与设计营业收入分别增长 36%、18.9%。实施县域商业体系建设行动，加快建设县、乡商贸服务中心和村级便民商店。电信、邮政业务总量分别增长 16.8%、18.9%，快递揽收量增长 23.3%。机场货邮吞吐量增长 31.8%。加快建设广西世界旅游目的地，《桂林世界级旅游城市建设发展规划》获国务院批复,实施文旅重大项目 262 个。旅游市场持续火爆,国内游客和旅游收入分别增长 81.7%、70%。中越德天(板约)瀑布跨境旅游合作区成功试运营,成为全国第一个跨境旅游合作区。

4. 资金流动便利化方面

近年来,广西大力推动资金流动便利化,以金融改革驱动行业服务水平提升,相继推动沿边金融综合改革试验区、面向东盟的金融开放门户两大战略落地,出台了《关于加快发展"五个金融"的实施意见》等政策文件,统筹推进跨境金融、绿色金融、直接融资、保险创新、农村金融、期现结合等改革试点,形成案例成果 276 项,全国首创 45 项。2023 年,粤港澳大湾区企业在桂投资项目到位资金 3730 亿元,占同期广西全区总量的 36.9%;签订项目协议投资总额达 5270 亿元,占同期广西全区总量的 31.3%;粤桂合作特别试验区全年完成规模以上工业产值 212 亿元。面向东盟的金融开放门户成效显著。圆满完成 5 年建设任务,全面推动 210 项重点改革事项落地见效,形成案例成果 276 项,全国首创 45 项,有效促进广西金融高质量发展。2023年,广西社会融资规模实现增量 7868.07 亿元,是 2018 年的 1.88 倍;金融业增加值达 1940.6 亿元,比 2018 年增长 38.4%,占地区生产总值的比重为7.1%,对经济增长贡献率超过 11%。广西通过持续推进沿边金融改革、面向东盟的金融开放门户建设,跨境金融创新推深向实,在实现投资自由、贸易自由、跨境资金自由等开放便利上走在西部地区前列,为国内与东盟企业深度开展产业链、供应链合作提供跨境金融服务便利创造了条件。

2015—2023 年广西与全国金融机构各项贷款余额增速对比情况见图 9。

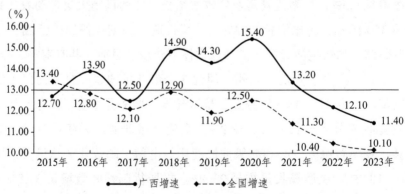

图 9　2015—2023 年广西与全国金融机构各项贷款余额增速对比

5.人员往来便利化方面

近年来，广西积极推动人员往来便利化，出台了《广西外国高端人才服务"一卡通"实施细则》，涵盖了外国人才在广西工作、生活期间面临的和最关心的十大方面内容，为在桂外国高端人才提供便利的工作生活服务，吸引更多外国高端人才来桂创新创业。广西出台《中国广西—越南广宁跨境自驾车旅游管理试点方案》《中国广西—越南谅山跨境自驾车旅游便利化管理规定（试行）》等文件，便利跨境旅游开展，广西口岸客流量不断增长。2023年，东兴口岸出入境人数达554.9万人次，排在全国沿边口岸第一位，越南籍入境人数超21万人。2024年一季度，东兴口岸出入境人数超200万人次，友谊关出入境边防检查站累计验放出入境人员超63万人次，同比增长168%，其中友谊关口岸验放出入境人员52万人次，同比增长189%。广西出台《广西进一步优化支付服务提升支付便利性实施方案》等政策文件，围绕"食、住、行、游、购、娱、医"等场景，提升全区支付便利性，持续营造安全、便捷、高效的支付服务环境。南宁市积极打造南宁吴圩国际机场境外来宾支付服务区，全面优化机场商圈受理环境。截至2024年4月末，南宁吴圩国际机场有63户商户可受理外卡，覆盖率达98.44%。推广"数字人民币＋零钱包"应用，指导银行加大现金零钱包投放力度。截至2024年4月末，南宁累计摸排商户4.03万家，发放"零钱包"2.79万个；南宁市支持数字人民币商户数达38.73万户。

2015—2023年广西与全国旅游人数增速对比见图10。

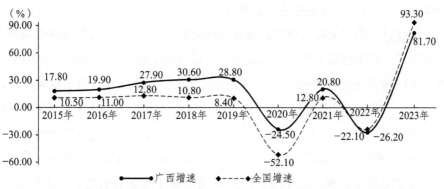

图10　2015—2023年广西与全国旅游人数增速对比

6. 物流畅通便利化方面

打造市场经营便利地，交通互联互通是基础。广西立足区位优势，逐步建设形成了内畅外联的交通体系。

在铁路方面，东线通道、中线通道已全线贯通并实现电气化，全区首条时速 350 公里的高铁贵阳至南宁高铁已建成通车；西部陆海新通道标志性工程黄桶至百色铁路开工建设，对接粤港澳大湾区的合浦至湛江高铁已获国家发展改革委批复，全区实现"市市通高铁或动车"，云桂沿边铁路、黔桂铁路增建二线等项目前期工作加快推进。跨境铁路建设加速推进，湘桂铁路南宁至凭祥段提速运行，南宁至崇左铁路建成运营，防城港至东兴铁路已建成，以凭祥铁路口岸为枢纽的跨境铁路运输通道加快形成。

在公路方面，高速公路三大主通道广西段已全线贯通，截至 2023 年底全区高速公路通车里程达 9067 公里，公路网辐射范围不断扩大。广西与湖南、贵州、云南三省省际高速公路通道达到 12 个。跨境公路运输网络持续完善，以东兴、友谊关、水口、龙邦公路口岸为枢纽的高速公路通道全面建成。

在水路方面，现代化水运基础设施网络体系日趋完善，2023 年新增生产性泊位 25 个，内河港口新增千吨级以上泊位 7 个，全区千吨级以上泊位 177 个，内河港口年综合通过能力 1.35 亿吨。全区内河航道通航里程 5871.8 公里。北部湾国际门户港加快建设，建成钦州港 20 万吨级航道、钦州港 30 万吨级油码头、全国首个海铁联运自动化集装箱码头等一批重大项目，江海联通工程——平陆运河进入全线动工建设阶段。广西北部湾港开通至东盟国家航线 36 条，实现东盟主要港口全覆盖。

在航空方面，全区已建成运营 8 个运输机场，"两干六支"民航机场体系初步形成，航线覆盖全国大部分城市。与东盟国家的互联互通水平不断提升，南宁机场国际货运航线基本实现东盟国家全覆盖。2023 年，南宁机场全年国际（地区）货邮吞吐量超过 8.6 万吨，同比增长约 17%；2023 年全年累计运营国际定期货运航线 17 条，引进驻场全货机运力 8 架，深度连接广西与东盟及南亚 10 个国家 17 个城市，南宁至东盟"四小时航空物流圈"初步形成。

在交通物流方面，近年来，广西围绕西部陆海新通道建设，统筹铁路、公路、水路、航空通道规划布局，全面推进快速网、干线网和基础网建设，有效提升陆海空互联互通水平，着力打造国际综合运输大通道。平陆运河是西部陆海新通道的骨干工程，全长 134 公里，总投资 727 亿元，将于 2026 年底建成，西南地区货物经平陆运河出海，较经广州出海缩短内河航程约 560 公里。截至 2023 年底，北部湾港万吨级以上泊位达到 117 个，综合吞吐能力超过 3.5 亿吨，海铁联运班列突破 9500 列，海铁联运班列从 2017 年开行以来已累计突破 3 万列，集装箱航线达到 76 条，与 100 多个国家和地区的 200 多个港口通航。南宁国际铁路港一期、中新南宁国际物流园一期已基本建成，南宁陆港型、钦州—北海—防城港港口型、柳州生产服务型、凭祥陆上边境口岸型国家物流枢纽加快推进，现代化物流枢纽体系加快形成。

2015—2023 年广西港口货物吞吐量占全国的比重情况见图 11，2015—2023 年广西与全国铁路营运里程增速对比见图 12。

图 11　2015—2023 年广西港口货物吞吐量占全国的比重

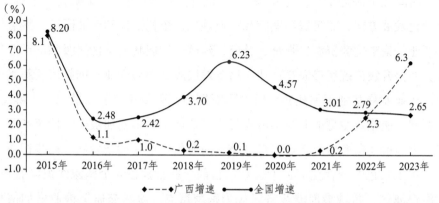

图 12　2015—2023 年广西与全国铁路营运里程增速对比

（二）主要优势

1. 地域优势：面向东盟开放合作的前沿和窗口、东中西互动的枢纽

沿海、沿江、沿边（"三沿"）是广西最大的开放优势，联接^①大湾区、联接西南中南、联接东盟（"三联"）是广西最便利的跨境支撑。当前，广西依托面向东盟的边海江门户优势，以西部陆海新通道建设为牵引、以全类型口岸为支点，全力构建"以点连线、三向拓展、面向东盟"的国际大通道。作为中国唯一与东盟陆海相连的省区，广西是面向东盟开放合作的前沿和窗口，东盟已连续 24 年成为广西第一大贸易伙伴，累计举办 20 届中国—东盟博览会、中国—东盟商务与投资峰会，构建中国—东盟合作的"南宁渠道"，搭建了 40 多个领域的部长级沟通机制。广西是东中西互动的枢纽，广西东连广东，北接湖南，西依贵州、云南，地处我国华南经济圈、西南经济圈与东盟经济圈的交会点，是西南乃至西北地区最便捷的出海通道，也是连接西部地区与粤港澳大湾区的重要通道。广西以西部陆海新通道为载体，全面加强了与东、中、西部各省份的合作，目前除港澳台外其余省份均有货物从广西口岸进出，这为广西形成便利集成标杆奠定了坚实基础。广西是大湾区向内陆纵深发展的重要通道，是我国西南地区连接大湾区的重要枢纽，是大湾区与东盟国家经济合作升级的关键纽带。广西约有 4 万平方公里海域、1600 多公里大陆海岸线、600 多个海岛、10 多个港湾，"一湾相挽十一国，良性互动东中西"，发展向海经济，实现向海图强，具有得天独厚的优势。

向海经济潜能十足。近年来，广西坚持向海经济产业集聚化、集群化、差异化发展方向，立足资源禀赋和产业基础，依托港口和产业园区，聚焦优势产业，集中优势资源，强链、补链、延链，发展壮大千亿元级临港产业集群，加快升级传统优势海洋产业，培育发展腹地向海产业，创新培育新兴产业，产业发展基础更加扎实，层次不断提高，逐步建立了高端化、集群化、创新型、质量效益型的向海经济现代化产业体系，不断加快向海传统产业发展，全面推动向海传统产业转型升级和向海新兴产业创新发展，初步构建了具有本土特色的现代向海产业体系。目前，获批建设 4 个国家级海洋牧场，北海银海区、防城港渔港经济区成为国家试点。海洋交通运输业增加值从

---

① 为了符合"三联"的说法，此处用"联接"而非"连接"，特此说明。——编者注

2019 年的 129.8 亿元增长到 2023 年的 7623 亿元。中船广西手持造船订单已排至 2026 年，广西首个海上风电项目——防城港海上风电示范项目首批机组成功并网发电。海洋船舶工业、海洋药物与生物制品业、海水淡化与综合利用业增速超过 15%。华谊化工、中伟新材料、惠科电子、信义玻璃等龙头企业纷纷落户沿海，广西钢铁、盛隆冶金"二次创业"，"千亿元级"临港临海产业聚集发展，行业龙头已初步形成。

对接国家重要战略区域成效明显。一方面，主动对接粤港澳大湾区建设、长江经济带发展、海南自由贸易港建设等国家战略，促进北部湾经济区与粤港澳大湾区"两湾"联动，南宁（深圳）东盟产业合作区等一批跨省产业园区扎根北部湾。另一方面，深化与东盟和"一带一路"共建国家和地区的合作，抢抓中国—东盟自贸区 3.0 版建设和《区域全面经济伙伴关系协定》（RCEP）生效实施等重大机遇，开创中国—东盟国际产能合作中马"两国双园"新模式，建设中国在印度尼西亚设立的首个国家级境外经贸合作区，东盟连续 24 年保持广西第一大贸易伙伴地位。

2. 平台优势："国字号"开放平台众多、政策叠加优势突出

平台建设是开放发展的基石，近年来，广西紧抓中国—东盟自由贸易区建设、"一带一路"倡议、RCEP 生效实施等重大机遇，积极打造高能级开放平台，逐步构建起多类型、多层级、广覆盖的对外开放平台体系。

一是产业平台。首先，产业园区是广西经济高质量发展的龙头和命脉，其中沿边临港产业园区又是广西产业园区中竞争优势最突出的园区，国家出台了财税、用地、用工、金融等方面的政策支持沿边临港产业园区建设。例如，符合产业方向的新投资企业，企业所得税地方分享部分实行"前 5 年免征、后 5 年减半征收"优惠政策。广西依托沿边临港产业园区积极对接长江经济带发展、粤港澳大湾区建设、海南自由贸易港等国家区域重大战略，与国务院国资委召开央企座谈会，举办产业转移对接活动，推动各方与广西合作共建产业园区。例如，江门（崇左）产业园等一批项目正加速落地，引进比亚迪、青山瑞浦、华友钴业、中伟新材料等行业龙头企业 160 多家，15 家央企与广西签署 18 项合作协议，总投资 1300 多亿元。其次，构建跨区域跨境产业链供应链。支持发展一批辐射带动力强、资源互补、差异化发展的产业，重点实施汽车、电子信息、金属新材料、食品等"4+N"跨区域跨境

产业链供应链项目 500 多个，形成一批产业合作发展新模式。以广西钦州为例，当地已形成以中石油、华谊等为龙头的石化产业，并与多个东盟国家在化工、新能源材料等领域初步建立了跨境产业链合作关系，"粤港澳大湾区—北部湾经济区—东盟"产业链供应链加快构建。

二是对外开放平台。广西发展的潜力在开放，后劲也在开放。在国家的大力支持下，经过多年发展积累，广西开放平台体系基本成型，既有以广西自贸试验区为代表的制度创新平台，也有以中国—东盟博览会、中国—东盟商务与投资峰会、面向东盟的金融开放门户、以中国—东盟信息港为代表的开放服务类平台，还有中马"两国双园"、防城港国际医学开放试验区等跨区域合作平台，以及北海综合保税区、钦州综合保税区、凭祥综合保税区、南宁综合保税区和防城港、崇左、百色沿边开放开发试验区等构成的口岸和保税平台体系。当前，广西正以"开放"为着力点，将广西的地理潜力变成发展的实效。例如，第 20 届中国—东盟博览会共组织签订投资合作项目 470 个，总投资额 4873 亿元，其中制造业投资占比超过 65%，50 亿元以上项目 17 个，投资额占比 52%；20 亿~50 亿元项目 26 个，投资额占比 23%；外资项目 15 个，总投资额 105 亿元，活动场次、项目数量、投资总额均创历届新高。又如，广西自贸试验区持续以制度创新为引领推进开发开放发展，120 项改革试点任务全面实施，累计形成 169 项自治区级制度创新成果并在全区复制推广，其中 48 项为全国首创，边境地区跨境人民币使用改革创新入选全国自贸试验区第四批"最佳实践案例"。2023 年，广西自贸试验区以不到全区万分之五的土地面积，贡献了全区实际使用外资额的 53.3%，全区外贸进出口额的 44.2%，自贸试验区从"夯基垒台"走向"积厚成势"的新阶段。

3. 资源优势：资源储备类多量大，绿色生态优势凸显

一是生态资源优势明显。广西在水环境、空气环境、海洋环境等方面均保持优良水平，生态环境舒适宜人。在水环境方面，广西地表水断面水质优良比例为 98.1%，丧失使用功能水体比例为 0，两项指标均排名全国第一。在海洋环境方面，广西目前海岸线达到 1769 公里，滩涂面积达到 833 平方公里。近岸海域水质保持优良，一、二类海水比例达到 81.8%，居于全国前列。海洋生物资源丰富，不仅具有多样性的海洋生物品种和中华白海豚、儒艮等

国家濒危保护动物，而且还拥有红树林、珊瑚礁和海草床等典型的海洋自然生态系统，其中红树林面积达到 7300 公顷，占全国红树林面积的 40%，居全国首位。在生态环境方面，广西森林覆盖率为 62.3%，植被生态质量和植被生态改善程度居全国首位。因显著的生态优势，目前，广西具有 4A 级以上景区 136 个、四星级以上乡村旅游区 71 个、国家生态旅游示范区 3 个、国家全域旅游示范区 10 个、智慧旅游试点城市 3 个，这些资源分布于广西的不同地区，成为广西吸引外来商客的重要因素。2023 年广西新建 18 座自治区级绿色矿山，创建 29 家国家级绿色工厂、4 个绿色园区。

二是原材料资源种类多样。广西是中国十大重点有色金属产区之一，铝、锰、锡、锑、铟等矿产储量居中国前列，拥有一批行业龙头企业，已形成以钢铁、铜、铝等为核心的较为完备的产业链制造体系，高端金属新材料产业已有较大规模、具备坚实基础，氧化铝、电解铝、精炼铜、不锈钢等产能稳居全国前列，产品市场占有率、产业市场影响力和竞争力持续提升。在石化产业方面，近年来，广西积极推进石油化工产业的发展，众多石化项目纷纷落户。如中国石油广西石化炼化项目的建成投产，显著提升了广西石化产品的生产能力与产值。到 2025 年，广西的石油化工产业总产值预计将达到 2700 亿元。

三是劳动力资源丰富。广西劳动力资源丰富，后发优势明显。广西第七次全国人口普查显示：2020 年常住人口 5000 万人，人口规模居全国第 11 位，劳动年龄人口占比 58.29%；劳动年龄人口素质显著提高，全区每万人拥有大学文化程度的人数由 2010 年的 598 人上升为 1081 人，劳动力资源总数达 3600 多万人，农民工总量达 1400 多万人，2023 年底全区技能人才总量达到 820.76 万人，其中高技能人才 181.37 万人，同比分别增加 31.64 万人、4.97 万人。

4. 政策优势：政策组合力度大，独享专有支持政策多

广西除了享受西部大开发政策等优惠政策，还享受着很多省区没有的沿海地区开放政策、少数民族自治地区政策以及边境地区政策等。近年来，中央连续出台支持新时代壮美广西建设、沿边临港产业园区建设、支持广西打造市场经营便利地等重要文件，对广西高水平开放、高质量发展进行精准指导，广西政策潜力和优势十分明显。《"十四五"推进西部陆海新通道高质

量建设实施方案》明确了"十四五"西部陆海新通道建设方向与重点，广西有 55 个重大项目纳入其中，是所有省份中最多的。市场监管总局、国家药监局联合印发《关于支持新时代壮美广西建设的实施意见》，从加快市场监管改革创新、培育发展新优势、面向东盟高水平开放合作、提升安全治理水平、提升市场监管能力 5 个方面提出了 21 条支持政策，支持广西在更深层次、更高水平、更高目标上推进市场监管改革创新，构建适应高质量发展的市场监管制度机制，建设一流营商环境，扩大对外开放合作，为建设新时代壮美广西提供有力支撑。中央区域协调发展领导小组办公室印发《关于支持广西加快打造国内国际双循环市场经营便利地的若干措施》，明确了 5 个方面、18 项举措，为广西打造经营便利地提供指引。

5. 产业优势：总量规模持续扩大，竞争实力持续增强

近年来，广西聚焦高质量发展这个首要任务，深入实施工业强桂战略，大力推进工业振兴，与工业和信息化部签署《加快推进广西制造强区建设战略合作协议》，出台了《自治区党委 自治区人民政府印发〈关于推进工业振兴三年行动方案（2021—2023 年）〉的通知》《关于巩固回升向好势头加力振作工业经济的政策措施》《促进工业经济稳增长 10 条政策措施》等系列文件，取得了明显成效。2023 年，广西规上工业总产值达 23177 亿元，近三年来每年工业增加值总量增加 700 亿元；全部工业增加值近 7000 亿元，规上工业增加值三年平均增长 6.5%，比全国同期高 0.6 个百分点。近三年来，每年完成工业投资 3500 多亿元，三年累计完成工业投资 10600 亿元，年均增长 17.3%，比全国高 7.1 个百分点。新增新材料、新能源汽车、新能源电池、新能源等 4 个 500 亿元级以上的新产业，广西成为全国重要的动力电池正负极材料生产基地和全球最大的锰基新材料基地，建成国内重要的新能源汽车制造基地。广西的食糖产量连续 33 年居全国第一，新能源汽车、装载机等 10 多种产品产量跃居全国前十。柳州鱼峰区小型新能源汽车零部件、贺州平桂区碳酸钙新材料等 9 个产业集群入选国家中小企业特色产业集群，居全国第 9 位、西部第 2 位。传统产业加快向高端化、智能化、绿色化发展，据工业和信息化部评估，2023 年广西制造业数字化转型指数为 91.3、排全国第 14 位，是全国提升最快的 5 个省份之一。

（三）主要不足

1. "放管服"工作仍需进一步优化

近年来，广西深化"放管服"改革，优化营商环境，出台了《广西壮族自治区优化营商环境条例》《2024 年广西优化营商环境工作要点》等系列文件，持续营造稳定、公平、透明、可预期的营商环境，激发市场主体活力和社会创造力，但仍然存在一定的堵点难点问题。一方面，政策创新性有所欠缺。广西在政策制定导向上与发达地区存在较大差别，广西的政策更多的是追赶国家和其他发达省份的先进经验，现有政策普遍存在求全求大的问题，部分政策内容创新突破不足，影响飞地合作载体合作效果。另一方面，政策实施细则不明确、可操作性不强。据部分企业反映，广西优惠政策很多，但部分政策更多体现为原则性规定，而非具体明晰的实施细则，政策规定不明确、不清晰、不完整，可操作性不强，在具体执行过程中缺乏明确依据，企业感觉"照不到身上、感觉不到温暖"。

2. 交通基础设施仍存短板弱项

近年来广西基础设施建设取得长足发展，但由于基础弱、底子薄，在新发展阶段服务构建新发展格局的背景下，基础设施体系特别是交通建设方面的短板和弱项进一步凸显。一是交通服务国家战略的能力有待增强。对接粤港澳大湾区铁路通道数量不足，出边高速公路越南段未有效对接，普通国省道二级以下公路比例达 28%，机场至东盟各国的国际航线频度低，覆盖不足。二是综合交通网络布局亟待完善。全区铁路复线率 47%，电气化率 62%，均低于全国 56%、65% 的平均水平；公路网规模不大，公路密度仅为 54 公里/百平方公里，排全国第 24 位；水运干支联动有待进一步拓展；机场覆盖率有待提升，广西中部及沿海民航机场布局不足。三是交通运输服务水平有待提升。运输结构仍需优化，铁路、内河水运短板突出，铁路货运量占比仅为 3.7%，内河水运货运量占比仅为 15.5%，"宜铁则铁、宜公则公、宜水则水、宜空则空"的综合交通运输格局尚未形成。四是物流成本仍然偏高。2022 年，全区社会物流成本与 GDP 之比为 14.10%，比上年下降 0.3 个百分点（见表 2），低于全国平均水平，但物流成本占比与周边地区相比仍不具有优势，还有很大潜力可挖。

表2　2017—2022年广西社会物流成本与GDP之比

年份	全区社会物流成本（亿元）	同比增速（%）	与GDP之比（%）	备注
2017	3078.51	10.35	15.10	
2018	3160.91	2.68	15.50	
2019	3211.8	1.60	15.10	未有公开数据，根据2020年度数据测算
2020	3279.3	2.10	14.80	比"十三五"共下降0.9个百分点
2021	3572.6	8.90	14.40	
2022	3715.7	4	14.10	

3.人员留桂机制不活

目前，广西有两院院士、国家级人才工程入选者共约50名，而全国有6500多名，广西高层次人才的数量不足全国的1%。一是吸引人才的平台载体不足。目前广西仅有1所双一流高校（广西大学），其余26所均为本科第二批普通高校，总体办学基础较为薄弱，特别是梧州学院、北部湾大学、贺州学院等均为2000年以后新成立的本科院校，综合实力不强。国家42所一流大学建设高校中，广西处于空白状态。与其他省份相比，广西的学科建设仍较弱，目前一级学科专业没有排在"B+及以上"〔前2%（或前2名）为A+，2%～5%为A（不含2%，下同），5%～10%为A-，10%～20%为B+，20%～30%为B，30%～40%为B-，40%～50%为C+，50%～60%为C，60%～70%为C-〕的水平，按第四轮学科评估，排在"B"的有广西大学的化学工程与技术专业、桂林理工大学的环境科学与工程专业。一流大学、一流学科缺乏导致难以吸引高层次人才落户。二是政策支持力度不足。虽然广西出台了一系列吸引高层次人才的政策措施，但与其他省份相比，广西对高层次人才的政策优惠力度不大，对高层次人才的吸引力不强。例如，四川省对引进的顶尖人才给予最高300万元一次性的奖励，最低20万元，引进的创新创业团队给予最高5000万元资助，最低200万元资助。广西的一次性奖励就处于较低的地位，财力的支持力度较弱，对引进的全职"八桂学者"仅给予100万元税后安家费。三是产业结构制约引才、留才。广西受产业结构的限制，多数企业属劳动密集型，对技术工人、车间工人等需求量较大，技术密集型产业人才需求偏少，导致部分从事技术研发、工业设计、金融保险、大数据等技术型专业的在外人才匹配不上本地企业的岗位需求。另外，广西以中小企业为主，大型企业偏少，调研中发现，超过六成的人才认为中小企业抵御风险能力较差，担心所在企业因规模及效益问题而致使自身发展空间受限或薪酬待遇降低，从而降低了此部分人才回流的积极性。

4. 外向型产业基础不够牢固

外向型产业基础较为薄弱，打造经营便利地的支撑实力不足。当前，广西工业增加值总量以及占地区生产总值的比重，在全国均排位靠后，工业尚未适应发展新要求。一是产业发展层次低，农业发展大而不强，工业多集中在资源密集型行业，服务业发展滞后，规模小、层次低，文化旅游、商贸物流等传统服务业增长减缓，中医药、服务外包、文化创意、电子商务等新兴服务业仍处于起步阶段，生产性服务业发展不足短板突出。二是产品竞争力普遍不强。广西的制造业目前仍然以冶金、化工、机械加工等传统行业为主，这类行业多为劳动密集型和资源密集型企业，产品同质化程度较高，在功能、性能、外观等方面差异不大，难以通过产品本身来获得竞争优势，同时由于广西一些制造企业在品牌塑造上比较薄弱，品牌形象不突出，在品牌宣传、推广等方面投入不足，造成消费者无法与品牌建立情感，品牌的认可度不高。三是新兴产业发展相对滞后，新兴产业中新能源汽车制造发展势头较好，其他新兴产业发展相对滞后，在与其他 RCEP 成员的贸易竞争中，占据优势地位的是传统行业的工艺和低技术含量的产品，而高技术含量的重工业产品竞争力较差，对外贸易的"通道经济"特征突出。四是外向型产业集聚度不高。国家级外贸转型升级基地数量较少，2020 年至 2024 年，商务部在全国认定 388 家国家级外贸转型升级基地，广西仅有 13 家。

5. 消费供给有待优化

近年来，广西着力把恢复和扩大消费摆在优先位置，充分发挥政策效应，持续出台系列消费稳增长政策举措，印发实施《广西强商贸扩内需促消费三年行动方案》，主要包括促进汽车消费 17 条、促进家电消费 9 条、加快恢复和扩大餐饮消费 12 条、恢复和扩大消费 17 条、促进家居消费 11 条、促进文化旅游业恢复振兴 16 条，进一步夯实消费增长基础，促进广西消费高质量发展。但与全国相比，广西消费市场仍有较大差距，2023 年，广西全年社会消费品零售总额为 8651.57 亿元，比上年增长 1.3%。我国全年社会消费品零售总额超 47 万亿元，达到 471495 亿元，比上年增长 7.2%（见图 13）。一方面，受人均可支配收入的影响，广西消费能力有待提升，全国居民人均可支配收入 39218 元，全区居民人均可支配收入 29514 元，仅为全国的 75.3%。另一方面，广西消费优质供给不足，目前，广西的消费主要集中在基本生活品和传统行业上，如食品、衣着、家庭用品等，而高端消费品和服务业的发展相对滞后。此外，广西的消费场景和消费体验还有待改善。尽管广西有丰富的自然和人文景观资源，但目前的旅游服务质量和旅游消费体验还不尽如人意，很多景区的设施陈旧、服务水平不高，导致游客流失和形象受损。广西的购物环境也亟待改进，缺乏专业化、多元化和个性化的购物场所，限制了消费者的购物选择和体验效果。

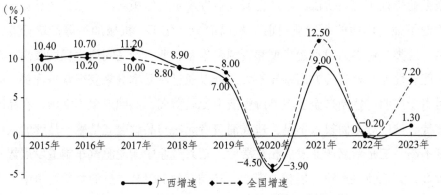

图 13 2015—2023 年广西与全国社会消费品零售总额增速对比

（四）面临的挑战

1. 面临周边省份日益加大的竞争压力

西南、中南地区在要素成本、市场规模、营商环境等方面与广西不相上下，甚至优于广西，是广西承接产业转移的主要竞争者。四川与香港、澳门建立川港合作会议机制、川澳合作会议机制等，与广东签署自贸区战略合作协议，从产业合作、平台载体、基础设施等方面全方位参与、精准对接粤港澳大湾区建设。湖南省出台针对粤港澳大湾区中高级人才引进的 22 项支持政策，江西省在工业用地基金奖励、智能制造装备产业扶持基金奖励等方面出台专项支持政策，优惠幅度明显大于广西。在区域互联互通方面，贵广高铁、广昆高铁等交通设施的完善，拉近了贵州、云南与粤港澳大湾区的"距离"，湘粤港直通快车、南珠海航班、京港高铁、武广高铁让湖南进入粤港澳大湾区的"3小时经济圈"，江西省赣深高铁将赣州到深圳的时间缩短至2小时，这些都使粤港澳大湾区部分转移产业越过广西向周边其他地区溢出。2023年，四川GDP增速突破6.0%，湖南GDP增速4.6%，贵州GDP增速4.9%，云南GDP增速4.4%，均不同程度超过广西，而江西省GDP连续几年保持较快增速，2021年至2023年增速分别为8.8%、4.7%、4.1%。可见，江西、湖南、贵州等周边省份近年来在积极承接粤港澳大湾区产业转移过程中取得了亮眼的成绩。而广西工业化和城镇化道阻且长，一二三产业结构不太合理，特别是农业比重不降反升，工业占比过低，这会影响工业可持续发展、城镇化进程乃至区域经济发展，工业化发展过慢又会导致农业、服务业缺少可持续发展的基础配套和生产要素支撑，导致产业层次低、产业发展水平低。

同时，广西打造大湾区重要战略腹地面临挑战。一方面，大湾区依托"保税区＋自由港"等机制及政策创新推动缩小粤港澳体制差异，将促进大湾区对周边区域形成更强的虹吸效应，大湾区先进的产业体系、良好的营商环境以及优厚的工资待遇，必然吸引广西的高端产业和人才资本进一步向大湾区集聚。另一方面，广东大力开展产业省内转移，支持珠三角各市在粤东、粤西、粤北地区探索布局"飞地经济"，对广西共享大湾区战略腹地建设机遇产生较大影响。早在2018年，广东发文确定湛江为省域副中心城市，要求湛江加快融入双区建设，全面对接海南自贸港，全力打造省域副中心城市，背靠广东强大的制造业的湛江港对北部湾港形成一定的竞争压力。2023年，广东印发《关于推动产业有序转移促进区域协调发展的若干措施》支持粤东、粤西、粤北地区更好地承接国内外特别是珠三角地区产业有序转移，对广西承接大湾区产业转移构成较大挑战。

2. 中低端产业已出现越顶转移趋势

近年来，东部沿海发达地区的劳动密集型产业，有越过广西直接向东南亚国家"越顶转移"的趋势，尤其是向与广西相邻的越南转移。越南人口超过 1 亿，凭借其劳动力成本优势、宽松的税收、环保政策等，不断吸纳各类电子信息产业转移落地，形成以电子信息产业为核心，辐射范围广泛的办公自动化、显示器、化学化工、电气机械等电子信息上下游产业链体系，在制造业进出口贸易中电子信息产品成为占比最大的品类，越南进口额连续几年超过深圳。越南有 RCEP、《全面与进步跨太平洋伙伴关系协定》（CPTPP）、《越南与欧盟自由贸易协定》（EVFTA）等多项自贸协定加持，加上中美贸易摩擦的外部催化，更有利于越南抢占中低端商品出口市场，吸引国内产能向越南转移。

3. 外部挑战尤其是东盟国家以及国际环境不稳定性增强

当前，全球外贸形势复杂多变，外需整体疲软，给外贸企业带来巨大挑战。受新冠疫情的影响，世界经济面临下行压力，全球供应链受到冲击，区域内经贸合作发展一定程度受限，商品流通、人员交流不畅。在此大背景下，广西与东盟国家的贸易、投资合作持续面临挑战。政治因素带来的威胁是影响广西发展对外经贸的最大因素，中美贸易摩擦存在长期性和不确定性。美西方通过政治手段介入东盟区域合作的风险将长期存在，或有煽动霸权主义、单边主义、贸易保护主义抬头的可能。美国 2022 年 5 月提出印太经济框架制衡 RCEP 生效，中国与东盟国家在重大投资项目实施、经贸政策谈判磋商等方面将面临更多挑战。此外，东盟国家经济形势下行压力将影响贸易投资合作。缅甸国内局势动荡，多地冲突加剧，生产制造业受到限制；缅甸中央银行政策缺乏稳定性，直接影响中缅贸易，重要外资纷纷撤离缅甸市场，阻碍缅甸经济复苏。老挝也因为外汇储备紧张对部分商品实施限制进口；缅币、老币加速贬值，给进出口贸易、对外投资合作持续带来下行压力。此外，新一轮科技革命和新冠疫情对国际分工模式的深刻影响日益显现，传统的"由资源型国家提供资源、东亚经济体从事制造加工环节、欧美发达国家从事核心研发和提供最终需求"的国际大三角分工模式正在发生深刻演变，价值链产业链缩短、供应链多元化区域化苗头显现，跨国公司全球产业布局将更加注重在效益和安全中寻求平衡，中低端产业加速向东盟、印度等转移，部分中高端产业链回流发达国家或重新进行区域化布局的趋势仍将持续。

三、国外与国内其他省份经验借鉴

一个地方的发展和崛起，很大程度上取决于其市场经营便利的程度，纽约、伦敦等地能够成为繁荣兴盛的国际大都市，无不得益于便利的基础设施、营商环境、人才流动等。打造国内国际双循环市场经营便利地，是广西"内""外"发力开新局的战略指引。如何打造这一便利地成为目前广西面临的问题和挑战。纽约湾区、伦敦湾区、东京湾区、粤港澳大湾区作为区域经济发展重要的增长极，其建设模式在其发展成为繁荣兴盛的国际大都市中发挥了十分重要的作用。与此同时，四川、湖北、海南三省在营商环境建设、对内对外开放等方面有较丰富的经验并日趋成熟。因此，国内外湾区建设和国内其他省份的相关经验值得广西在打造国内国际双循环市场经营便利地中借鉴。

（一）全球三大湾区

全球知名的纽约湾区、伦敦湾区、东京湾区在市场便利化方面走在前列，值得广西学习，其典型做法如下。

1. 从顶层设计上落实便利化，打破行政区划格局

打破行政区划格局的意义，在于突破行政边界对湾区经济融合所造成的限制与阻碍，提升湾区经济作为一个整体的发展效率和发展水平。三大湾区从顶层设计上落实便利化，在基础设施建设、产业发展、经济一体化融合等方面进行统一规划，为要素市场和产品市场的快速发展创造了条件和机遇。纽约湾区从宏观层面进行顶层规划设计，根据湾区发展的不同阶段，制定了湾区交通体系建设规划、环境保护规划、可持续发展规划和宜居宜业规划等，支持建造灵活的"现代阁楼"空间，减少企业落地与发展的障碍。伦敦湾区的《伦敦城市规划》以20年为规划周期，打破行政区划限制，将伦敦从内到外划分为中心活动区—内伦敦—外伦敦三层，促进三个层次之间相辅相成的发展。东京湾区从顶层设计上构建完善的湾区法律法规体系，形成分工明确、协同融合的现代产业体系，推进湾区经济实现融合发展。

2. 从创新环境上落实便利化，集聚创新要素资源

各种高端生产要素和高技术产业能够在国际湾区聚集，除受益于经济

一体化的顶层设计之外，创新环境也发挥了重要作用。创造良好的制度环境和创新文化氛围，为创新要素集聚提供优良的条件。纽约湾区在十年发展规划《一个新的纽约市：2014—2025》中，明确了"全球创新之都"的发展定位。战略性新兴产业和未来产业纷纷集聚纽约，如谷歌、元、易贝、推特、微软等在纽约开设大规模的研发中心，2020年纽约市的科技从业人数达33万。伦敦湾区在2010年实施"迷你硅谷"计划；2015年提出监管沙箱计划；2016年至2020年，每年向科技研发和科技创业投资200亿英镑，寻求科技转化突破。2022年伦敦湾区拥有价值达1427亿美元的创业生态系统，约1400家风险投资公司，显著高于欧洲其他地区。东京湾区明确了全球创新网络枢纽的发展目标，形成了独具一格的"工业（集群）+研发（基地）+政府（立法）"的创新模式，使东京湾区成为集制造业基地、金融中心、信息中心、航运中心、科研和文化教育中心及人才高地于一体的科技创新中心。

3. 从人才培育上落实便利化，结出科技创新成果

除了创新环境的培育，强大的高校教育环境也助力三大湾区结出科技创新成果，在发展战略性新兴产业和未来产业上一路"狂飙"。纽约湾区内拥有3所常春藤联盟高校——哥伦比亚大学、普林斯顿大学和耶鲁大学，以及其他58所高校，并以高校科研产业导向性的特征，开创了三大产学研模式。一是"科技园"模式，如由纽约市市长布隆伯格倡导、由康奈尔和以色列理工合作建设的康奈尔科技园区吸引了亚马逊、推特等一众高科技企业加盟。二是"科技孵化器"模式，助力科技成果落地，最终形成初创企业。三是"技术转让"模式，建立技术许可办公室，管理专利许可。伦敦湾区北至剑桥及牛津，汇集英国顶级高校，构筑了一个科研金三角。如剑桥大学密集的教育研究资源和深厚底蕴，以及深厚的创新创业教育环境、孵化的创新企业，为英国乃至欧洲输送科技创新成果。东京湾区入驻了庆应大学、武藏工业大学、横滨国立大学等知名研究型大学，有效带动了企业的产品研发和科技创新，丰田、索尼、佳能等公司设立企业研究院，湾区发明专利授权量和专利申请量位居世界湾区前列。

4. 从要素禀赋上落实便利化，打造产业集群中心

在推进湾区经济发展一体化和科创生态环境构建的同时，湾区另一个重

要的实践经验就是立足要素禀赋的比较优势，打造产业集群中心。纽约湾区立足于金融的要素禀赋，致力于打造全球金融产业发展的核心中枢。华尔街拥有全球最大的纽约证券交易所和纳斯达克交易所，截至 2018 年，纽约湾区汇聚全球 2900 多家持牌的银行、证券机构、期货机构、保险机构和外贸机构，成为名副其实的"金融湾区"。伦敦湾区以医疗城市（"MedCity"）计划挖掘科技禀赋，实现从"文化之都"到"科技之城"的华丽转变，成为名副其实的英国"硅谷"。如伦敦—剑桥—牛津地区聚集了一大批针对生命健康产业的行业服务组织，助推全欧洲的生物医药资源向伦敦集聚，构建了完善的集群生态。东京湾区立足制造技术的要素禀赋，成为全球著名的现代装备制造业中心。东京湾区已形成精密机械、游戏动漫、高新技术等巨型产业集群，京滨、京叶两大工业区的经济总量约占全日本的 26%。

（二）粤港澳大湾区

粤港澳大湾区包括香港、澳门和珠三角等，区域中的各城市功能定位明确，香港是国际金融、航运、贸易中心，澳门是世界旅游休闲中心，广州是国际商贸中心、综合交通枢纽，深圳是全国性经济中心城市和国家创新型城市，东莞、佛山、中山等重要节点城市制造业基础雄厚。

1. 资源整合优势互补，促进协同发展更便利

港澳国际联系广泛、专业服务发达、基础研究实力雄厚，珠三角制造业基础扎实、企业主体活跃、市场空间大，三地最大限度"求同"，构建协同创新"网络"。在区域协同上，粤港澳大湾区整合三地优势，逐步构建起以广深港、广珠澳科创走廊和河套、横琴科技创新极点为主体的"两廊两点"架构体系，构建开放型区域协同创新共同体，打造高水平科技创新载体和平台。在创新生态协同上，湾区积极建设高水平孵化器、加速器、新型研发机构等转化载体，促进生产性服务业发展，努力构建"基础研究 + 技术攻关 + 成果产业化 + 科技金融 + 人才支撑"全过程生态链。在科研转化协同上，湾区持续推动科技创新规则制度衔接，探索形成"港澳高校—港澳科研成果—珠三角转化"的科技产业协同发展模式，大疆无人机等港澳重大科研成果在珠三角顺利转化落地。在企业创新主体协同上，湾区通过企业牵引全产业链技术攻关和产业变革，有力促进科技成果从 0 到 1 的转化，形成更加紧密、更

加高效的区域产业链分工合作关系。

2. 制度"软联"设施"硬通",促进要素流动更便利

以粤港澳制度、规则衔接为重点的"软联通"和交通基础设施"硬联通"已成为带动粤港澳大湾区要素流动的根本所在。在"软联通"上,湾区深入推进规则衔接。有序实施"湾区通"工程,进一步打通投资贸易、市场准入等方面的堵点,正式上线大湾区标准信息公共服务平台及"湾区标准"标识。推出"湾区社保服务通",通过线上线下"跨境办"服务,在粤工作生活的港澳居民享有"市民待遇"社保服务,横琴与澳门试行商事登记"跨境通办、一地两注",粤港实现 108 项高频政务服务"跨境通办";深入推进职业资格互认,超 3200 名港澳专业人士在珠三角执业;高效促进"就业通",全面取消港澳人员就业许可,实现在粤就业创业政策无障碍,超 20 万港澳居民在粤工作发展。在"硬联通"上,湾区基础设施"硬联通"水平显著提升,广汕高铁开通运营,深中通道全线贯通。港珠澳大桥开通旅游试运营,香港机场三跑道正式启用,全球首个直达机场空侧的跨境海空联运项目"东莞—香港国际空港中心"投入运行。广州港南沙港区四期投入使用,"大湾区组合港""湾区—港通"等口岸通关改革深入开展,累计开通航线 57 条。要素跨境流动更加高效便捷,内地与香港、澳门"跨境一锁"全面实施,粤澳口岸信息实现互联互通。"港车北上""澳车北上"通行量突破 100 万辆次,珠海和香港机场合作"经珠港飞"项目落地。

3. 金融开放"扩围提质",促进投资贸易更便利

围绕服务粤港澳大湾区建设等重大国家战略,大力推进金融高水平对外开放,提升跨境贸易投融资便利化水平。湾区充分运用横琴粤澳深度合作区和广州南沙自贸试验区等平台,"点线面"推动试点政策"扩围提质"。一是推广跨境贸易投资高水平开放试点。广州南沙自贸试验区跨境贸易投资高水平开放试点 13 项政策全部落地实施,截至 2023 年末,累计办理试点业务 1.3 万笔、金额合计 304.5 亿美元。在试点成效基础上,2023 年 12 月经国家外汇管理局批复同意,将试点中的 8 项政策推广到广东全省,试点政策简化了跨境业务结算手续,业务办理更加便捷高效,资金运营成本显著降低。二是率先开展跨国公司本外币跨境资金集中运营管理试点。相较于 2021 年试点的跨国公司本外币一体化资金池业务,该项试点在准入门槛、资金调拨以及业

务备案等方面均进行了优化。截至 2023 年末，全辖区共有 69 家企业办理该资金池业务，合计集中境内外成员企业共 843 家，集中外债和境外放款额度分别为 2060 亿美元和 413 亿美元。三是优质企业贸易外汇收支便利化试点实现倍增。推动优质企业贸易便利化试点持续扩容提质，将高新技术企业和"专精特新"企业纳入试点范围，让更多企业尤其是中小企业享受便利化政策红利。2023 年全辖区新增试点企业数同比增长 1.8 倍，累计办理试点业务超 1800 亿美元。

（三）典型省份

四川、湖北、海南在市场经营便利化方面的经验较为典型，值得广西学习，其典型做法如下。

1. 深化创新改革，为市场经营便利提供政策支持

以创新驱动转型发展，是推动高质量发展的必由之路。近年来，川鄂琼三省出台系列方案措施，明确任务清单，有效提升了市场经营的便利度。四川省发布《四川省深入推进全面创新改革试验实施方案》，按照"一干多支"发展战略部署，加强区域协同创新，重点依托高新技术产业开发区、经济技术开发区、自主创新示范区和高校、科研院所、企业等各类创新主体，深入推进科技创新和体制机制创新，开展系统性、集成性、协同性改革，加快形成以创新为主要引领和支撑的经济体系和发展模式，为推动建设具有全国影响力的科技创新中心提供坚实支撑。湖北省发布《关于加强财政金融协同服务科技创新的若干措施》，进一步加强财政金融政策协同，引导金融机构加大对科技创新的支持力度，培育更优的科技金融生态体系，为打造全国科技创新高地提供有力的金融支持。海南省出台海南自由贸易港制度集成创新行动方案和任务清单，围绕贸易自由便利、投资自由便利、跨境资金流动自由便利、人员进出自由便利、运输来往自由便利和数据安全有序流动，推动全方位、大力度、高层次的制度集成创新，制定出 18 项行动方案、60 项任务。

2. 营造创新生态，为市场经营便利提供科技支撑

聚焦科技创新全链条，持续提升国际重要创新成果转移和转化能力，营造创新生态，打破经济发展"堵点"，为市场经营便利提供科技支撑。四川省持续全面推进科技成果转化体制机制改革，深入开展国家科技成果评价改

革综合试点，纵深推进高校院所职务科技成果权属制度改革，实施职务科技成果单列管理，优化成果转化后的国有资产管理，有效破解影响科技成果转化的各种阻碍。深入实施大院大所"聚源兴川"行动，用好中央在川科技资源，促进更多"国家队"成果在川落地转化和产业化。支持有条件的领军企业与高校院所共建未来产业科技园，推动未来产业加速孵化，丰富成果转化的应用场景。2023 年，四川省区域创新能力提升 2 位，居全国第 10 位，近年来 10 个国家大科学装置相继落地四川，数量居全国第 3 位。湖北省梳理形成一批关键核心技术清单，深入推进产学研用深度融合，推进开放式创新，加强和外部科研机构合作，整合各类创新资源，切实提高科技成果转化水平。例如，汉江实验室实现湖北省国家实验室"零的突破"，9 家湖北实验室全部进入实体化运行。湖北明确 20 项科技领域重点工作事项和 60 项重点工作清单，积极营造有利于原创成果不断涌现、科技成果有效转化的创新生态，加快打造全国科技创新高地。再如，武汉获批具有全国影响力的科技创新中心，综合性国家科学中心建设取得积极进展。海南省围绕科技创新精准发力，充分释放高校集教育科技人才于一体的资源优势、创新潜能，全力争取重大创新基地等战略科技力量布局，完善国家技术转移海南中心功能配套，推进开展重大新药创制试点，加快数据、算力、算法等新生产要素集聚，推广应用数智技术、绿色技术，加快电气机电、食品加工等传统产业数字化转型升级，推动更多引领型科技成果转移转化。

3. 国内国际互通，为市场经营便利提供开放环境

持续打造国内大循环的重要节点和国内国际双循环的重要枢纽，三省统筹国内国际两个市场、两种资源，着力扩大开放。四川省着力探索内陆地区尤其是符合西部地区发展实际的国际贸易新机制，构建内陆开放新模式，营造法治化、国际化、便利化营商环境。进一步提升和拓展"蓉欧 +"战略，构建"两港三网"，带动贸易发展、服务业提升、产业聚集和国际产能合作，增强成都作为国家中心城市的资源配置能力，打造产业创新合作的示范标杆。持续提升对外合作交流水平，争取设立更多驻蓉领事机构，发展更多国际友城和友好关系城市，申办更多有影响力的会展活动、文化交流活动、体育赛事，打造扩大对外开放的重要窗口。湖北省加快国内国际"双联通"，坚持四向拓展、全域开放，争取中欧班列区域性枢纽节点建设，畅通开放大通道。以建设国际货运

航空物流枢纽为目标，提升花湖机场运营管理能力和水平，2023 年首条国际货运航线已经开通，2024 年累计开通货运航线 81 条，其中国际货运航线 30 条，努力打造服务全国、联通世界的"空中出海口"。海南省建成洋浦大桥、清澜大桥、博鳌通道等一批重大桥隧和海口美兰国际机场、三亚凤凰国际机场、琼海博鳌机场和三沙永兴机场 4 个机场。网络覆盖境内大部分主要城市和东盟十国以及英国、意大利、俄罗斯、澳大利亚等 19 个国家，基本实现"4 小时、8 小时飞行经济圈"，促进了区域协调发展，打造了我国面向太平洋和印度洋的重要对外开放门户。贸易机制的创新、开放平台的升级、跨境基础设施的发展，大幅提升了三省市场经营的便利程度。

（四）对广西的启示

1. 强化政策的贯彻落实，为便利地建设聚势能

对比周边省份，广西政策响应速度及成效有待提升。近年来，中央出台了一系列支持广西发展的利好政策，但全区各级各部门普遍存在响应不足等现象，导致政策转化慢，成效不明显。一是政策配套措施不完善，未及时制定相应的配套措施以支持政策落地。二是超常规推进政策落地力度不够。反观四川省，新春第一会决定发展人工智能后，全省上下密集研究部署人工智能产业发展，人工智能重大科技专项首批 7 个项目正式启动，3 家人工智能领域创新联合体、2 家首批人工智能领域中试研发平台及四川省人工智能算力技术创新中心正式授牌。3 月，一批人工智能领域的重大项目、创新平台密集布局；4 月，四川省人工智能学院揭牌，均体现出四川对政策的强烈响应和超常规大力度精准支持。三是缺乏政策执行效果的评估体系，各部门致力谋划新的政策支持，未利用好现有的或已争取到的政策，未建立可量化的评价体系，对政策实施的效果未进行评估、跟踪问效。为此，广西应强化政策的响应落实，勇于求变、敢于求新、善于求质，聚焦困难和问题大胆开展"首创性""差异性"探索，打破制约开放发展的惯性思维，摆脱阻碍高质量发展的路径依赖，破除影响市场经营便利的机制障碍，不断提升发展的质量和水平。

2. 构建立体高效的联通网络，为便利地建设夯基础

高效互联互通是加快打造国内国际双循环市场经营便利地的基础。广西应不断提升"硬指标"，不断增强"软实力"，以平陆运河为中心推进运河经

济带互联，构建国内立体高效联通网络；全面提升北部湾国际门户港枢纽功能，持续完善港口集疏运体系，提高江铁海多式联运能力和自动化水平，深化通关便利化改革和国际通关合作，促进西部陆海新通道与产业融合，打造"通道＋枢纽＋网络＋基地"现代物流体系；在畅通数字通道上，加快推进中国—东盟信息港、国际通信业务出入口局、面向东盟的算力枢纽和通信网络枢纽等建设，强化数字赋能经济高质量发展。

3. 促进贸易高质量发展，为便利地建设增动力

加快国内外贸易循环是加快打造国内国际双循环市场经营便利地的动力。广西应促进多要素便利流动，这样能有效降低要素成本、物流成本、制度性交易成本，促进创新活力充分涌流、创业激情竞相迸发。持续深化同以东盟国家为重点的经贸合作，加快跨境货物贸易发展，优化大宗商品跨境流通服务体系，促进国际贸易高质量发展。推动货物贸易优化升级，加快建设能源、矿产品、农产品、水产品、纸浆等大宗商品进口基地、储运基地，构建 RCEP 区域供应链保障体系，提升产业"双循环"水平。加快布局数字贸易新赛道，培育中国—东盟大数据交易市场，大力开展"丝路电商"国际合作，试点探索跨境数据服务，拓展数字内容、数字技术、数字服务、数据交易等多种业态。提升通关便利化水平，充分发挥国际贸易"单一窗口"的数据底座和国际互联互通功能，加快边境智慧口岸建设，打造高效便利的进出口通关服务体系，让货物进出畅通起来。

4. 稳步扩大制度型开放，为便利地建设稳关键

提升内外开放能级是加快国内国际双循环市场经营便利地的关键。广西应稳步扩大制度型开放，在构建更为紧密的中国—东盟命运共同体上聚力；持续谋创新扩开放，扩大标准化开放合作，争取设立中国—东盟知识产权法庭，加快设立中国—东盟商事仲裁协作中心，对标国家在有条件的自由贸易试验区和自由贸易港试点对接国际高标准推进制度型开放的若干措施，积极探索面向东盟的制度创新改革。加强开放平台创新发展，推动东博会、峰会"镶钻成冠"、升级发展，实施广西自由贸易试验区提升战略，大力推进医学开放试验区、重点开发开放试验区、"两国双园"、中国—东盟信息港、金融开放门户等建设，提升各类平台的集聚、联动和辐射水平。推动与东盟国家多领域、深层次合作迈向新阶段，吸引人才、资本、信息、技术等要素集

聚，加快形成"产业＋要素＋区域"协同开放格局。

5. 提升营商环境服务水平，为便利地建设优保障

优化营商环境是加快国内国际双循环市场经营便利地的保障。广西应以深入实施招商引资突破年、项目建设攻坚年行动和促进营商环境大提升专项行动"2+1"工程为抓手，出台打造国内国际双循环市场经营便利地，实现互联互通、贸易结算、投资合作、技术交流、人员往来更加便利的政策，降低物流成本、破除区域壁垒、优化政务服务，持续提高全区营商环境整体水平，进一步降低经营主体制度性交易成本，完善投资便利服务体系、经营主体反映问题响应处置机制，培育"营商广西·桂在便利"服务品牌，扎实推动高效办成一件事，推动投资便利政策集成创新，加快实现承诺便利、设立便利、经营便利、注销便利、破产便利。在广西推动营商环境领域立法，创新推出服务民营企业"亲清直通车"工作机制，落实"四下基层"制度，深入开展实体经济调研服务活动，让企业办事容易且成本低廉，给企业支持到位且在服务方面让企业满意。

6. 构建科技创新产业链、供应链，为便利地建设强筋骨

做实做强现代化产业是加快国内国际双循环市场经营便利地的筋骨。广西应聚焦科技创新全链条，持续提升全球人才及各类创新资源集聚能力，积极营造有利于原创成果不断涌现、科技成果有效转化的创新生态，深入推进产学研用深度融合，推进开放式创新，加强和外部科研机构合作，整合各类创新资源，切实提高科技成果的转化水平。大力发展新质生产力，深入实施战略性新兴产业培育行动、科技"尖锋"行动、"双百双新"产业项目以及新一轮"千企技改"工程。深化沿边临港产业园区和中国—东盟产业合作区等市场经营便利地重要载体的建设，积极承接沿海发达地区产业梯度转移。加强东西部产业对接协作，争取东部省市、中央企业参与建设，吸引民营企业、外资企业投资，促进更多优质项目落地。

四、主要路径与重点领域

扩大对内对外开放打造国内国际双循环市场经营便利地，市场经营便利是其主旨要义，坚持扩大对内开放和对外开放并重是其关键指引。为此，广西要

牢牢抓住对内、对外开放的战略要点，统筹区内以组团式联动发展构建一体化市场，面向国内以统一大市场为引领构建区域协同融通的区域市场，面向国外以内畅外联打造以面向东盟为重点的引资磁场、做强内外循环连接点。

（一）统筹区内：以各市组团式联动发展构建一体化市场

广西持续扩大对内对外开放打造国内国际双循环市场经营便利地，首要任务是推动构建区域内一体化市场。当前，随着科技的迅猛发展和区域经济格局的演变，资源配置的空间持续拓展，组团式城市发展必将替代市域单打独斗的格局。为此，广西亟须以组团式联动发展构建一体化市场，增强便利地的内核。

1.建立完善全区招商引资一盘棋机制

围绕各地发展定位和主导产业实行差异化发展，建立健全跨行政区域招商引资利益共享机制，避免同质化无序竞争，共同推动重大项目向重点产业园区集中，加快促进产业集群、集聚、集约发展。为此，广西要加快建立完善部门协调、区市联动招商的新机制。应积极建立健全招商引资工作协调机制。提高招商引资的统筹能力，推行多层次联动招商机制。

2.建立健全组团式城市间合作机制

当前，区域市场价值链、供应链与全球价值链交融发展，你中有我、我中有你，区域经济跨行政区融合是大势所趋。为此，广西要加快谋划并着力建立和完善政府间合作机制，推动若干城市组团发展。要按照市场经济的规律，打破地域界限，扫除体制障碍，以开阔的视野、开放的胸襟、开明的姿态，支持南宁、柳州等重点城市打造若干组团式城市。建立科学的组团式发展机制与管理模式。建立和完善利益共享补偿机制，使组团内城市在平等、互利、互惠的基础上，合理分配区域资源，共享发展成果，对利益受损方作出一定的利益补偿。

3.加强城市组团内外的互联互通

"物理形态"的互联互通，是"化学形态"协同化和一体化的前置条件。为此，广西城市组团要以"物理形态"的互联互通促进"化学形态"的一体化。要在全区城市组团内部着力构建便捷化交通体系。消除"断头路"和"瓶颈路"，完善区域交通网络体系，健全交通物流枢纽设施体系。要着力推动全区城市组团产业互联，从战略层面走出产业发展同质化困境。要推动服务互联，要按照"统一办理、逐步对标"的原则，逐步实现全区组团内城市行政审批跨市域"无差别"办理。

4. 建立组团式多元化干部交流机制

加大干部"调任、转任、挂职锻炼"的力度，可以为组团城市的干部提供更开阔的视野。要加强组团城市干部的交流，使干部队伍拥有"娘家"与"婆家"两种属性。按照"优势互补、协同发展"原则，围绕产业合作的重点领域实施干部双向交流，实现供需资源流动。坚持"人力资源是第一资源"理念，围绕建立人才一体化共用、机制一体化共建、环境一体化共享机制，干部交流既要注重较高级别，也要注重人员数量。要围绕区域协同发展方面，构建包括经济、科技等领域多个指标，形成对互派干部协同发展能力的评价指标体系。

（二）面向国内：以统一大市场为引领，构建以粤港澳大湾区为重点的区域市场

建设统一大市场的关键在于打破地方保护和市场分割，促进区域协同合作，畅通国内大循环。以统一大市场建设为引领打造国内国际双循环市场经营便利地就是以更具通用性的制度、规则，破除妨碍各种生产要素市场化配置和商品服务流通的体制机制障碍，推进各项便利创新要素自由流动，提升服务市场经营便利水平，构建起联通与粤港澳大湾区、长江经济带等协同融通的区域市场。

1. 以规则衔接通便利，提升便利地的市场活力

促进不同市场的循环融通首要在于实现"制度一律"，也就是强化市场基础制度规则的统一。为此，广西应瞄准差距与差异，对标对表粤港澳大湾区、长江经济带、成渝地区双城经济圈等，从整体上、顶层上进行系统性的谋划，推动广西的规则、规制、管理、标准与粤港澳大湾区、长江经济带等地区高标准制度规则相衔接。

2. 以产业协同聚合力，增强便利地的经济根基

产业的高效协同既是打造国内国际双循环市场经营便利地的根基，也是打造国内国际双循环市场经营便利地的重要落脚点。产业协同就是要立

足广西与粤港澳大湾区、长江经济带各自资源禀赋与产业定位，互通有无、转移承接、错位发展，既实现产业资源的优化配置，也推动广西产业集群化发展。为此，广西要立足资源禀赋和比较优势，对接沿海发达地区产业新布局，共同构建串联内外、分工合作、协调联动的跨区域产业链、供应链。

3. 以服务通办凝人心，提升便利地的服务效能

跨区域服务通办有利于打破地方保护和市场分割，畅通国民经济循环、促进要素自由流动，有利于转变政府职能，激发全社会积极性和创造性，激发市场活力，是打造国内国际双循环市场经营便利地的重要支撑。为此，广西应围绕有效服务人口流动、生产要素自由流动和产业链高效协同等重点领域，纵深推进"放管服"改革，为打造国内国际双循环市场经营便利地提供良好的公共服务环境。

（三）面向国外：以内畅外联打造以面向东盟为重点的引资磁场、做强内外循环连接点

以内畅外、内外互联是广西打造国内国际双循环市场经营便利地的核心支撑，也是广西将区位优势转化为开放发展胜势的关键。为此，要以内循环为主要引擎，提升国内国际双循环市场经营便利地供给质量，创造更多市场需求，同时以西部陆海新通道为牵引，向海而行、向海图强，重点面向东盟加快形成立体向海、对接亚欧、覆盖 RCEP、面向全球的开放格局。

1. 强化联通网络建设，提升连接国内、联通全球的联通能级

构建连接国内、联通全球的立体联通网络是打通广西连接国内国际贸易通道的关键，是增强广西"三沿三联"区位优势的必要举措，是打造国内国际双循环市场经营便利地的基本保障。要积极加快构建现代多式联运网络。构建面向东盟的国际陆海贸易新通道，加强数字通道建设。

2. 强化对标对表改革，建设更高水平开放型经济新体制

建设更高水平开放型经济新体制是以开放促改革、促发展的战略举措，是国内国际双循环市场经营便利地提升境外要素集聚力的关键。为此，广西要进一步对标高标准国际经贸规则，通过投资、贸易、金融等重点领域的体制机制改革，实现规则、规制、管理、标准等制度型开放。

3. 强化利益联结机制，构筑互利共赢的产业链合作体系

构建互利共赢的跨境产业链、供应链是打造国内国际双循环市场经营便利地的题中之义。构建互利共赢的产业链合作体系有助于加深广西与东盟产业间联通与互助，维持产业间合作的稳定性，同时，还能保障产业间合作的安全。广西应深化产业链、供应链开放合作，发挥东部地区在对东盟产业链合作中的引领示范作用，进一步加强国际产业协调合作，健全产业链供应链跨区域跨境协同机制。

（四）贯通国内国际双循环的重点领域

1. 提升对内对外营商环境便利化水平

营商环境好坏是企业愿不愿来、产业能不能承接得住的关键。良好的营商环境就像一个强大的磁场，可以吸引项目落地，激发经济发展的内生动力，凝聚企业创业信心。对广西而言，优化营商环境是持续扩大对内对外开放打造国内国际双循环市场经营便利地，提升广西经贸、产业、人才吸引力的重要保障，尤其是要为民营企业提供公平竞争的市场和要素环境。

2. 提升重大开放平台协同集成能效

重大开放平台是实现广西优势转化的重要载体，更是打造国内国际双循环市场经营便利地的前沿阵地、重要抓手。广西拥有自贸试验区、沿边临港产业园区、面向东盟的金融开放门户、中马"两国双园"、海关特殊监管区、沿边开放开发试验区、中国—东盟信息港等一批国家级开放平台，涵盖对外贸易、产业发展、金融服务等多个领域。为此，广西要发挥好各类平台功能，发挥开放平台的政策叠加效应，尤其是要发挥沿边临港产业园区的产业引领作用和自贸试验区的改革示范带动作用，助力打造国内国际双循环市场经营便利地。

3. 提升产业转移的承接能级

园区是承接产业转移、培育产业集群、推动产业调整和升级的主要载体，是企业生产生活的主要集聚区。沿边临港产业园区是广西承接产业转移条件最好、政策优惠力度最大的园区。为此，广西要提升园区产业承载能力，强化"蓄"的核心竞争力，发挥沿边临港产业园区的示范引领作用，以沿边临港产业园区为试验田，带动全区园区高质量发展。

4.提升区域间协同创新发展水平

协同创新是区域协同的高级路径，是应对国际科技竞争、解决区域发展问题的必然选择。区域协同创新发展是多个区域各种要素相互融合的结果，是多方创新能力交融碰撞的结果，为此，广西要提升北部湾经济发展区以及经济大市如南宁、柳州、桂林等地协同创新发展的水平。

五、对策建议

贯通国内国际双循环打造市场经营便利地的关键点在于自由便利，要围绕投资、贸易、消费、资金、人员、物流等推动各类要素便捷高效流动。

（一）提升投资便利化水平：关键是能吸引更多区外的投资

1.强力招引民企

全力提升招引的统筹力、突破力、拓展力，打造民营经济便利化投资新高地。一是扩大民间投资市场准入。支持民营企业参与关键核心技术攻关、承担广西重大科技项目、全球范围产业分工和资源配置、重大战略部署等相关领域工作，健全外商投资准入前国民待遇加负面清单管理制度，全面取消制造业领域外资准入限制措施，持续推进扩大开放。二是拓宽民间投资领域范围。引导民间资本加大在全区"10+5+4"现代化产业体系产业集群的投资力度，引导民间投资加大全区各市建设力度，将民间投资占比纳入各市重点区域绩效考核指标；鼓励设立园区投资发展基金，引导民间投资参与先进制造业园区建设。支持民间投资进入城市新型基础设施、公共数据资源、政务服务、城市治理、智慧应用等智慧城市公共服务体系领域，发挥社会资本在经营管理、技术创新等方面的优势，提高公共产品和公共服务的质量效率。三是为民营企业提供全方位要素保障。支持各市在政策扶持上再加力，进一步梳理整合出台的相关政策，量身定制服务举措，实施"一企一策"，使政策靶向更精准、发力更集中、更有利于企业成长，真正有力有效地服务企业，真正让企业家满意。在服务机制上再完善，坚持项目建设与招商引资一道推进，建立项目审批服务组、建设推进组、征地拆迁组、稳定和生态环境组，以制度化、系统化工作机制确保投资项目快速铺开、迅速落地，在最短时间内投产达效。在要素保障上再升级，进一步强化项目落地过程中审批等综合保障，降低物流成本，提供用工、物流、水热煤电油气等全方位要素保障，确保企业运行通畅，真正让企业心无旁骛地创业发展。

2. 精细服务外企

更大力度、更加有效地吸引和利用外商投资，打造高质量外资集聚地。一是打造便利化投资平台，支持外商投资企业梯度转移。充分发挥中国—东盟博览会等具有国际化影响力的平台招引外资的便利化作用，提档升级中国（广西）自由贸易试验区、中国—东盟产业合作区等平台便利化承接外资园区功能，全力支持跨境合作区、跨境产业园率先在投资便利化领域作出引领性改革，营造适宜跨境投资贸易的产业环境，推进在中国—马来西亚"两国双园"开展跨境金融等领域便利化创新试点，对在广西进行整体性梯度转移的外商投资企业，按照已取得的海关信用等级实施监督，提升贸易投资便利化水平。二是提高便利化服务水平，畅通全链条便利化投资渠道。健全引进外资工作机制，开展"投资广西年"系列活动，持续打造"投资广西"品牌；争取国家支持，与RCEP缔约方建立投资促进合作机制，着力提升中国（广西）自由贸易试验区外商投资促进中心、海外招商合作机构等招引外资机构的便利化服务水平，建立多元化外商投资促进工作体系，完善外资项目招商、落地、建设全产业链推进便利化机制，为项目相关外方人员签发多次往返商务签证，推动形成政府、引资机构、商协会、中介机构、产业链龙头企业等多方参与、灵活高效的外资投资促进协调联动机制，促进外商企业投资渠道畅通。三是聚焦重点行业，推动利用外资向"扩量提质"转变。营造高标准的市场化、法治化、国际化营商环境，建立与国际接轨的商事纠纷解决机制，提升法律、税务服务水平，大力招引机械装备制造、新一代信息技术、新材料、新能源汽车等战略性新兴产业和人工智能、生命健康、低空经济等未来产业和科技信息、研发设计等高端生产性服务业外资项目。在符合有关法律法规的前提下，加快生物医药领域外商投资项目落地投产，鼓励外商投资企业依法在广西开展境外已上市细胞和基因治疗药品临床试验，支持已上市境外生产药品转移至广西生产的药品上市注册申请的申报工作。支持先进制造、现代服务、数字经济等领域外商投资企业与各类职业院校（含技工院校）、职业培训机构开展职业教育和培训。支持外商在广西投资设立研发中心，鼓励外国投资者单独设立或通过多种形式与广西的创新主体合作共建研发中心，与区内企业联合开展技术研发和产业化应用。

3. 精准对接央企

机制化、清单化、数字化保障央企引得来、接得住、留得下、发展好，打造央企招引服务第一区。为持续用力做好本地央企服务，编制印发 3 个服务保障清单，及时回应在桂央企发展诉求。一是建立健全落户央企"四个一"工作机制，即一个落户央企、一个推进方案、一名包联领导、一个工作专班，增强央企在桂扩投资、上项目的信心决心，力促落户央企产生质效。二是编制 3 个服务保障清单。建立政务服务保障清单制度，优化承接央企环境，进一步优化落户央企项目审批流程，千方百计保开工，全力以赴抢进度。建立项目要素保障清单制度，统筹协调落户央企资金、土地、人力、生态环境等要素，实现央企项目"物流通、资金通、人员通、政策通"，最大限度释放企业发展活力；建立服务保障清单制度，搭建落户央企需求平台，及时回应在桂央企发展诉求，助力落户央企尽快运营投产。三是建立引进央企数字化信息库。高效对接国家部委、央企总部、行业协会等平台，建立引进央企信息库，围绕石油化工、钢铁、铝、机械装备、新一代信息技术、新能源汽车等重点产业，按照分行业、分领域、有重点、重需求原则，力争在引进央企二级子公司上实现突破。

4. 构建便利投资机制

做到"全时段""全天候""全周期""全链条"服务，打造"投资广西"招商品牌。一是探索实行全时段审批服务。为企业提供每周 7 天全时段审批办事无休服务，企业可以通过窗口预约、电话预约的方式，在节假日和双休日任选时间段办理审批业务，提升企业业务办理时间灵活性。二是探索打造全周期服务平台。打造服务企业统一平台，涵盖惠企政策发布兑现、企业融资服务、企业诉求办理，清晰界定业务范围、职责分工，做好监督评价、工作保障，为企业提供诉求反映、办理、反馈、评价的全周期服务。三是推动投资全链条便利化。加快构建"极简审批"模式，破除市场主体投资兴业的壁垒，持续提升政务服务智慧化、标准化、规范化、便利化水平。四是建立全天候的便利投资服务品牌。构建"亲清"政商关系，倾情倾力服务企业，集中开展五大专项行动，更好地提升投资便利化水平，树立"人人都为营商环境、事事关系营商环境"思维,让企业切身感受到营商环境的改善,真正有所作为,真正做到"无事不扰、有事上门"。

(二)提升贸易便利化水平:关键是培育更多的外向型产业

1. 聚焦"三个重点",打造"外字号"加工贸易"2.0"

强化产业融链、扩链,强化用工、用能等要素保障,加快实现外向型产业的转型升级。一是深化省际产业对接,融入重点区域产业链。加强与粤港澳大湾区、长江经济带、成渝地区双城经济圈等发达地区省际常态化产业对接合作,特别是粤港澳大湾区,要建立与国内重点省市常态化产业对接合作机制,加强东西部产业转移信息收集与应用,积极承接国内重大生产力和加工贸易产业梯度转移,主动嵌入重点区域产业链供应链体系。二是深化与东盟产业链供应链合作,探索打造中国—东盟产业命运共同体。创新构建开放合作模式。加快建设中国—东盟产业合作区、面向东盟的进出口制造基地、关键零部件制造基地,加快构建"4+N"跨区域产业链供应链,打造"东盟资源 + 广西制造 + 国内大市场""长江经济带、粤港澳大湾区总部(研发) + 广西制造 + 东盟市场"等开放合作模式,提高面向东盟的产业链供应链整合塑造能力。三是深化与共建"一带一路"国家及欧美国家产业合作,培育壮大"外字号"外向型产业。推进国际产能和装备制造合作,促进企业间合作平台互联互通,借助中国国际进口博览会、中国—东盟博览会等平台,组织企业开展国际路演和推介活动,支持新能源汽车、动力电池、新一代信息技术、机械装备、钢铁、石油化工、食品加工等外贸型产业加快布局共建"一带一路"国家及欧美地区未参与共建"一带一路"的部分国家,促进外贸型产业稳存量、扩增量、提质量。

2. 聚焦"四个紧扣",提升外贸型企业开拓国际市场便利化、获得感、满意度

一是紧扣育主体,推动外向型企业开拓国际市场由"产品外销单一模式"向"体系化作战"转变。支持外向型企业建立海外生产基地、原料保供基地、产品海外仓等,加强与欧盟、日韩等地企业的技术交流合作,成立合资企业,形成集资源、产品、技术、品牌、服务等功能于一体的国际化经营体系。培育区域贸易总部企业,吸引外省进出口企业落户广西。二

广西持续扩大对内对外开放、打造国内国际双循环市场经营便利地的对策研究

是紧扣智慧化，优化企业口岸通关流程。着力推进海关监管智能化、移动远程监管智能化、海关税收征管智能化，扩大减免税审核"ERP 软件联网申报＋快速审核"模式应用范围；推进电子口岸证书智能化，实现证书更新、解锁、换卡业务网上办理。三是紧扣可量化、可预期，提升进出口企业的获得感。在企业高度关注的单证审核、口岸查验、检疫审批、取样送检、实验室检测等节点，进一步明确量化时限。四是紧扣优服务，提升进出口企业满意度。深化第三方采信，对依法成立的检测机构出具的检验报告，海关原则上不再实施抽样检测；深化海关信用管理，在风险可控的前提下降低"经认证的经营者"（AEO）高级认证企业进出口商品抽批抽检率；深化关企沟通联系，对企业提出的问题确保 100% 在 48 小时内作出回应、在海关职权范围内事项 100% 在承诺时限内予以解决。

3. 锚定"三个建设"，塑造数字贸易新优势

高质量推动建设面向东盟的"数字丝绸之路"，推进数字经济协同合作提质增效，逐步实现中国与东盟国家的货物自由流通。一是建设中国—东盟数字经济创新合作引领区。充分挖掘东盟国家数字产业潜力，发挥广西完善的东盟小语种人才培养体系、数字龙头企业逐步集聚等优势，吸引中国—东盟数字企业和市场主体合作共建跨境电子信息产业链，积极探索在智能终端制造、跨境电商、数字金融等领域率先履行 RCEP 义务，把广西建成中国企业与东盟国家的企业"走出去""引进来"的服务基地和枢纽，打造中国企业与东盟国家企业数字经济合作第一站。二是建设中国—东盟数字服务深度合作示范区。发挥"云上东博会""南宁渠道"等窗口优势，以公共服务、民生服务为重点，在智慧城市、智慧文旅、数字文化、远程医疗、数字教育等领域打造一批示范标杆，促进不同制度、不同民族和不同文化在数字空间的包容性发展，形成展示中国—东盟高水平开放合作亮点的门户。三是建设面向东盟的资源要素数字化集聚区。不断深化中国—东盟数字基础设施互联互通，加快推进北部湾港、西部陆海新通道等关键基础设施智能化升级。积极探索中国与东盟各国数据跨境流动规则对接，以数据流吸引人流、物流、资金流等关键要素集聚，构建面向东盟的资源要素数字化集聚区。

（三）提升消费便利化水平：关键是提升居民消费潜力

1. 以实现三个提升为切入点、着力点、突破点，让居民敢消费、愿消费、能消费、善消费

一是以提升居民收入水平为切入点，增强居民消费能力。提高居民消费意愿、增强居民消费能力，迫切需要在稳定就业和提高收入预期方面做好文章，以释放更多消费潜力。要多方施策全力提高居民就业率，同时加大对创业创新的支持力度，培育新能源汽车、生物医药等战略性新兴产业和未来产业，加快形成新质生产力，培育发展新动能，创造更多就业机会；加强劳动合同管理，完善社会保障制度，切实维护好、保障好劳动者合法权益，让更多劳动者共建共享经济高质量发展成果。二是以提升居民消费意愿为着力点，完善消费基础设施。培育多层级消费中心。加快建设南宁、桂林国际消费中心城市，提升消费基础设施国际化水平，建设具有较大国际影响力的新型消费商圈，推动相关商贸服务标准与国际接轨，提升城市消费舒适度。支持设立更多市内免税店，引进国内外知名消费品牌，建设国际化销售展示体验中心，提升城市商业活跃度。优化城市商圈规划布局，统筹城市商圈规划与国土空间规划，推动城市商圈更新改造与城市更新相结合，支持广西区域消费中心培育试点城市加快智慧商圈建设，积极创建国家级示范智慧商圈。建立健全全区智慧商圈平台。引导各地对标国家级、自治区级步行街标准对本地步行街进行改造提升，打造各具特色的步行街 100 条以上，推动步行街成为促进消费升级的平台、经济高质量发展的载体。三是以提升居民消费体验为突破点，丰富消费场景。充分发挥中国—东盟博览会、中国—东盟商务与投资峰会对会展业发展的带动作用，打造本土会展品牌，引进知名展会，建立广西重点引导支持的商业展会名录，促进会展业高质量发展。完善城市文化旅游设施，充分利用中国—东盟博览会文化展、旅游展等平台，以文塑旅，以旅彰文，扩大国际旅客规模，加快建设世界级旅游胜地。吸引更多世界 500 强企业入驻，争取举办更多国际重大活动和赛事，提升城市国际知名度。聚焦数字消费、绿色消费等重点领域消费，研究编制新型消费场景"两个清单"，每年发布 100 个新型消费机会场景和 100 个新型消费能力清单，如支持可穿戴设备、智能产品消费，打造电子产品消费应用新场景。

2. 扩大生产性消费供给, 满足人民群众对高品质、高端产品的需求

一是提升消费供应链水平。完善广西直供粤港澳大湾区、长江经济带的供应链, 提升南菜北运等广西特色产品供应链水平, 推动 "百色一号" 果蔬专列稳定运营。组织广西农产品生产流通企业与主要消费枢纽城市批发市场、商超等对接, 推动形成稳定的产销关系。二是提升 "桂字号" 品牌竞争力。打造区域公共品牌, 推动 "桂品出乡" 和老字号提质扩容, 建立 "桂字号" 品牌企业名录, 加强 "桂字号" 特色商品宣传推广, 组织广西 "桂字号" 企业参加中国—东盟博览会、云上东博会以及国内国际大型商品展览展销活动。三是建设一批农产品标准化生产示范基地和农产品出口基地, 全面推动 "三品一标" 农产品信息溯源体系建设, 扩大绿色生态优质产品供给, 引导绿色消费, 推进内外销产品 "同线同标同质"。四是支持生产性消费咨询服务业发展。引导各类政府专项资金和产业投资基金重点扶持生产性消费咨询服务业发展, 鼓励生产制造企业将研发设计中心、重大产业技术创新平台、信息、物流、售后服务等业务组建成为专业化运营企业, 鼓励各类企业购买行业技术中心、工业设计中心、工程实验室、高校重点实验室等公共平台服务。

3. 多点发力, 加快释放新型消费需求

积极培育新型消费, 关注个性化消费需求, 进一步挖掘消费潜力。一是在跨境电商上发力。利用跨境电商综合试验区通关便利化等政策, 以进出口贸易特色商品为重点, 加快补齐广西特色商品交易短板, 积极在南宁或防城港布局国际商品交易中心, 推动建设中国—东盟跨境电商平台, 扎实推进南宁、崇左跨境电商综合试验区的提速发展和柳州、贺州跨境电商综合试验区的落地建设, 逐步优化跨境电商生态。二是在跨境养老上发力。抢抓东盟银发经济发展契机, 充分发挥拥有 "山清水秀生态美" 金字招牌和 "壮美广西·长寿福地" 品牌优势, 发展面向东盟的跨境旅居养老产业, 探索建立中国—东盟旅居养老行业合作机制, 打造一批跨境旅居示范基地和精品康养路线, 加快推进中国—东盟银发经济产业园 (中国—东盟健康长寿产业园) 和中国—东盟养老服务交易中心等跨境大健康养老平台建设, 打造集科学研究、标准制定、技术创新和产业孵化为一体的跨境养老先行区, 助力打造中国一流、国际知名的宜居康养胜地。三是在跨境医疗上发力。持续深化与东盟国家的国际医疗合作, 以防城港国际医学开放试验区建设为抓手, 以广西

首家自治区级区域医疗中心——广西壮族自治区人民医院防城港医院为平台，打造面向周边国家的国际医疗服务中心，通过远程会诊、技术交流、学术交流、入桂就医等方式，为周边国家特别是越南民众提供优质的医疗服务。

（四）提升资金流动便利化水平：关键是推动更多资金流向区内

1. 推动金融与实体经济深度融合，当好服务产业的"主力军"

一是积极吸引金融机构在广西集聚。支持全国性金融机构深耕广西，吸引更多金融机构在桂设立分公司、子公司和区域性专业性总部，布局资金运营、跨境融资、离岸金融等专业机构。支持银行、保险、证券、资产管理等金融机构在广西组建面向东盟的跨境产品研发、跨境结算、离岸业务、票据保理、灾备、数据、小语种呼叫等中后台运营基地。二是积极服务国际贸易高质量发展。推动金融机构为境外投资者参与广西区内要素市场交易提供人民币账户开立、资金结算等服务，进一步简化优质企业跨境人民币业务办理流程。加强本外币协同，探索开展本外币合一银行账户管理体系试点，对标国际高标准经贸规则，加强对跨境货物贸易、大宗商品跨境流通金融服务支持，深入推动跨境贸易投资便利化一揽子协议落地见效，实施更加便利的跨境资金管理制度。

2. 抓重点、补短板，精准高效加大信贷投放力度，不断为产业发展注入"源头活水"

一是创新金融服务机制，持续扩大贷款规模。加快构建与现代化产业体系、新型工业化相匹配的金融服务体系，强化财政金融产业联动，建立重点行业项目和企业融资需求推送工作机制，会同有关行业主管部门摸排梳理重点项目及企业重点融资需求，规范发展供应链金融、绿色金融、知识产权质押融资等，持续加大"桂惠贷"对产业的支持力度，扩大制造业中长期贷款规模。二是采用"耐心资本＋未来产业"，实现精准"投早、投小、投新、投硬科技"。发展风险投资，壮大耐心资本，引导各级政府投资基金和各类产业投资基金支持未来产业发展，大力发展科创投资基金、产业投资基金等各类私募股权投资基金，引导长期资本精准"投早、投小、投新、投硬科技"，形成"基金投资—企业增资—股权退出—循环发展"产业运作模式。

三是推动创新链、产业链、金融链、人才链深度融合，构建全过程金融创新生态链。推动创新链、产业链、金融链、人才链深度融合，积极争取国家"科技产业金融一体化"专项支持，提升科技信贷供给能力，设立科创贷款贴息、风险补偿、保险等产品，构建覆盖"基础研究＋技术攻关＋成果转化＋科技金融＋人才支撑"的全链条创新生态，推动"科技—产业—金融"良性循环，为开辟新赛道、塑造新动能提供金融支撑。

3. 搭建"两个服务"体系，促进企业融资由"单一化"向"多元化"转变

一是完善融资担保服务体系，提升融资便利化水平。继续实施小微企业融资担保降费奖补政策。发挥国家融资担保基金作用，稳步扩大再担保业务和股权投资规模。加快推进政府性融资担保体系建设，优化财政资金使用方式，鼓励有需要的地区设立政府性融资担保机构，形成覆盖全市的融资担保服务网络。引导政府性融资担保机构聚焦主业、增量扩面、降本增效，深化与国家融资担保基金和再担保公司合作，畅通四级联动机制。更好发挥市场性融资担保机构的补充作用。支持将具备条件的融资担保公司接入人民银行征信系统。二是构建便捷化的直接融资服务体系，助推企业上市债券融资。完善政策支持、工作机制、创新措施等直接融资服务支持体系，打造股权投融资创新机制、债券市场服务新模式、企业孵化金融新产品等，加大对上市科创板、创业板企业引导力度，培育更多上市（挂牌）企业和债券发行主体，提高上市公司质量，发展私募股权投资。

4. 持续拓展人民币结算，构建中国—东盟人民币国际化通道

一是扩大人民币结算覆盖范围。着力推动面向东盟的跨境金融创新，扩大中国—东盟贸易投资使用本币结算、人民币跨境支付系统在东盟国家的覆盖范围。二是扩大跨境人民币贸易结算规模。发挥铁矿石贸易人民币结算示范效应，拓展人民币在对外贸易、直接投资、跨境融资中的使用范围，提升大宗商品贸易的人民币计价水平，鼓励与东盟国家在大宗商品贸易、国际产能和装备制造合作等各环节中使用人民币计价报价、交易、结算，深入开展中马钦州产业园区金融创新试点，完善越南盾、泰铢等东盟国家货币的跨境现钞调运体系。三是推行人民币便利化结算。积极推介人民币跨境支付系统（CIPS），加快推动本外币合一的银行结算账户体系试点政策落地。加快建设南宁离岸金融中心、货币交易清算中心、跨境投融资

服务中心，推动建立跨境电子交易和资金结算平台，向广西区内和境外投资者提供以人民币计价和结算的金融要素交易服务。四是探索开展人民币跨境投资。激活跨境人民币跨境投融资需求，深化面向东盟的跨境人民币业务创新以及境内外金融机构合作，完善对东盟国家金融机构的同业融资机制，推动人民币融资成本下降、效率提升、服务更优，推进私募股权基金以人民币开展跨境直接投资。五是建设人民币结算高等级金融安全体系。打造面向东盟的金融运营、财富管理、金融信息、交流培训等服务基地，加快形成中国—东盟大宗商品现货交易、黄金交易、区域股权投资、区域产权交易等市场。

（五）提升人员往来便利化水平：关键是吸引游客来桂和人才留桂

1. 畅通往来渠道，促进人才合理高效流动

优化出入境边防检查管理，为商务人员、邮轮游艇提供出入境通关便利。支持在便利来华外籍高端人才出入境、税收、子女入学、金融支持等方面先行先试。鼓励国内"双一流"高校、国家级科研院所在广西设立分支机构。吸引粤港澳大湾区科研团队落户广西或为广西提供科研服务，探索共建创新园区、科技研发和人才培养基地。积极推进 RCEP 商务人员流动便利化。推动高水平产城融合，在自由贸易试验区、经济技术开发区、高新技术产业开发区等产业集聚区打造高品质生活区。优化对高端人才的医疗、住房、子女教育等配套服务。推动国际人才跨境便利执业，争取国家支持，在广西开展职业资格跨境认可工作，允许符合条件的旅游、设计、建筑等领域具有境外职业资格的专业人才备案后在广西提供服务。

2. 强化"引育用留"，优化外籍人才停居留政策

实施柔性引才留才政策，优化外籍专业技术技能人员停居留政策，对在广西投资创业、讲学交流、从事经贸活动等的外籍高层次人才提供出入境便利服务。建立境外职业资格认可清单制度、跨境职业资格互通机制。支持符合条件的境外人员担任区内法定机构、事业单位、国有企业的法定代表人。打通人才跨行政区域流动堵点，鼓励外籍人才和留学生在广西就业，放宽外籍人才在年龄、学历和工作经历等方面的限制。鼓励在国际知名院校毕业的

外国学生和在广西院校毕业的东盟国家留学生在广西创新创业。根据国家有关规定探索与港澳地区、东盟国家比照互认职称或职业资格，鼓励金融、建筑、规划、设计等领域符合条件的专业人才在广西就业。

3. 打通卡点堵点，全面提升人才服务质效

全面梳理外籍人员在桂工作、生活、学习、旅游中遇到的卡点堵点问题，探索推出多个方面的便利化举措。如提供就近办理签证证件服务、网上申报住宿登记服务、加急办理签证证件服务、工作许可和工作类居留许可"一窗通办，同时发证"服务、办理"短期电话卡"服务、网上办税服务、为外籍法人单位提供网上办理社保服务。同时探索开设国际门诊方便外籍人员就医，外籍人员可通过电话预约、网上预约或现场预约等多种方式，在区内开设国际门诊的医疗机构就医；开放境外职业资格，为外国专业人才在广西就业创业创造便利条件，建立广西涉外律师人才库，外籍人员可登录司法厅官网查询区内具有涉外法律服务能力的律师名单，满足其在桂工作生活期间对法律咨询或法律服务的需要；制作并发放《外籍人士在桂服务手册》，提供"一站式"实用性服务资讯和办事指南；建立英文版国际服务工作应用程序，整合各类涉外事项，提供政务服务导办和预约、自贸港政策咨询、当地办事和生活指引等服务，满足企业投资广西各类政策咨询、政务服务和专业服务需求，方便外籍人员在广西投资兴业。

4. 讲好中国故事，打造三支国际化旅游人才队伍

一是以"讲好中国故事，传播好中国声音"为宗旨，突出"高精尖缺"导向，探索与粤港澳地区、东盟国家开展区域性文化和旅游人才培训合作，致力于培养一支熟悉中国国情、了解东盟风土人情的"中文+旅游"复合型的国际化高层次人才队伍。二是聚焦跨境旅游发展需求，重点引进文化产业和旅游业开发设计、市场营销、管理经营等领域旅游人才，建设一支跨境旅游高端管理人才队伍。三是深化与东盟国家高等院校产教融合，采用旅游人才联合培养模式，建立中国—东盟文化和旅游人才培养基地、实训基地，建设一支专业化和职业化的高素质旅游人才队伍。探索与东盟各国在旅游人才领域合作的新模式、新路径，探索采用"线上+线下"模式举办中国—东盟旅游人才大赛。

（六）提升物流畅通便利化水平，关键是进一步降低物流成本

1. 构建便捷直达的交通网络，实现大动脉和毛细血管的内畅外联

向内畅通国内大市场，向外形成以东盟国家为重点，以欧洲、日韩为拓展的国际合作空间，构筑"陆海内外联动，东西双向互济"的国际物流大通道。一是强化国际联运，拓展货源集聚。加强西部陆海新通道海铁联运班列与中欧班列、长江航运衔接，引导更多货源向北部湾港集聚，接入国际航运市场。推动国际集装箱班列发展，开行经凭祥铁路口岸至东盟国家的国际联运班列，拓展国际中转集拼业务，探索建立铁路运送邮件快件机制。二是完善港口建设，提升服务能力。加快建设北部湾国际门户港，完善港航设施功能，优化港区资源整合与功能布局。加快提升码头、航道设施能力及智能化水平，打造具备接纳世界各类大型船舶的靠泊能力。全面提高运输组织和物流效率，拓展全球服务网络，增开集装箱远洋航线，持续提高国际航线密度，扩大集装箱外贸航线覆盖范围。三是构建对接粤港澳大湾区的东融大通道，推动凭祥、东兴等陆路边境口岸运输服务升级，加强与东盟国家在国际道路运输、国际铁路联运方面的全面对接，推进桂北、桂中、桂南连接粤港澳大湾区铁路、公路通道建设，完善西江—珠江航道码头，促进广西加快融入粤港澳大湾区建设。

2. 构建高效畅通的物流网络，实现"广西货"走"广西港"

建设以南宁面向东盟的国际物流枢纽和北部湾国际门户港为牵引的国际门户枢纽，大力提升国际国内物流服务能力和水平。一是破除多式联运"中梗阻"。建议加大对铁路专用线、多式联运场站等物流设施建设的资金支持力度，研究制定铁路专用线进港口设计规范，促进铁路专用线进港口、进大型工矿企业、进物流枢纽。加快推动大宗货物中长距离运输"公转铁""公转水"。完善物流标准规范体系。推广应用符合国家标准的货运车辆、内河船舶船型、标准化托盘和包装基础模数。二是推进物流基础设施网络建设。加快推进南宁陆港型国家物流枢纽、钦州—北海—防城港港口型国家物流枢纽、柳州生产服务型国家物流枢纽、凭祥陆上边境口岸型国家物流枢纽以及玉林国家骨干冷链物流基地建设，大力推进南宁国际铁路港、中新南宁国际物流园、柳州铁路港等重大物流枢纽项目建设。三是优化物流枢纽布局。依

托南宁临空经济核心产业示范区，构建面向东盟的门户枢纽和国际航空货运枢纽。加强国际物流基地、分拨集散中心、海外仓等建设，加强回程货源组织，发展国际物流业务。发展至东盟国家的跨境公路运输和空陆联运，促进友谊关、东兴等边境口岸运输服务升级。

3. 构建经济高效的运输网络，促进口岸通关便利化

充分发挥广西与东盟陆海相连，以及沿海、沿江、沿边的区位优势，利用跨境电商试验区通关便利化等政策，积极建设中国—东盟多式联运联盟基地和服务中心，提升现代化发展水平。一是高质量建设平陆运河，推动西南水运出海"一干三通道"内河高等级航道扩容提级，加快连接西南中南地区、衔接平陆运河的广西内河骨干航道网建设。提升与西部陆海新通道衔接的通道能力，全面融入国家综合立体交通网。重点加强与广州、深圳、湛江、海口等城市以及与凭祥、东兴等边境口岸的连通，建设与粤港澳大湾区、海南自由贸易港以及与东盟国家的对接通道。二是高水平建设数字口岸，完善"智慧口岸"平台，积极推进北部湾国际集采中心建设。积极引进和培育有实力的国际货运公司和货代企业，搭建国际物流（供应链）平台。构建面向东盟的口岸枢纽体系。加快落实细化《关于共同推进智慧口岸试点建设的框架协议》，推动边境智慧口岸项目早开工、早建成、早收获。三是以进出口贸易特色商品为重点，加快补齐广西特色商品运输与交易短板，积极在南宁或防城港布局国际商品交易中心，推动建设中国—东盟跨境电商平台。四是支持防城港建设中国—东盟大宗商品集散交易中心。推动北部湾港与西江船舶交易、航运交易便利化规范化，设立北部湾和西江航运交易所。

课题组组长：杨　丛

课题组副组长：荣先恒　任建勋

课题组成员：尚毛毛　陈　斌　陆　敏

刘梦夏　韩佳倩　余　竞

广西统筹新型城镇化和乡村全面振兴对策研究

摘要 党的二十届三中全会指出，必须统筹新型工业化、新型城镇化和乡村全面振兴，完善城乡融合发展体制机制。当前，广西统筹新型城镇化和乡村全面振兴的任务仍很艰巨，建议以构建城乡区域协调发展新格局为目标，以统筹城乡产业高质量发展、统筹县域产城一体化发展、统筹城乡资源均衡化配置三大重点为抓手，推动要素配置合理化、产业发展联动化、产城融合深度化、基础设施联通化、公共服务均等化（"135"工作思路即"一目标""三重点""五化"），进一步完善城乡融合发展体制机制，健全城乡融合发展政策体系，促进城乡共同繁荣发展。

习近平总书记指出，要把乡村振兴战略这篇大文章做好，必须走城乡融合发展之路①。2023 年中央经济工作会议提出，要把推进新型城镇化和乡村全面振兴有机结合起来，促进各类要素双向流动，推动以县城为重要载体的新型城镇化建设，形成城乡融合发展新格局。2024 年中央一号文件强调，要统筹新型城镇化和乡村全面振兴，提升县城综合承载能力和治理能力，促进县乡村功能衔接互补、资源要素优化配置。近年来，广西深入推进以人为核心的新型城镇化建设，坚持不懈夯实农业基础，新型城镇化和乡村全面振兴取得积极成效，但统筹新型城镇化和乡村全面振兴任务仍很艰巨。面对新形势新要求，广西仍需进一步深入贯彻落实习近平总书记关

---

① 习近平：《把乡村振兴战略作为新时代"三农"工作总抓手》，《求是》，2019 年第 11 期。

于广西工作论述的重要要求，学习运用"千万工程"经验，从体制机制、产业发展、公共服务等多方面协同发力，促进城乡之间良性互动、融合发展，为建设新时代壮美广西提供强劲动力和坚实支撑。

一、统筹新型城镇化和乡村全面振兴的战略背景

（一）新型城镇化和乡村振兴的战略关联

新型城镇化是以人为核心，以城乡统筹、城乡一体、产城互动、节约集约、生态宜居、和谐发展为基本特征的城镇化，旨在推动大中小城市、小城镇、新型农村社区协调发展、互促共进。这一概念相对于传统城镇化而言，强调了以人为本、城乡融合、生态宜居、协同高效四个方面的特征。

乡村振兴是新时代"三农"工作总抓手。乡村振兴战略总体上可概括为"三总五路径一保障"。"三总"即总目标、总方针、总要求。总目标是实现农业农村现代化，总方针是坚持农业农村优先发展，总要求是产业兴旺、生态宜居、乡风文明、治理有效、生活富裕。"五路径"即实施产业振兴、人才振兴、文化振兴、生态振兴、组织振兴。"一保障"即建立健全城乡融合发展体制机制和政策体系。

2023 年中央经济工作会议提出统筹新型城镇化和乡村全面振兴，强调要把推进新型城镇化和乡村全面振兴有机结合起来，促进各类要素双向流动，推动以县城为重要载体的新型城镇化建设，形成城乡融合发展新格局。新型城镇化和乡村振兴是城乡融合发展的"一体两翼"，是和谐共生、互利共赢的有机整体。在统筹新型城镇化和乡村全面振兴中，新型城镇化是牵引力量，在超小规模经营、资源环境约束条件下能够发挥新型城镇化有效转移农业人口、吸纳就业、辐射乡村的作用，有效推进农业现代化，提升乡村建设水平，促进农民工资性收入增长。乡村全面振兴是关键支撑，保持经济社会稳定运行，提高城镇化质量，需要深化农村综合配套改革，充分发挥乡村作为消费市场和要素市场的重要作用。统筹新型城镇化和乡村全面振兴既是实现中国式现代化的重要战略支点和实现城乡融合发展的必由之路，也是扎实推动共同富裕的关键举措。将新型城镇化和乡村全面振兴两大战略有机结合起来，系统谋划、一体设计、协同推进，对推动城乡融合发展起到关键作

用，能够从根本上破解城乡融合发展的深层次问题和制度性障碍。一方面，统筹新型城镇化和乡村全面振兴能够将城镇和乡村作为有机整体进行考虑，通过资源要素共享、发展机会共享、公共服务共享和发展成果共享，在城乡规划布局、基础设施、产业发展、公共服务、环境保护、社会治理一体化等方面，促进城乡要素自由流动、平等交换和高效配置。另一方面，统筹新型城镇化和乡村全面振兴，能够从空间共融、产业协同、服务均等化、设施互通等方面，破除妨碍人口、土地、资本等要素流动的体制障碍，构建起城乡要素双向流动和高效配置的体制机制，进一步推动城乡空间融合、产业融合、社会融合、要素融合，更加有利于优化城乡空间布局，促进城乡协同发展。

（二）统筹新型城镇化和乡村全面振兴的重要意义

1. 统筹新型城镇化和乡村全面振兴是贯彻落实习近平总书记关于广西工作论述的重要要求的具体行动

党的十八大以来，习近平总书记始终关心广西的发展，三次深入广西考察调研，参加了全国人代会广西代表团审议和党的二十大广西代表团讨论，多次就广西工作作出重要指示①，对广西发展提出"四个新"②总要求和"五个更大"③重要要求，在加快构建现代化产业体系、持续扩大对内对外开放、扎实推进乡村振兴、巩固发展各族人民团结奋斗的良好局面、坚持和加强党的全面领导等方面作出了重要指示要求④。全面推进乡村振兴必须走城乡融合发展之路，向改革要动力，加快建立健全城乡融合发展体制机制和政策体系。统筹新型城镇化和乡村全面振兴既是广西融入和服务新发展格局、推动绿色发展、全面推进乡村振兴战略的现实需求，也是巩固发展各族人民团结奋斗的良好局面、实现民族地区高质量发展的必然要求，更是贯彻落实习近平

---

① 《学习进行时 | 习近平总书记和广西的故事》，新华网，2023 年 12 月 14 日。

② "四个新"指在推动边疆民族地区高质量发展上闯出新路子，在服务和融入新发展格局上展现新作为，在推动绿色发展上迈出新步伐，在巩固发展民族团结、社会稳定、边疆安宁上彰显新担当。见《习近平在广西考察时强调 解放思想深化改革凝心聚力担当实干 建设新时代中国特色社会主义壮美广西》，新华社，2021 年 4 月 27 日；解桂梅：《以"四个新"总要求推进"壮美广西"建设》，《广西日报》，2021 年 11 月 23 日。

③ 刘宁：《奋力开创新时代壮美广西建设新局面》，《求是》，2022 年第 23 期。

④ 《奋力谱写中国式现代化广西篇章 ——习近平总书记广西考察重要讲话鼓舞人心、催人奋进》，《人民日报》，2023 年 12 月 17 日。

总书记关于广西工作论述的重要要求的具体行动。只有切实统筹好新型城镇化和乡村全面振兴，强化以工补农、以城带乡，推动形成工农互促、城乡互补、协调发展、共同繁荣的新型工农城乡关系，才能更好地解决广西当前发展不平衡、不充分的问题，才能在中国式现代化发展中，奋力开创新时代中国特色社会主义壮美广西建设新局面，谱写中国式现代化广西篇章。

2. 统筹新型城镇化和乡村全面振兴是打造国内国际双循环市场经营便利地的必然要求

以习近平同志为核心的党中央对广西服务和融入新发展格局高度重视，从构建新发展格局的战略高度出发赋予广西打造国内国际双循环市场经营便利地的使命任务，对广西如何服务和融入新发展格局提出了新的要求，要求广西"持续扩大对外开放"。广西对标国际高标准经贸规则，通过大力提升投资便利化、贸易便利化、消费便利化、资金流动便利化、人员往来便利化、物流畅通便利化等"六个便利化"水平打造国内国际双循环市场经营便利地，必须实现城镇和乡村两个市场的统一，将土地、劳动力、资本等要素市场的建设融进统筹新型城镇化和乡村全面振兴的具体实践过程中，将顶层政策设计和具体实施措施统筹起来。统筹新型城镇化和乡村全面振兴，能够有效拓展城镇和乡村发展要素双向流动的渠道，促进城镇和乡村之间各类要素双向流动，调动发展要素的积极作用，构建要素全面、分配合理的城乡融合发展新格局，形成对市场主体具有强大吸引力的优质的市场经营环境，助力广西打造融通四海、畅联天下的国内国际双循环市场经营便利地。

3. 统筹新型城镇化和乡村全面振兴是加快建设农业强区的根本途径

习近平总书记在广西考察时指出，要发挥广西林果蔬畜糖等特色资源丰富的优势，大力发展现代特色农业产业，让更多"桂字号"农业品牌叫响大江南北[①]。广西是传统的农业大省区，农林牧渔业总产值连续多年位于全国前十，林果蔬畜糖等特色资源优势突出，加快建设农业强区是广西助力"加快建设农业强国"，扎实推进现代特色农业高质量发展、实现乡村振兴的必由之路。推动广西从传统农业省区向现代化农业强区转变，必须统筹新型城镇化和乡村全面振兴，通过以城带乡、以工促农，有效推动城镇基础设施向农村延伸、公共

---

① 《习近平在广西考察时强调 解放思想创新求变向海图强开放发展 奋力谱写中国式现代化广西篇章》，新华社，2023 年 12 月 15 日。

服务向农村覆盖、现代文明向农村传播，使城镇的产业加工优势和农村的资源供给优势充分结合，破除城乡二元结构的体制障碍，实现城镇产业加工需求端同农村原料资源供给端在时间上同步演进、在空间上一体布局、在结构上功能耦合，为加快形成城乡共同繁荣发展新局面提供源源不断的动力。

二、广西统筹新型城镇化和乡村全面振兴的实践

（一）体制机制和政策体系不断健全

广西认真贯彻党中央关于统筹新型城镇化和乡村全面振兴的部署要求，加快构建城乡融合的政策体系和制度体系，提升县城综合承载能力和治理能力、推动城乡要素畅通流动、优化城乡产业布局，促进县域城乡融合发展。在新型城镇化方面，建立自治区城镇化暨城乡融合发展工作厅际联席会议机制，印发实施《广西新型城镇化规划（2021—2035 年）》《广西推进新型城镇化三年行动计划（2021—2023 年）》《广西加快县城基础设施改造建设推进以县城为重要载体的城镇化建设的实施方案（2023—2025 年）》《自治区人民政府办公厅关于印发〈推进县域经济高质量发展和以县城为重要载体的城镇化建设三年行动方案（2024—2026 年）〉的通知》等，优化城镇体系布局，加强新型城市建设，提升城市承载能力和服务功能，分三批推动 70 个县城编制基础设施改造建设"一县一策"方案，加快推进以人为核心的新型城镇化。在乡村全面振兴方面，深入贯彻落实自治区党委《关于实施乡村振兴战略的决定》，印发《广西乡村振兴责任制实施细则》《关于做好 2023 年全面推进乡村振兴重点工作的实施意见》《关于学习运用"千村示范、万村整治"工程经验有力有效推进乡村全面振兴的实施意见》等，加强党委农村工作领导小组的建设，强化自治区、市、县（市、区）、乡、村五级书记对乡村振兴工作的领导责任，巩固拓展脱贫攻坚成果，深化农业农村改革，加快建设现代特色农业强区，促进农业高质高效、乡村宜居宜业、农民富裕富足。

（二）城乡要素双向流动加速畅通

1. 积极引导人才入乡创业发展

有序引导大学生、外出青年、本土人才到乡村开展服务、就业创业，为

乡村全面振兴提供有力支撑。推动实施乡村产业振兴带头人"千雁万群"培育行动，每年安排近 3000 万元，打造一支与广西农业农村现代化相适应，能够引领一方、带动一片的乡村产业振兴"头雁"队伍。2023 年，广西已培育国家级"头雁"1400 人，自治区级"头雁"3500 人，"头雁"学员获得项目支持 177 项、技术支持 165 项、金融支持 2.37 亿元。加大创业扶持补贴力度，持续实施重点群体创业推进十大行动计划，为符合条件的高校毕业生、退役军人等重点群体创业提供场地、政策咨询、金融信贷、创业指导等支持，符合条件的发放一次性创业扶持补贴，2023 年 1—9 月发放就业创业补贴资金 18.65 亿元。深化农业经理人学院建设，2018 年至今持续举办广西农业经理人培养培训班 17 期，培养农业经理人学员超过 1700 名。截至 2023 年，广西各类乡土人才数量已突破 100 万人，累计联农带农约 242.5 万户，带动增收约 34.6 亿元。

2. 增强科技服务乡村振兴的能力

积极支持提升农业科技服务水平，加大研发力度、推进科技与产业融合、发挥科技强农作用和提升农民科学素质。加大产学研协同力度，建立以企业为主体的多层次产学研协同创新体系，支持广西农业科学院、广西大学、广西科学院等多家农科教企单位参与构建水稻、玉米等 20 多种主要农产品的现代农业体系，实施关键技术攻关等行动，为乡村振兴提供技术保障。2023 年，广西资助优势特色农业方面的科技项目经费 3 亿元。深入实施乡村科技特派员下乡工程，通过拓宽选派渠道、加大经费保障力度、创新激励机制等举措，深入开展科技特派员选派、服务工作，2023 年新选派乡村科技特派员 4010 名，实现全区所有乡镇、脱贫村科技特派员服务全覆盖。加大科普工作力度，每年安排专项资金 460 万元，用于支持"广西科普惠农兴村专项行动计划"，采取"以奖代补、奖补结合"的资金投入方式，通过表彰、奖补农村专业技术协会、农村科普示范基地、少数民族科普工作队等，支持科研人员深入基层开展农村科普工作；建成 36 家科技小院，2023 年广西科技小院培训农民超 7.5 万人次，建设田间示范面积 4.4305 万亩，技术辐射面积超 34.4 万亩。

3. 健全完善农村金融服务体系

建立广西金融服务乡村振兴工作小组，健全多元投入保障机制，强化信贷、债券、保险和担保等金融市场支农作用。加大涉农主体融资信贷支持力度，2023 年筹措落实各级财政衔接推进乡村振兴补助资金 238 亿元，较 2022 年增长 4.8%；聚焦服务"三农"领域，"桂惠贷"投向"三农贷""惠农贷""惠林贷"产品金额 140.32 亿元，降低市场主体融资成本 3.93 亿元；贴息累计 8.82 亿元，撬动新增惠农贷款 83.15 亿元，保障脱贫人口免担保免抵押小额信贷政策持续稳定运行。强化债券支持乡村基础设施建设，加大交通基础设施、产业园区、社会领域等重点领域项目支持力度，转贷县区政府债券 599.28 亿元，同比增长 12%；发行新增债券 14.27 亿元支持设施农业项目建设，其中一般债券 7.18 亿元、专项债券 7.09 亿元。提升农业保险保障水平，整合广西相关融资担保机构资源，发挥广西再担保有限公司、广西农业信贷融资担保有限公司的作用，筹措下达农业保险保费补贴资金 37.28 亿元，累计服务农户 761.57 万户（次），提供风险保障 2876.21 亿元，同比增长 9.6%；向 142.75 万户受灾农户支付赔款 41.85 亿元，同比增长 26.8%。加强农业信贷担保支撑，鼓励农业信贷融资担保机构降门槛、降费率，加强对农业适度规模经营主体的融资增信支持，拨付农业信贷担保业务奖补资金 1.34 亿元，2023 年末广西农担体系在保余额 95 亿元，在保户数 2.36 万户。

4. 有序推进农村土地改革试点

基本完成整村土地延包试点等，有序推进农村集体经营性建设用地入市试点，农村产权交易中心、流转交易平台实现设区市全覆盖。深化农村集体经营性建设用地入市试点，稳妥有序推进南宁市宾阳县、百色市平果市、玉林市北流市等 15 个试点县（市、区）农地入市工作。北流市已盘活土地 1999 亩，利用闲置土地签约落地企业超 150 家，建设厂房 12 万平方米，带动就业人数超 7000 人，使农村集体经济增收 6.6 亿元。推进农村宅基地制度改革与管理试点建设，持续开展基础信息调查工作，完善农村宅基地数据库，在落实宅基地集体所有权、保障宅基地农户资格权和农民房屋所有权、适度放活宅基地和农民房屋使用权等方面开展试点，推动宅基地有偿使用、退出、流转。深入开展农村"三变"改革示范县创建工作，近三年来，广西先后在三江、荔浦、岑溪等 16 个县（市、区）开展农村"三变"改革示范县创建工作，每个县扶持 200 万元，每个示范县至少打造 5 个示范村屯，每个示范村屯当年集体经济收入达 30 万元以上。

（三）城乡产业协同发展取得成效

1. 推动乡村产业全链条发展

依托农业农村特色资源，开发农业多种功能、挖掘乡村多元价值，加快一二三产业融合发展，推动乡村产业全链条升级。夯实农业产业基础，立足林果蔬畜糖等特色资源优势，加快构建"10+3+N"农业产业体系，2023 年新建和改造高标准农田 211 万亩，全年粮食总产量 1395.36 万吨，比上年增加 2.21万吨；水果产量近 3390 万吨，同比增长 10% 以上，连续 6 年排名全国第一；蚕茧产量继续保持全国第一；茶叶产量突破 12 万吨，干毛茶产量连续 5 年进入全国前十强。培育产业龙头和主体，壮大农业产业化重点龙头企业阵营，加大家庭农场、合作社扶持力度，扶持一批"龙头企业＋合作社＋农户"资源要素共享、联农带农密切的农业产业化联合体，引领农业协同发展。目前，全区累计培育市级以上农业产业化重点龙头企业 1876 家、农民合作社 6.3 万家、家庭农场 12.3 万户。发展壮大产业平台，围绕粮食、生猪、杜果、蚕桑等产业创建 7 个优势特色产业集群、3 个农业现代化示范区、8 个现代农业产业园、55 个产业强镇等一批"国字号"产业平台，以点带面推动产业集聚集群发展。健全农产品流通销售体系，成立农产品经销调度中心，推动解决大宗农产品销售问题；建成冷藏保鲜设施 713 个，冷库库容达 180 万吨，县级物流配送中心 169 个，冷库实现县域全覆盖。不断提升农业品牌影响力，新增注册"桂林罗汉果"等 11 件地理标志证明商标，累计注册地理标志 366 个（件），增速在全国排名第七；"横县茉莉花茶"等 14 个地理标志品牌入围 2023 中国品牌价值评价区域品牌（地理标志）全国百强榜，全国排名第二，入围品牌总价值达950.07 亿元；新增使用地理标志专用标志经营主体 203 家，16 个地理标志实现专用标志用标经营主体从无到有"零的突破"，地理标志产业年产值达 1983.12亿元。加快休闲农业与乡村旅游融合发展，目前建有全国乡村旅游重点村镇53 个，广西"农文旅"融合发展乡村振兴示范区 5 个，广西四星级以上乡村旅游区（农家乐）761 家，广西生态特色文化旅游示范镇 49 个，广西生态特色文化旅游示范村 399 个，2023 年全区乡村旅游接待人数 2.5 亿人次，同比增长 85.5%；实现乡村旅游收入约 2265.07 亿元，同比增长 78.3%。

2. 推动县域工业扩量提质

积极引进有优势、有潜力的特色产业，加快培育县域工业新的增长点，打造工业经济强县，提升园区承载能力和发展软环境。加大县域重大工业项目建设力度，截至 2024 年一季度末，广西县域（包括县级市，不含城区）技改项目列入"千企技改"工程项目库 455 个，合计总投资 1095 亿元，分别占全区"千企技改"工程项目的 37.1%、32.7%；县域项目列入"双百双新"产业项目 185 个，总投资 4200 亿元，分别占全区"双百双新"产业项目的 32%、28.7%。县域特色产业加快发展，各县（市、区）因地制宜，依托当地特色资源，初步培育建成一批特色优势明显、主导产业链条完善、功能配套齐全、管理科学规范的特色产业园区、特色轻工园区、工业互联网示范园区和化工园区。2021 年以来，广西先后培育认定自治区特色园区 22 家，其中县域园区 13 家，县域特色产业体系初步构建。县域产业园区提档升级，2023 年广西共有国家级、自治区级产业园区和其他园区 116 个，县域产业园区有 84 个，占 72.4%；全区五百亿元、百亿元园区分别有 6 家、50 家，县属园区分别为 2 家、15 家。强化县域产业科技支撑，2023 年新增认定的 48 家自治区企业技术中心，其中 8 家为县域一级企业技术中心，新增认定的 20 家自治区技术创新示范企业，其中 5 家为县域一级技术创新示范企业。2022 年，广西 70 个县（市、区）规上工业总产值为 6874 亿元，占全区规上工业总产值（23200 亿元）的 29.6%，其中 52 个县（市、区）规上工业产值实现增长。

3. 特色小镇建设取得成效

将建设特色小镇作为县域经济发展的重要举措，出台相关文件政策，落实补助资金。加快培育建设。2023 年落实补助资金 9.01 亿元，加快各特色小镇培育建设进度，指导各特色小镇注重挖掘自身优势塑造特色品牌，推动产业升级，带动相关产业健康发展。目前，50 个特色小镇已落实建设用地面积 65.56 平方公里。强化产业驱动。50 个特色小镇中以产业集聚区为载体或者建制镇中已经形成产业集聚区的有 39 个，占总量的 86.7%。产业主要涵盖工业、农（林、渔）业及加工业、文化旅游业等，其中，属于广西传统优势产业的小镇约 40 个，有 1 个电动车小镇、2 个中医药小镇。2023 年，广西首批 47 个特色小镇累计完成投资 1071 亿元，引进企业 1299 家，其中包括行业龙头企业或全国 500 强企业 138 家。突出文化内涵。深度研究挖掘地方传统特色文化，将特色文化融入小镇规划建设中，保持与自然生态相协调、与民族文化相适应的村镇风貌以及有民族特色的传统建筑群落，举办特色传统文化活动和产业文化活动，通过建设活动场所、加强宣传等方式发展特色小镇的"特色"文化，展示特色小镇的独特文化魅力和产业文化特色。

（四）扎实推进以人为核心的新型城镇化建设

1. 稳步推进农业转移人口市民化

深化户籍制度改革、实施财政奖励机制、提供均等化公共服务等措施，有效促进了农业转移人口的社会融合和城镇化质量的提升。城镇化水平不断提升，全面放开城镇落户条件，全面推行户政事项"跨省通办"，2019 年至 2023 年广西常住人口城镇化率逐年提升（见图 14）。2023 年，广西城镇人口 2854.50 万人，常住人口城镇化率为 56.78%，比上年末提高 1.13 个百分点。加大财政支持与奖励力度，市民化奖励资金按照突出重点、促进均等和体现差异原则分配，向吸纳农业转移人口较多的地区倾斜，提高农业转移人口流入地区基本公共服务保障能力。2023 年，广西统筹中央和自治区资金，共下达农业转移人口市民化奖励资金 54.75 亿元，推动为农业转移人口提供与当地户籍人口同等的基本公共服务。加强农业转移人口就业服务，完善以居住证为主要依据的进城务工人员随迁子女入学政策，2021—2022 年共保障 68.6 万名进城务工人员随迁子女入学，其中入读公办学校的比例达到 94%。

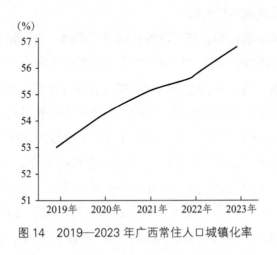

图 14 2019—2023 年广西常住人口城镇化率

2. 扎实推进以县城为重要载体的城镇化建设

加强县域工业发展，做大做强园区，以产兴城、以城聚人，加快促进产城融合发展，县城集聚带动能力不断增强。强化县域经济。制定实施以县城为重要载体的城镇化建设实施方案，分类指导各县（市、区）因地制宜制定"一县一策"，2023 年广西 GDP 排名前十的县（市、区）中，有 7 个县（市）GDP 名义增速超过全区 4.1% 的增速水平，其中藤县（13.7%）、扶绥县（11.5%）等县的 GDP 名义增速超过 10%，容县、平南等县城人口加快集聚，东兴、靖西等边境县城守边固边稳边能力进一步提升。加强县域工业发展。实施工业强县战略，积极引导和支持各县（市、区）发展特色优势产业，2023 年广西各县（市、区）规模以上工业增加值持续增长，特别是县（市、区）GDP 排名前十的藤县、扶绥县、博白县、合浦县规模以上工业增加值增速较快，分别为 65.5%、21.8%、18.2%、18%，工业转型升级加快进行。加快促进产城融合发展。优化产业园区空间布局，以沿边临港北海、防城港、钦州、崇左四市为重点，以南宁、玉林、百色三市为依托，以柳州、桂林等七市园区为协同，形成"4+3+7"中国—东盟产业合作区矩阵，统筹产业发展、居住生活、公共服务等空间和设施规划建设，推动产业园区由单一生产功能向综合配套功能转变，加快推动具备条件的园区向城市综合功能区转型；促进港产城融合发展，强化港口、产业园区、城市的有机衔接，推进铁山港西港区与南珠新城、企沙港区与企沙镇等深度融合，打造一批"港口＋园区＋新城"综合体。

3. 城乡基础设施进一步完善

聚焦完善县城基础设施，着力改善乡村发展基础条件，提升城乡综合承载能力，改善民生福祉。大力推动县城基础设施改造建设，2023 年城镇老旧小区改造开工 18.61 万套，既有住宅加装电梯工作惠及近 3 万户居民；背街小巷改造开工 2898 条，完成燃气"瓶改管"项目 4.96 万户，完成 808 公里燃气管道和供水管网老化更新改造以及 107 个易涝点整治，新建居住区配套建设养老服务设施达标率提升到 92%；全年保障性租赁住房新开工 6.58 万套；进一步规范发展公租房，实行实物配租和货币补贴并举，共实施公租房保障家庭达 46.85 万户；评选 114 个"阳光社区美丽家园"公租房小区，公租房小区管理水平进一步提升；棚户区改造新开工 2230 套，基本建成 5.36 万套。持续畅通农村道路，完成农村公路投资 156 亿元，年内新增 9 个乡镇通三级及以上等级公路，新改建农村公路 1.5 万公里，为全年责任目标的 238%，农村公路总里程达 15.1 万公里。推进农村供电设施建设和清洁能源发展，安排 72 亿元持续实施农村电网巩固提升工程，实现广西 220 千伏变电站县域全覆盖，在县级及以下区域建设充电桩 1170 个，实现 1118 个行政乡镇电动汽车充电桩全覆盖，并网县域 35 千伏及以上新能源项目 58 项，10 千伏及以下分布式新能源项目 2.3 万项。加快农产品仓储保鲜冷链物流设施建设，在全区创建农村物流高质量发展标准县 20 个，建成地头冷库 203 个，总投资 3.76 亿元，库房总容积 28.52 万立方米。提升农房质量安全，获得中央农村危房改造补助资金 1.84 亿元，同比增加 8758 万元。完成年度危房改造任务 3946 户。持续推进数字乡村建设，新建 5G 基站 27403 个，全区 5G 基站累计达 9.4 万个，所有行政村已全部覆盖 5G 和千兆光纤网络，所有自然村 4G 网络覆盖率达 99.9%、光纤通达率为 95.1%，在全国率先实现所有行政村 5G+ 千兆宽带"双千兆"网络覆盖。加大农村人居环境整治提升行动资金投入力度，统筹安排 3.4949 亿元支持乡镇污水垃圾治理、整县推进农村人居环境整治等 39 个项目建设，完成农村户厕升级改造 27790 户，农村厕所革命示范项目建设项目 313 个；完成生活污水治理行政村 1227 个，农村生活污水治理率达到 26.9%，比上年提高 9.8 个百分点；完成治理国家监管农村黑臭水体 23 条；完工 370 个农村生活垃圾处理（转运）设施项目建设。

4. 乡村公共服务供给能力不断增强

加快教育、医疗、养老等方面的公共服务设施建设，提高乡村基础设施完备度、公共服务便利度、人居环境舒适度。提高乡村教育质量，2023 年广西统筹补助资金 4.5 亿元，用于乡村教育信息化建设，乡村学校联网攻坚行动目标基本完成，每年选派 5000 余名城镇学校校长、骨干教师到乡村学校支教走教，全区中小学（含教学点）宽带网络接入率、多媒体学校覆盖率均达到 100%；2023 年共保障 86.8 万名学生在流入地就读义务教育学校，入读公办义务教育学校的比例达到 93.1%。提升乡村医疗卫生基本公共服务能力，推进紧密型县域医共体试点县开展二级以上医疗卫生机构对口支援乡镇卫生院建设，统筹 1.86 亿元，用于支持 33 个县的医疗卫生机构能力建设，统筹 0.38 亿元，用于支持 19 个乡镇卫生院加强 CT 等诊疗设备配置；开展农村订单定向生培养工作，招收农村订单定向免费医学生 1049 人；加强基层医疗卫生机构人员培训，累计培训骨干人员 2870 人；年内实现 643.5 万人口脱贫，监测对象家庭医生签约全覆盖。不断完善城乡统一的社会保障制度，取消城乡居民基本医疗保险参保户籍限制，建立统一的农民工和城镇职工参加失业保险制度，健全城乡居民基本养老保险制度。着力补齐农村养老服务短板，筹措资金4000多万元，加快推进12个乡镇区域性养老服务中心新建和改造升级，切实增强政府养老服务兜底保障功能，目前全区已建成乡镇区域性养老服务中心392个。提高农村综合服务水平，深入实施城乡社区综合服务设施提升工程，农村社区综合服务设施覆盖率达74.7%，建成广西应急广播云平台和68个县级应急广播体系，覆盖828个乡镇（街道）、10680个行政村（社区）。深入实施公共文化基础设施建设提升工程，基本实现县级图书馆、文化馆和乡镇综合文化站向群众免费开放。

（五）城乡居民收入差距持续缩小

1. 居民收入平稳增长

2023年，广西全体居民人均可支配收入29514元，同比增长5.5%，扣除价格因素，实际增长5.7%。其中，城镇居民人均可支配收入41287元，同比增长4.0%，扣除价格因素影响，实际增长4.3%；农村居民人均可支配收入18656元，同比增长7.0%，扣除价格因素影响，实际增长7.0%（见图15）。

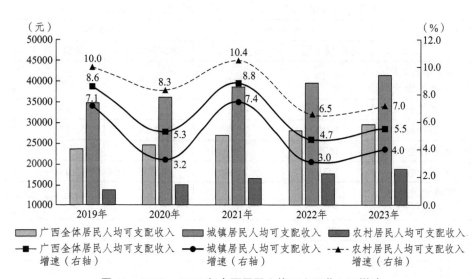

图15　2019—2023年广西居民人均可支配收入及增速

2. 农村居民人均可支配收入增长持续快于城镇居民

2021—2023年，广西全体居民人均可支配收入年均名义增长6.3%，其中，城镇居民人均可支配收入年均名义增长 4.8%，农村居民人均可支配收入年均名义增长 8.0%，比城镇居民人均可支配收入年均增速高 3.2 个百分点。

3. 城乡居民收入比继续缩小

2023 年，广西城乡居民人均可支配收入比为 2.21，比 2020 年缩小 0.21，持续呈缩小态势，城乡居民收入分配格局不断优化。

4. 居民收入结构不断优化

工资性收入和经营净收入是城乡居民收入的主要来源。在 2023 年城镇居民人均可支配收入中，工资性收入占 54.1%，经营净收入占 18.2%，财产净收入和转移净收入分别占 10.6%、17.1%。与 2020 年相比，呈现"两升两降"态势，即经营净收入和财产净收入分别提高 3.2 个、1.6 个百分点，工资性收入和转移净收入分别下降 2.3 个、2.5 个百分点。在 2023 年农村居民人均可支配收入中，工资性收入占 34.1%，经营净收入占 39.3%，财产净收入和转移净收入分别占 2.3%、24.3%。与 2020 年相比，呈现"一升三降"态势，即工资性收入提高 2.8 个百分点，经营净收入、财产净收入和转移净收入分别下降 0.3 个、0.1 个、2.4 个百分点（见表 3）。

表 3　2020 年、2023 年广西居民人均可支配收入情况

指标	2020 年		2023 年	
	绝对额（元）	比重（%）	绝对额（元）	比重（%）
全体居民人均可支配收入	24562	100.0	29514	100.0
工资性收入	11865	48.3	14020	47.5
经营净收入	5640	23.0	7426	25.2
财产净收入	1679	6.8	2329	7.9
转移净收入	5378	21.9	5739	19.4
城镇居民人均可支配收入	35859	100.0	41287	100.0
工资性收入	20241	56.4	22333	54.1
经营净收入	5375	15.0	7526	18.2
财产净收入	3217	9.0	4387	10.6
转移净收入	7026	19.6	7040	17.1
农村居民人均可支配收入	14815	100.0	18656	100.0

指标	2020 年		2023 年	
	绝对额（元）	比重（%）	绝对额（元）	比重（%）
工资性收入	4638	31.3	6353	34.1
经营净收入	5868	39.6	7333	39.3
财产净收入	352	2.4	431	2.3
转移净收入	3957	26.7	4538	24.3

（六）城乡基层治理能力持续提升

1. 健全基层治理体系

健全常态化管理和应急管理动态衔接的基层治理机制，构建网格化管理、精细化服务、信息化支撑、开放共享的基层管理服务平台，基层治理体系和治理能力现代化水平显著提高。激发乡村治理活力，向 10255 个行政村推广积分制、向 12103 个行政村推广清单制，全区行政村积分制、清单制、数字化覆盖率均超全国平均水平。坚持法治，强化乡村治理保障，年均预防化解矛盾纠纷 10 余万件，调处化解成功率在 97% 以上；涠洲岛、富川、龙州、天等、罗城龙岸镇等地经验入选全国或自治区"枫桥式工作法"，5 个设区市通过全国市域社会治理现代化第一批试点验收。

2. 因地制宜探索乡村治理创新

持续在乡村治理的重要领域和关键环节积极创新、大胆实践，着力夯实乡村振兴基层基础，形成乡村治理的"广西经验"。构建常态化管理和应急管理动态衔接的基层治理机制，将农村地区划分为 8.81 万个治理网格，配备 18.97 万名网格员。开展乡村治理数字化试点，推广乡村政务服务数字化，在社区、村屯等设置 24 小时不打烊政务服务自助机 3373 台。提升社会治理信息化水平，拓展数字化治理服务功能，加强"雪亮工程"建设。

3. 加强基层党建

锚定"五基三化"工作目标要求，力推党建引领高质量发展、农村基层党建示范县乡创建等工作，推动组织体系和工作力量直达基层。深化基层党组织"五基三化"建设，全面摸排农村基层党组织设置情况，健全完善"乡镇党委—村（社区）党组织—自然村（网格）党组织—党员中心户"组织链条，推动在 506 个搬迁安置点、154 个抵边村、771 个抵边屯党组织应建尽建。

开展农村基层党建"整乡推进、整县提升"示范县乡创建行动，提升农村基层党组织星级化管理水平，大力推进自然村党支部达标创优，排查整顿软弱涣散村党组织、后进村党组织，选树命名一批农村基层党建示范县、示范乡镇和星级村党组织。

三、广西统筹新型城镇化和乡村全面振兴存在的问题和难点

（一）体制机制改革创新仍需深化

统筹协调工作机制仍需健全。自治区成立了实施乡村振兴战略指挥部、大力推进以县城为重要载体的新型城镇化建设专项行动工作专班等，出台了一系列新型城镇化、乡村振兴等方面的政策文件，但统筹新型城镇化和乡村全面振兴尚未建立工作机制，部门联动、政策衔接、资源整合、要素配置等统筹协调不足，高效协同推进的合力仍需加强。城乡融合发展政策体系有待完善。教育、医疗、住房、户籍、社保等政策有待进一步配套。例如，虽然农村劳动力进城就业的体制障碍基本消除，但由于户籍制度形成的城乡分割，进城农民工大多处于半城镇化状态，在务工城镇还不能享受到均等的养老等权益，且由于目前乡村振兴方面政策资源向"三农"倾斜，很多农民在城市生活但不愿意放弃家乡的房产土地和政策补贴，不愿把户籍迁入城镇。

（二）城乡要素自由流动存在壁垒

要素流通共享机制有待完善，人才、土地、资金等要素在城乡之间双向流动不畅，而技术、数据等新型要素市场培育才刚起步，农业农村在要素竞争中仍处于弱势地位。从人力资源流动来看，城市人才、农业专业化人才的入乡路径还未被有效打通，受到权益保障程度不高、配套支持政策不充分等因素的制约，农村青壮年劳动力少，产业发展、农业科技、农技服务等方面的专业性人才供给不足，且存在人才下乡与农村发展需要不匹配、留不住等问题。例如，有的人才科技下乡不能满足实际需要，难以有效融入乡村发展环境，技术送不到"点"上，因不接地气而难以服众。又如，据玉林市人社局反映，存在已完成招聘待上岗的特岗教师，在报到途中因工作地生活配套

保障不够等状况，临时折返放弃岗位的现象。再如，有的农业职业经理人下乡存在一定"水土不服"现象，有的县市基层与选聘的农业职业经理人经营理念不合，但放权不到位、干预过多，导致农业职业经理人无法自主、专业经营，未能有效发挥专业作用。从土地流转来看，城乡统一的建设用地市场尚未建立，农村产权流转交易市场运营主体不统一、应用效能低，目前有46个县级行政区既未设立法人主体又未明确建设运营单位，已建平台功能使用率仅为40%左右，基础工作不完备，制约了改革举措落地。政府、集体、农民利益分配存在争议，农民土地流转收益较低、增值较难，导致多个行政村存在不同程度的耕地撂荒、农房空置现象。农村土地征收、集体经营性建设用地入市、宅基地制度这"三块地"改革及农村承包地"三权分置"改革有所推进，但是实际操作还不顺畅，乡村建设性用地尚无法对城市紧张的用地需求进行有效补充。例如，个别地区农村宅基地制度改革存在较大难度，宅基地审批如涉及耕地，需缴纳占补平衡费用，但当前政府财力有限，无力承担该笔费用，宅基地审批基本处于冻结状态。又如，设施农业用地供需矛盾突出，受到基本农田保护、林保地、生态保护红线等政策限制，适宜农业发展开发用地愈加缺乏，部分现代设施农业项目推进进度较慢，一些招商引资项目面临企业投产用地难问题。从资金流动来看，近几年来，城市资本要素向农村流通的愿望强烈，但投资者和农村居民在投资相关利益分配上还多有矛盾，联农带农机制不够完善，乡村投资开发建设惠及农民的水平有待提高。且当前规范和引导资本下乡投资不到位，涉农经营风险防范管控力度不足，影响农民切身利益。由于农村宅基地、自建房屋、种植作物等在金融机构抵押获得贷款难度较大，农村储蓄水平远高于贷款水平，大量农村储蓄资金反而流向城市，进一步加剧了农村经营主体获得贷款资金的难度。例如，农村集体经营性建设用地入市开发融资难，据北流市反映，市内同意办理农村集体经营性建设用地入市项目贷款的仅有广西地方银行（农村信用合作联社、柳银村镇银行），且金额很小；在入市交易成功的342宗土地中，实现抵押贷款的仅有9宗，仅占入市宗数的2.6%，贷款额仅为0.72亿元；目前尚未有集体经营性建设商住用地实现商品房按揭贷款业务，抵押融资难、按揭贷款难严重影响了农村集体土地权能的实现，抑制了农村集体建设用地的市场交易价格，导致农村集体土地与国有土地"同地同价"尚有差距。

（三）县域产业辐射带动能力较弱

县域支撑能力仍然较弱，县域产业规模小、实力弱、不平衡的特征比较明显，2023 年全区 111 个县（市、区）中，超半数 GDP 不到 200 亿元，仍有 26 个县低于 100 亿元，其中乐业县、凤山县 GDP 不足 50 亿元；县域财政自给率为 19.9%，仍有 55 个县（市、区）财政自给率低于 20%。2023 年中国工业百强县（市、区）榜单中，广西没有一个县（市、区）入围，贵州、云南等兄弟省份各有一个县入围，其中贵州仁怀市高居第 15 位。排名第一的江苏省昆山市 2023 年 GDP 达 5140.6 亿元，入围的兄弟省份县区中贵仁怀市 GDP 为 1800.32 亿元，云南安宁市 GDP 为 716.55 亿元。而广西各县（市、区）中经济总量排名第一的北流市仅为 434.69 亿元（见表 4）。县域产业集聚能力不足，县域产业园区基础设施建设滞后，产城融合度不高；规模以上企业数量少，缺乏带动性强、辐射作用大的龙头企业；产业以劳动密集型和中低层次为主，结构单一，同质化现象比较普遍，产业链条短，百亿元级产业集群少。在农业方面，全区目前多以传统农业为主，经营规模小、布局散、链条短、附加值低，农业经营与县域新型工业化缺乏联动效应。在工业方面，县域工业规模偏小、产业链普遍较短，2023 年全部工业产值低于 50 亿元的园区有 30 多个，其中低于 20 亿元的有近 20 个、低于 10 亿元的有 8 个。县域产业集群更多体现为横向同类产业的集聚，缺乏产业链纵向延伸集聚。如 2022 年下半年相关部门调研的 132 家各类园区中，将林产加工列为主导产业的园区达 37 个，占比为 28%，但这类产业以生产板材为主，缺乏家居制造、造纸、装饰等下游产业。同时，县域工业普遍存在产业配套不足，品牌附加值低，缺乏精深加工、高附加值的产品，单位生产利润偏低，抗风险能力较弱等问题。例如罗城仫佬族自治县作为全国桑蚕大县，桑蚕茧产量近 2 万吨，但全县只有少数几家桑蚕茧加工企业，仅生产桑丝，无法进行精深加工。特色小镇发展不平衡问题突出，例如部分特色小镇仍然以传统农业和旅游业为主，产业附加值不高；以第二产业为主导产业的特色小镇中，以民营农副产业、手工加工企业和家庭作坊为主，缺乏规模企业的带动。部分特色小镇资金缺口大，主要依靠地方政府担保投入，可能加重政府债务风险。

（四）城镇人口集聚能力有待增强

2023 年，全区城镇人口占常住人口的比重（城镇化率）为 56.78%，比上年末提高 1.13 个百分点，户籍人口城镇化率与常住人口城镇化率差距仍然较大；2023 年 GDP 排名前 10 的县（市、区）城镇化率均低于全区平均水平，其中最低的灵山县城镇化率仅为 35.76%（见表 4）。从近年来户口迁移情况看，农民工进城落户意愿不强，农业转移人口数量不多，虽然区内进城落户条件已全面放开，但由于城镇吸引力不足、惠农政策又不断推出，农民只愿进城谋生，不愿把户口迁入城镇。一方面，广西县城数量虽多，但相较于大城市来说经济不发达、基础设施薄弱、就业容纳力和吸引力有限、人居环境质量较差、综合承载能力明显不足，且仍有相当一部分县城和中心镇的规划理念相对滞后，规划之间互不衔接，功能定位不够明确，特别是部分县城中心镇还存在集聚发展平台不大、产业吸纳能力不强、人口居住条件不优等问题，加上教育医疗等资源配置不合理、基本公共服务可及性及均衡性不够等原因，县城对农村人口的吸引力不强。另一方面，随着农村公共服务、基础设施等生产生活条件的改善，城乡之间的发展差距加快缩小，加之农村生态环境相对较好、生活成本较低、受乡情影响等原因，城镇对农村人口的吸引力减弱，特别是相当一部分中老年农民不愿意到城镇落户居住。此外，虹吸效应导致人口、资源、产业加速向大城市转移，劳动力持续外流，县域对产业转移的承接力受限，实体经济发展相对滞后。县镇产业发展基础薄弱，产业发展、生活基础设施等各方面软硬件配套与城市产业园区相比还存在较大的差距，对产业的吸引力不足，对人口的吸引力也不足。

表 4　2023 年广西十强县（市、区）部分经济指标一览

序号	县（市、区）	地区生产总值（亿元）	实际增速（%）	规模以上工业增速（%）	城镇化率（%）
1	北流市	434.69	6.30	7.4	50.55
2	桂平市	388.99	3.40	−3.7	44.57
3	合浦县	371.93	6.20	18	39.57
4	博白县	366.49	5.20	18.2	45.97
5	灵山县	358.73	3.40	−22.5	35.76

续表

序号	县（市、区）	地区生产总值 （亿元）	实际增速 （％）	规模以上工业增速 （％）	城镇化率 （％）
6	横州市	356.07	4.50	5.20	43.86
7	平果市	337.33	4.70	6.60	45.01
8	藤县	332.76	13.70	65.50	49.72
9	扶绥县	317.35	11.50	21.80	49.70
10	平南县	314.62	2.00	−14.40	55.44

（五）基础设施和基本公共服务保障短板突出

城乡基础设施建设仍存在短板，乡村在电力、能源、道路、供水、供气等方面远落后于城市，且未形成统一规划、建设、管护的一体化有效运行机制。农村地区虽然实现了村村通公路，但是等级不高，仍存在个别偏远山区道路不畅通的现象。农村网络基础设施落后，网络安装费、服务费高，影响农民发展电商和乡村旅游业。当前县、镇、村等的基础设施建设和公共服务供给多数为政府主导，社会资本参与意愿不强，受制于财政收入不足和融资渠道单一，大多县（市、区）在交通、管网、环卫、消防等市政设施方面还存在比较明显的短板，防灾减灾、公共卫生等应急设施建设滞后，公共服务总体还停留在低水平的兜底服务上。基本公共服务仍然偏弱，城乡在教育、医疗、养老等公共服务配套设施规划制定上还缺乏统筹，城市公共服务覆盖面广、服务质量高，而乡村在公共服务配套设施建设上相对滞后，缺乏有效的规划指引，普遍面临着资金短缺、人才不足等难题。如社会保险基金支出中，城镇基本养老保险与农村基本养老保险待遇差距仍然较大；城乡教育资源差距较大，部分脱贫县农村的教育经费不足、师资缺乏，有的行政村小学教师不到 5 名，每人兼教两三个学科；医疗资源城乡差别大，部分农村地区的基层医疗卫生机构服务能力、服务水平偏弱，特别是边境地区的基层医疗卫生机构，与全区平均水平相比还存在一定的差距，一些乡镇卫生院功能不健全、服务能力弱，大部分行政村医护人员仅 1 名，医疗服务水平不高，群众就医信任度不高，业务收入较低，进而形成"就诊人员减少—业务收入低—人员流失"的恶性循环。

四、国内其他省份统筹新型城镇化和乡村全面振兴的经验做法及启示

（一）国内其他省份统筹新型城镇化和乡村全面振兴的经验做法

1. 江苏省——通过公共服务均等化推进农业转移人口市民化

2022年10月，江苏省印发《关于推进以县城为重要载体的城镇化建设的实施意见》，明确建设目标之一：到2025年，实现县城产业发展活力增强、公共服务供给均衡、基础设施更加完备、人居环境持续改善、治理运营高效有序，县城人口集聚服务能力进一步提升。江苏省积极创新政策，促进公共服务均等化。

（1）促进教育资源优化配置

一是在学校布局与建设上，通过建立学位供给动态调整机制、实施义务教育强校提质行动、加强寄宿制学校建设、健全优质均衡推进机制，加快办好一批"家门口"新优质学校。二是在教师配置与发展上，实施好"严格落实教师编制标准、完善教师培养培训体系、推进'四有'好教师团队建设、推进教师有序交流轮岗"等措施，加大紧缺学科教师培养和补充力度。三是在学生关爱与服务上，深化考试招生改革，完善有特殊需要的儿童少年的服务机制，做好学生资助服务工作，加强学生卫生健康和心理健康服务。

（2）完善医疗卫生服务体系

持续健全分级诊疗制度，提升紧密型县域医共体建设水平，扩大乡村医疗互助试点范围，新建一批农村区域性医疗卫生中心相关功能中心，将村卫生室全面纳入医保定点管理范围，全面建成覆盖全民的多层次医疗保障体系，推进医疗服务价格改革，逐步构建动态调整机制，并加大国家医学中心和国家区域医疗中心建设力度。

（3）大力发展养老托育服务

促进村级互助养老服务能级提升，整合现有资源改造一批乡村互助养老睦邻点，满足乡村老人就近养老的需求。探索在乡村引入专业化的物业服务企业，着力补齐农村社区公共服务短板。例如，扬州市主要落实"三个聚焦"：一是聚焦重点人群，强化兜底保障，强化组织领导保障形成工作合力，改造提升供养机构提高硬件水平，落实重点人群照护政策强化生活保障；二

是聚焦适度普惠，丰富基本服务，明确养老基本服务内容，构建养老服务设施网络，建立长期照护服务体系；三是聚焦个性需求，促进多元参与，实施普惠养老专项行动，发挥公办机构基础作用，促进社会力量参与供给。

2. 福建省——打造县域重点产业链

近年来，福建省大力发展县域重点产业链，通过产业链现代化构筑现代化产业体系，为经济增长提供新动能。2023 年，福建省发布全国首本系统介绍县域重点产业链的指导性文件《福建省县域重点产业链发展白皮书（2023）》。2024 年，福建省政府工作报告提出，要加快打造县域重点产业链，制定专项政策和考核评价体系，引导每个县（市、区）做强 1～2 条重点产业链。

（1）明确县域经济发展重点和路径

福建省明确"推动县域经济加快发展"的清晰航向，2003 年至 2023 年，福建省出台《关于进一步加快县域经济发展的若干意见》《关于实施新时代民营经济强省战略推进高质量发展的意见》等相关文件，明确指出要加大力度发展民营经济，推动民营经济发展成为科技自立自强、增强产业链自主性和可控性的关键力量。在发展路径上，福建省始终坚持县域重点产业链高端化、智能化、绿色化的发展导向，促进县域优势产业延链、传统产业升链、新兴产业建链、短板产业补链，打造县域经济发展高地。在多年的产业布局中，县域经济门类较齐全且已具备相当的规模，全省县域经济共拥有 38 个工业大类行业，其中，电子信息、先进装备制造、石油化工、纺织鞋服等 4 个支柱产业的规模已超万亿元，食品、冶金、建材等传统优势产业的规模均超过 5000 亿元。同时，新一代信息技术、新能源、新材料、生物医药等战略性新兴产业也在加快发展。

（2）实施县域经济差异化发展

一是培育县域优势特色产业。通过找准县域发展的定位和优势，打造各自特色优势产业体系，实现差异化发展。例如，福州市长乐区重点打造纺织化纤产业重点产业链；宁德市蕉城区重点打造全球最大的新能源电池生产基地和技术领先的创新研发中心；泉州市南安市重点打造国内知名的石材产业集群和出口基地。晋江市、蕉城区、长乐区、惠安县、福安市、海沧区、南安市、福清市等 8 个市（区），规模以上工业企业营业收入超过 2000 亿元。

二是扩大县域产业集群优势。围绕县域优势产业，培育发展核心区，引领辐射促进产业集群化发展，推动产业横向集聚和纵向协作。例如，以晋江市、长乐区为发展核心区，联动周边县域，合力打造现代纺织服装产业集群。在氟新材料、竹产业、人工智能、生物医药等产业领域，支持优势县域产业强链发展，促进产业链高端化，通过龙头企业带动补链延链，串联带动周边县域融入产供链并实现跨县域特色化、协同化发展。

（3）推动县域产业向智能化、绿色化转型

福建省通过探索制造业智能化、绿色化转型，致力于打造先进制造业强省，推动县域经济高质量发展。一是打造的"绿色黑灯工厂"获中国节能协会授予的全球首个认证证书。生产、存储、搬运、检测等环节均能运用智能机器人或通过自动化设备依据指令完成，实现企业节电、减排、节水多管齐下。二是培育绿色环保产业和战略性新兴产业。福建省着力构建新兴产业体系，培育新动能，例如人工智能、应用场景、创新药、高端医疗器械生产基地等。三是依托现代农业发展模式带动山区县域发展。在竹林资源丰富的县（市、区）规划建设小微园区或竹产业精深加工专业园区，加快竹产业精深加工体系建设；发展以水产品为重点的预制菜产业；打造养殖农业"养殖—加工—冷链"上下游全产业链条，探索产业生态化的新路径，加快县域产业绿色低碳转型。通过政策引导、标杆带动、示范推广、优化生态等举措激励工业企业数字化转型，培育了一批"绿色工厂"、2家世界灯塔工厂、5个国家级特色专业型平台、34个省级工业互联网平台、301家省级标杆企业等。

3.安徽省——创新农业转移人口市民化政策

安徽省坚持以人的城镇化为核心，增强农业转移人口进城落户的意愿和融入城市生活的能力，不断提升城市吸引力和承载力。在统筹新型城镇化与乡村振兴上，主要通过大力发展乡村富民产业和加快农业转移人口市民化，促进农业现代化，高质量推动农业转移人口全面融入城市。安徽省实施若干举措，旨在加快农业转移人口市民化。

（1）完善户籍政策

通过试行在经常居住地户籍登记制度，保障在城镇稳定就业生活的农业转移人口能够顺利落户。在省内推行户口一站式无证迁移，提升落户和户口迁移的便捷性。针对进城落户的农民，依法保障他们的土地权益，鼓励土地承包经营权依法自愿有偿转让，落实二轮土地延包政策。通过制定农村集体资产管理办法、探索建立农村产权流转交易服务平台等举措持续深化农村集体产权制度改革。

（2）保障农业转移人口融入城市的公共服务供给

探索推行电子居住证制度，建立完善以居住证为载体的公共服务供给机制，保障农业转移人口随迁子女在居住地接受义务教育的权益，逐步将政策放宽至居住地学前教育、普通高中、中等职业教育等范围。放开灵活就业人员参加企业职工医保的户籍限制，稳步推进企业职工养老保险全国统筹，扎实推进基本医保市级统筹和省级统筹工作，完善新就业形态就业人员职业伤害保障机制。强化农民工技能培训和就业服务，依托社保卡向符合条件的农民工发放电子培训券，面向农民工建设职业培训网络平台，增强线上职业培训服务能力。

（3）健全农业转移人口市民化配套政策

推出农业转移人口市民化奖补、保障性住房、城镇新增用地等政策，依据进城落户人口数量，向人口流入较多的地区予以适度倾斜。

4.四川省——构建城乡各类要素双向流动、合理配置机制

四川省聚焦"人才""土地""资金"这三个关键节点，有序引导人才和资金流向农村，充分开发利用农村土地资源。2023年11月，中共四川省委十二届四次全会审议通过《中共四川省委关于深入贯彻习近平总书记重要指示精神以县域为重要切入点扎实推进城乡融合发展的决定》，明确要促进城乡要素平等交换和双向流动，激发农村土地要素活力，创新人才入乡激励机制，提高城乡要素协同配置效率。

（1）畅通城乡人才双向流动

一是深入实施乡村人才振兴计划。以天府新区为例，构筑乡村专家成长渠道的方式主要包括逐步优化针对"乡村CEO""乡村运营师""乡村合伙人"的人才招引机制，在涉农街道以基地建设、品牌打造、子女教育等细分领域分别建立人才服务保障制度，面向高素质农民、"乡村治理头雁"等乡村人才给予优待政策。建立健全"乡村合伙人"的人才制度，为乡村人才提供更为广阔的发展空间。二是为乡村人才赋权赋能。给予"新乡贤""新村

民"等同于集体经济组织成员的权益，支持返乡人才赋能发展。引入"数字游民"、艺术团队、青年创业群体等新生力量，开发激活新区特色资源，每年选树乡村振兴领域村级优质商业项目，吸引更多人才回乡创业、建设农村。三是畅通院校与乡村的双向合作。发挥好中国农科院、四川农业大学等66个院（校）地合作项目的人才资源优势，实施"一村一校"乡村赋能工程，鼓励专家服务团队到乡村兼职、在村集体经济组织任职等，逐年扩大乡村与院校合作的覆盖面。

（2）激发农村土地要素活力

一是深化农村承包地"三权分置"改革。加大对闲置用地、荒芜耕地等撂荒地的常态化整治力度。探索推行农田集中连片整理，强化农耕道路及水利基础设施建设，提高耕地宜机化率。建立健全土地流转平台和服务体系，发展多种形式的适度规模经营。二是稳步推进农村宅基地改革。在保障宅基地集体所有权和农户资格的前提下，探索建设联建房、集中住宅，保障农民居住权益。三是促进农村集体建设用地的有效利用。探索运用农村存量建设用地通过增减挂钩的方式实现县域内跨村组区位调整，建立村集体建设用地的入市政策。切实保障粮食及关键农产品的生产设施和生产用地需求。对闲置的学校、卫生室、办公场所等进行分类清理，提高利用质效。四是强化城乡建设用地保障。推行项目实施精细化管理模式，分级分类保障重大项目用地需求。完善建设用地审批及统筹调度制度，推行"用地保姆"一对一服务机制。

（二）对广西的启示

1. 畅通资源要素双向流动是推动城乡融合发展的关键

四川省主要通过实施乡村人才振兴计划、天府新区人才新政等加大引才育才力度，同时激发农村土地要素活力，促进生产要素在城镇与乡村之间自由双向流动。从四川省的经验做法来看，城乡生产要素的自由流动既要依靠市场调节机制，也需要政府部门出台实施倾斜性政策，为人才、技术、资金、土地等向乡村流动提供制度支撑。广西要创新人才振兴和人才引培政策，既吸引优秀人才到城市发展，也吸引人才到农村创业就业，培养新型职业农民。促进农村集体建设用地和闲置宅基地的有效利用，通过创新平台建设、产学研合作等，引导科技要素流向基层。

2. 发展壮大县域产业是推动城乡融合发展的支撑

福建省通过做大做强县域产业，延伸重点产业链，聚链成群，提升县域产业集聚能力，实现以产业集聚带动人口集聚，以人口集聚推动要素集聚和公共服务协调发展。统筹新型城镇化和乡村全面振兴的切入点在县域，县域既是独立的行政区划，也是城市和乡村的重要连接点。广西要把县域作为城乡融合发展的重要切入点，推进空间布局、产业发展、基础设施等县域统筹，把城乡关系处理好，一体设计、一并推进，需要明确县域经济的清晰定位和发展方向，深挖不同县域的产业发展优势，增强产业发展的要素支撑和制度供给，推动形成延伸优势产业链条，培育产业集群；升级传统产业链条，促进产业链高端化；建立和补齐新兴产业链条，推动形成产业绿色转型的差异化发展格局，打造县域经济发展高地。

3. 加快农业转移人口市民化是推动城乡融合发展的重点

安徽省主要通过健全完善农业转移人口融入城市的相关配套政策加快市民化进程，包括户籍、教育、医疗、社保、住房保障等公共服务政策等。统筹新型城镇化和乡村全面振兴，需要通过加速地区新型城镇化进程、提升工业化水平，一方面释放城镇发展的内生动力和内需潜力；另一方面，在城镇化进程中加速农业转移人口融入城镇，提高公共服务供给能力和市民生活品质。广西需要在加强新型城镇化建设的同时加快推进农业转移人口市民化进程，健全进城农民常住地的基本公共服务制度，促进城镇公共服务向常住人口覆盖，在教育、医疗、住房保障、社保等领域，逐步将城镇常住人口纳入保障范围。保障进城落户农民在乡村的土地权益和集体收益分配权，提高县城对人口迁入的综合承载能力和治理水平。

4. 增强公共服务供给是推动城乡融合发展的保障

从江苏和安徽的经验做法来看，要重视推进城乡基本公共服务均等化、加快农业转移人口市民化等举措。要构建县乡融合发展、联动发展格局，通过强化产城融合、基础设施、公共服务、环境优化、县乡衔接等方面的制度供给，促进城乡均衡联动发展。广西需要进一步建立健全就业公共服务体系、强化乡村普惠型公共服务供给等，实现县域城乡均衡发展、融合发展的目标。

五、广西统筹新型城镇化和乡村全面振兴的总体思路

（一）指导思想

以习近平新时代中国特色社会主义思想为指导，全面贯彻党的二十大精神，学习贯彻习近平总书记关于广西工作论述的重要要求，完整、准确、全面贯彻新发展理念，学习运用"千万工程"经验，坚持以产兴城、以城聚人，把县域作为城乡融合发展的重要切入点，以构建城乡区域协调发展新格局为目标，以统筹城乡产业发展、县域产城融合、城乡公共资源配置三大重点为抓手，着力推动要素配置合理化、产业发展联动化、产城融合深度化、基础设施连通化、公共服务均等化（"135"工作思路，即"一目标""三重点""五化"），积极探索符合广西实际的城乡融合发展新路径，推进以县城为重要载体的新型城镇化建设和农业农村现代化，为建设新时代壮美广西提供强劲动力和坚实基础。

（二）基本原则

——坚持整体谋划、协同推进。强化顶层设计与基层首创互促共进，增强改革的系统性、整体性、协同性，构建促进产业发展、基础设施、公共服务、生态保护等融合发展的体制机制和政策体系。

——坚持产业优先、特色发展。以县域产业发展为突破口，立足各地发展基础和资源禀赋，明确发展定位，引导不同地区特色发展、错位发展，大力发展县域富民产业，以产聚人兴城。

——坚持改革创新、重点突破。因地制宜、试点先行，谋划实施创造型、引领型改革举措，鼓励探索各具特色的改革路径和城乡融合发展模式，力争使其上升为自治区及全国性的制度安排和政策设计，在更大范围内释放改革效应。

——坚持稳妥推进、防范风险。统筹发展和安全，正确处理改革发展稳定的关系，加强对城乡融合建设项目和重大改革事项的综合论证，确保全面落实农民利益不受损、社会稳定、生态安全、耕地保护等各类发展底线要求。

（三）统筹新型城镇化和乡村全面振兴的着力点

1. 统筹城乡产业发展

（1）发展壮大县域产业集群

全力落实一二三产业"强产业"三年行动计划，以重点产业链为主体，优化县域产业空间布局，推动重点产业和龙头企业向园区集中、中小微企业向中心镇集聚、乡村作坊和家庭工场向重点村汇聚，推进县域短板产业补链、优势产业延链、传统产业强链，提升产业链现代化水平。立足资源优势培育特色产业链，推动农业全链条升级，推进农村一二三产业融合发展，依托广西林果蔬畜糖等特色资源，发挥国家级、自治区级现代农业产业园的龙头作用，牵引带动全区市县乡三级现代农业产业园联动发展，加快建设农产品加工集聚区、综合批发市场、冷链物流园区、电子商务园区、康养旅游综合体等，培育"桂字号"农业品牌，做优做强粮食、蔗糖、蔬菜、水果、桑蚕、茶叶、中药材、家畜、家禽、渔业等十大特色产业集群；大力发展设施农业、数字农业、休闲农业、森林康养、预制菜产业等新产业新业态；培育壮大县域工业，重点发展糖、铝、锂、稀土等资源优势产业，加快从原材料向精深加工升级，串联带动各县（市、区）因地制宜配套发展县域产业链，建设具有全国影响力的产业链。加力打造万亿元林业产业。瞄准东部地区重点产业配套产业链，深入研究东部地区产业发展方向，加速落地 2024 年中国产业转移发展对接活动（广西）成果，以打造粤港澳大湾区战略腹地为抓手，鼓励各县（市、区）主动对接粤港澳大湾区、长江经济带、成渝地区双城经济圈等产业新布局，有序承接产业梯度转移。深化"研发＋制造""总部＋基地"等合作模式，加快与东部地区创新主体对接，支持龙头企业在县（市、区）等建立"创新飞地"，建设产业转移园区；加快梳理本地重点产业链、核心配套企业和上下游产品，推动跨区域产业链企业、产品、技术供需对接，开展整机与零部件、设计与制造、装备与工业软件等方面的合作，深层次融入东部重点产业链、供应链，形成东部地区产业配套优选基地。紧盯新质生产力布局产业链，强化区市县联动布局发展新质生产力，加快推动传统产业转型升级向高端化、智能化、绿色化发展，加大机器换人、设备换芯、生产换线力度，推动机械、汽车、建材、石油化工等传统主导产业提层次、强实力；鼓励经济强县紧盯新一代信息技术、生物医药、新能源、新材料、高端装备制造等新兴产业，超前布局未来产业，加快 5G 基站、数据中心等设施建设，积极配套产业链，围绕行业领军"链主"龙头企业，培育本土产业龙头企业，实施重点配套项目，增强工业发展新动能。聚焦县域主导产业，培育壮大中小企业集群，支持各县（市、区）根据资源禀赋、产业基础与发展定位，做强主导产业，推动"个性化发展"，加强优质中小企业梯度培育，促进服装、鞋帽、玩具加工等劳动密集型中小企业集聚发展、专精特新发展，形成核心配套产品，提升产业链关键环节配套能力，打造覆盖广、专业强、服务优的中小企业服务网络，着力培育一批产业定位准确、产业重点聚焦、配套设施齐全、运营管理规范的中小企业特色产业集群，形成"点线面"结合促进中小企业高质量发展的工作格局。

（2）推动产业园区创新提质

围绕促进城乡生产要素高效配置和产业集聚发展，优化提升先进制造业、现代服务业、现代农业等专业园区，实施一批具有示范引领作用的城乡融合发展项目，为城乡高质量融合发展夯实产业基础。加快园区基础设施提档升级，完善园区道路、给排水、污水处理、水电等基础设施，强化园区科技研发、融资担保、检验检测、仓储物流等服务功能。按照产业区、生活区、学区、商业区"四区融合"布局，加快园区公共交通、教育文化、医疗卫生、商贸物流、餐饮娱乐等配套设施建设，提升园区承载服务能力。推动市县镇村四级工业园区企业联动发展，优化县域产业结构，支持符合条件的县城建设产业转型升级示范园区。引导各县（市、区）积极融入自治区"4+3+7"园区矩阵建设，在城市周边县城建设配套产业园区，培育特色小镇。采取"一区多园"等方式分类整合"小散弱""管理弱化"园区，以国家级、自治区级高层级园区为主体，统一管理其他区位相邻、产业相近、功能相似的同质小型园区，形成产业、就业和城镇联动发展。借鉴推广北流市做法，围绕本地优势特色产业，完善县镇园区布局建设，盘活镇村闲置土地，支持村企合作。引导各村通过股份合作社与社会资本合作开设微厂房、代工点等，就地就近承接招引企业的加工订单、促进就业，推动县级产业向乡（镇）村延伸。创新园区招商引资方式，建立市场化招商机制，组建专业化招商公司和高素质的招商及服务专业团队，政府部门将引资额、产业项目数、招财引税等任务作为招商公司年度绩效考核的主要指标，通过政府购买服务方式支付服务报酬；招商公司按产业定位灵活组织招商活动，为引进企业提供政策咨询、项目用地、员工招聘等方面的各项服务，形成"政府＋企业"的招商合力。强化产业园区共建招商，主动对接粤港澳大湾区和长江经济带，创新"区外总部＋区内基地""区外研发＋区内制造"模式，支持产业园区以"整体外包""特许经营"等形式引入区外战略投资者、专业化园区运营商，建立联合招商、委托招商、利益共享的产业协作机制，组建跨区域产业联盟，招引补链、延链、强链企业。

（3）加强农村市场体系建设

健全县域商业体系，统筹推进县乡村商业网点空间布局，畅通工业品下乡和农产品进城双向流通渠道。完善农村物流骨干网络，在粮食、水果、蔬菜等大宗农产品主产区、特色农产品优势区和农产品加工集聚区，加快建设一批农产品冷链物流网点、农产品数字化产地仓，构建自治区、市、县（市、区）三级覆盖城乡的物流体系。支持县级供销社、物流龙头企业等牵头开展农村物流业务整合，推进统仓共配的县级物流配送中心建设、县级农产品物流产业园建设以及寄递物流、冷链物流、电子商务一体化建设。因地制宜分类补齐乡镇物流场站短板，优化提升现有场站，提高运营效能。抓好村级物流站点布局建设，逐步实现具备条件行政村寄递物流综合服务站全面覆盖。有效整合乡村小商店、便利店、团购服务点、物流驿站点等，深入实施统一品牌、统一平台、统一系统、统一供应链、统一配送、统一管理优化改造，打造村级连锁便利店体系。整合物流快递、商品服务、农产品代销代购、电商产品展示和其他便民服务功能，实现"一站多用""一点多能"。推动物流企业深度融合，针对农村物流分散化、地域化特征，鼓励物流配送企业合作布局，推进统仓共配，整合分散资源，实现信息互联互通、运力共享共用、效益降本增效。深化邮快、商快企业合作以及客货邮融合发展，鼓励有条件的地区构建乡村末端物流线路共享系统，发展共同配送。实施供销社县域流通服务网络提升行动，增强农资、日用品下乡和农产品出村进城"一网多用、双向流通"综合服务功能。积极发展农村客运车辆代运邮件快件，推广农村物流"货运班线"和农村客货邮融合车型。推动县域商流、物流、资金流、信息流一体化，鼓励有条件的地方建设县域智慧物流综合平台，整合相关部门和行业的站点、运输等物流资源，促进生产、分配、流通、消费各环节精准对接和各物流节点共享。加强农产品保鲜冷链设施建设，统筹规划、分级布局农产品冷链物流设施，完善农村冷链仓储运输配送网络。鼓励鲜活农产品大县和特色农产品优势区整县推进农产品冷链物流设施建设。在县域重要流通节点，稳步发展农产品产地冷链集配中心，提升分级分拣、加工包装、仓储保鲜等综合服务能力。在重点乡镇和中心村，支持农村集体经济组织、家庭农场、农民合作社适度集中建设农产品产地冷藏保鲜设施。支持流通企业建设农产品骨干冷链物流基地，推广共建共享、合作联营模式。

2. 统筹县域产城融合

（1）推进以县城为重要载体的城镇化建设

加快县域基础设施升级，推进公共服务设施提标扩面、市政公用设施提档升级、环境卫生设施提级扩能、产业培育设施提质增效，提升县城综合承载能力。提高县城就业容量和就业质量，引导镇村人口向县城转移，推进就地就近城镇化。加快推动城镇制造业、建筑业和生活性服务业等农民工就业集中领域的产业复苏。扶持发展就业容量大的县域富民产业，重点支持城市周边县城以及具有资源、交通等方面比较优势的县城，统筹产业园区、县城新区及易地搬迁安置区发展，依托县城各类开发区、产业集聚区、农民工返乡创业园等平台，积极承接产业转移，大力发展电子信息、服装玩具、食品加工、木材加工等优势特色明显、就业容量大的产业。支持发展县乡村物流配送、农贸市场等生产性服务业。加快发展大城市周边县城，支持南宁、柳州、桂林等城市的周边郊区、县城和特色小镇率先开展"卫星城"发展试点，强化其与邻近地区通勤便捷、功能互补、产业配套，探索融入中心城市一体发展的有效路径，增强城市辐射带动县镇、县镇辐射带动乡村的能力。支持有条件的地区建设农民工返乡创业园区、孵化器等创业载体，鼓励有能力的返乡农民工、乡村能人、回乡企业家创业并带动就业。完善公共服务配套体系，优化教育、医疗、文化等方面的公共资源配置，人社部门设立由专业人力资源培训服务公司管理运营的园区就业服务站，精准提供就业服务，提供免费就业信息、就业指导、政策咨询等服务。针对企业反映的用工难、融资难等问题，加强部门对接联动，开展招工服务和融资对接活动，为农村劳动力稳定就业提供保障。

（2）培育建强中心镇、专业镇、特色镇

强化乡镇联城带村节点功能，突出发展一批区位优势较好、经济实力较强、发展潜力较大的中心镇，有条件的打造成为县域副中心、发展成为小城市，增强对周边区域的辐射带动力。加快纺织、服装、陶瓷、木材加工等专业镇转型升级，改造提升传统优势产业，培育战略性新兴产业，形成一批影响力和竞争力较强的名镇名品。支持专业镇、特色镇与粤港澳大湾区、长江经济带联动发展，促进特色优势产业跨区域合作。因地制宜发展特色产业、休闲旅游、生态康养、历史文化等特色镇，打造一批休闲农业与乡村旅游示范镇。

（3）完善边境地区城镇功能

统筹边境城镇差别化联动发展，完善交通网络、产业对接和要素共享机制，形成以边境地级市为核心、以边境县级市和口岸为节点、以抵边小城镇和乡村为支撑的边境城镇体系，形成横向贯通边境、纵向连通区域中心城市和边境一线的沿边城镇廊带。完善边境县域内部城镇体系，增强镇区公共服务功能，引导边境城镇相对均衡发展，依托沿边公路、边民互市贸易点等，发展一批抵边新村和新生抵边城镇。提升边境开放平台功能，加强沿边重点开发开放试验区、边境经济合作区、边民互市区等边境开放平台，以及自贸试验区、综合保税区等海关特殊监管区域政策协同和空间整合，加强跨境基础设施建设、跨境贸易、资金融通等方面的制度创新，推动边境城镇发展。

3. 统筹城乡公共资源配置

（1）加快城乡基础设施互联互通

建立城乡基础设施统一规划、建设、管护机制，探索市场化专业化管护模式，促进城镇基础设施向村覆盖、往户延伸，为生产生活提供城乡一体的基础设施。统筹推进城乡基础设施重点领域建设，完善城乡基础设施统一规划，以及电力、能源、道路、供水、供气、防灾和垃圾分类处理等专项规划，强化城乡交通基础设施互联互通项目建设。完善城市路网体系，推进水电气热信等管网建设和改造提升。加快推进"平急两用"公共基础设施建设，有序推进城市更新。完善中心城市与小村镇、村（屯）间的交通连接，高水平推进"四好农村路"建设，提高农村公路干线服务水平和网络化程度，提升县乡联网、旅游路、产业路等重要节点路段技术等级，推进通自然村（屯）硬化路建设，推动农村公路进村入户。实施乡乡通三级以上公路建设工程、建制村窄路拓宽改造建设工程等项目，推进城乡道路客运一体化，进一步改善农村居民出行条件。加快建成城乡一体化供水网络，推进城市供水管网向乡村延伸建设，提升农村居民饮用水标准。推进农村地区邮政、物流网点提升改造，加大运输和投递车辆投入力度，加快建设农产品冷链物流体系，形成覆盖城乡的新型基础设施综合服务体系。推进城乡基础设施数字化改造，充分利用云计算、大数据、区块链等科技，整合城乡人口、交通、医疗、物流等各个方面信息系统和数据资源，建立城乡重要资源全域地理信息"一张图"，打造"互联网+"平台，实现城乡大数据统一存储、统一管理，推行县城运行一网统管、政务服务一网通办、公共服务一网通享，为城乡融合发展注入新基建活力。深入实施信息进村入户工程，推进乡村互联网、电信网、广电网"三网融合"，加大城市生产管理、流通商贸、行业监管、公共服务、社区治理等数字化应用手段与技术向乡村倾斜力度，努力消除城乡数字鸿沟，并积极推进数字"三农"协同应用平台建设。加快5G和电动汽车充电基础设施网络建设，推动乡村生产生活基础设施数字化改造和绿色低碳转型。

（2）推进城乡公共服务供给平衡

积极推进城乡基本公共服务标准统一、制度并轨、普惠共享，切实增加农村教育、医疗、养老、文化等服务供给。健全公共教育资源合理配置机制，优化城乡义务教育学校布局，扩大优质普惠学前教育资源供给，推进义务教育优质均衡发展和城乡一体化。实施城镇义务教育薄弱环节改善与能力提升工程，新建、改扩建一批城镇普通中小学校，基本实现教师编制、学位供给、校舍规模与城镇学龄人口均衡配置。实行中小学教师"县管校聘"，由县级政府负责教师编制调配使用，推行校长教师轮岗制度。提高乡村教师待遇，完善名师薪金等级挂钩政策体系。实行优质学校与薄弱学校结对帮扶，探索城乡联动教研、名师网络课堂等多种创新模式。实施名校引领战略，推动各地城区中小学与农村中小学建立"区域教育联盟"。整合涉教资金，扩大公办教育资源配置和寄宿制学校建设规模。建立紧密型县域医疗卫生共同体，完善县域医疗卫生体系，优化中心村卫生室、一般村卫生室和村卫生室服务点建设布局，推进县级医院（含中医院）提标改造，强化乡镇卫生院与村卫生室一体化管理，积极推行村卫生室产权公有。鼓励实行卫生人才"县聘乡用""乡聘村用",加大力度选派具有执业医师资格的村医,完善村级医疗卫生巡诊派驻服务,提高农村医疗保障和健康管理水平。强化"农村订单定向医学生"等基层医生培养工作,加强以全科医生为重点的基层医疗卫生队伍建设。健全县乡村衔接的三级养老服务网络,探索农村养老周转房和幸福院建设模式,积极发展养老托育服务,提供基本养老和长期照护服务,支持社会力量创办托育机构。提高就业创业服务能力和社会保障水平,完善并定期更新人才需求目录和紧缺职业目录,提高产业人才供求匹配精准度。实施就业创业促进计划,定期开展有针对性的城乡劳动力职业技能培训。创建返乡创业示范县、示范园区,建设返乡创业孵化实训基地,完善园区孵化服务,促进农村转移劳动力就近就业创业。优化"企业订单 + 劳动者选单 + 培训机构列单 + 政府买单"的职业培训服务模式,不断提高农村人口职业教育质量。发挥社会化服务组织的作用,开展生产托管、农技指导、产品营销等服务,为农民参与产业融合创造条件。加快推进城乡居民基本养老保险并轨,将集体经济组织纳入缴费主体,逐步建立农民与城市职工养老保险类似的职工、单位双主体缴费模式,推动全区参保。逐步提高农村居民养老保险中带有国民年金性质的基础养老金部分待遇水平。探索老年农民承包经营权的退出与职工养老保险权益的对接置换。

完善公共文化体育设施和社会福利设施,建立健全符合新时代特征的文化传播机制,以政府购买服务的方式引导文化类社团承担乡村公共文化服务任务。建立互助联动的城乡文化发展机制,在城乡之间形成行政区与行政区、社区与乡村、城市居民与农村居民之间的文化互助机制。健全文化场馆功能,建设居民健身载体,建设专业化残疾人康复、托养、综合服务等机构。保护、传承、利用历史文化遗产。城乡联合举办文化展览、文化演出等活动,城市社区与农村开展定点文化帮扶活动,城市各层次人才以志愿者的形式深入农村开展文化帮扶活动等。

(3)建设宜居宜业和美乡村

学习借鉴浙江"千万工程"做法经验,打造具有地域特色的乡村建设模式。加强村庄规划建设,支持有条件有需求的村庄按照村庄功能定位、产业特色、人文底蕴、资源禀赋,分区分类编制示范带、村庄规划,合理确定村庄布局和建设边界。将村庄规划纳入村级议事协商目录。严格规范村庄撤并，规范优化乡村地区行政区划设置，严禁违背农民意愿撤并村庄、搞大社区。推进以乡镇为单元的全域土地综合整治，开展农房和村庄建设现代化试点。积极盘活存量集体建设用地，优先保障农民居住、乡村基础设施、公共服务空间和产业用地需求，出台乡村振兴用地政策指南。加强历史文化名镇名村（传统村落）保护利用，实施传统村落集中连片保护利用示范，建立完善传统村落调查认定、撤并前置审查、灾毁防范等制度，保持传统风貌、发扬乡愁文化，把挖掘原生态村居风貌和现代元素结合起来，打造各具特色的现代版"富春山居图"，深入挖掘特色乡村文化，鼓励一体推动农村人居环境整治、提升与农文旅产业发展，开展宜居宜业和美乡村示范建设。逐步提高农村人居环境质量，以县域为单位统筹推进农村人居环境整治提升，加快城乡生态环境共建共治共享，建立城乡统一的环境保护和治理机制。深化农村生活垃圾、污水、厕所"三大革命"，持续开展村庄清洁行动，综合治理黑臭水体，并围绕重点景区合理配建乡村旅游厕所。健全农村生活垃圾收运处置机制，以乡镇为单位建设一批区域农村有机废弃物综合处置利用设施，支持新建或改建一批乡镇垃圾转运站，探索就地就近就农处理和资源化利用路径。推动农村生活垃圾分类和资源化利用全覆盖。推进生活污水治理，加快乡村污水收集管网及处理设施建设。以人口集中的村镇和水源保护区周边村庄为重点，分类梯次支持开展农村生活污水社会化治理试点，整县制推进农村生活污水治理。加强和完善乡村治理，健全党组织领导的自治、法治、德治相结合的乡村治理体系，构建共建共治共享的乡村治理共同体。创新乡村治理方式方法，推广应用积分制、清单制、数字化、网格化等治理方式，创建乡村治理示范。探索农村物业管理模式，健全农村人居环境长效管护机制。修订相关法规和政策，将在本村创业就业、居住生活的新村民纳入村民委员会选举框架，按常住人口实行村民自治，让新村民依法参与村庄社区公共治理。增补新村民作为集体经济组织成员。深入推进抓党建促乡村振兴，全面提升"头雁"培育行动质量，将"头雁"培育工作分别纳入乡村人才振兴专项考核和实施乡村振兴战略实绩考核，选优派强驻村第一书记，持续整顿软弱涣散的村党组织。全面加强农村精神文明建设，大力弘扬和践行社会主义核心价值观，加强新时代文明实践中心（所、站）等公共文化阵地建设，充分发挥村规民约、居民公约、生活礼俗的作用，推动农村移风易俗，培育向上向善、刚健朴实的文化气质。坚持和发展新时代"枫桥经验",深入推进平安乡村、法治乡村建设。

六、广西统筹新型城镇化和乡村全面振兴的对策建议

(一)健全统筹协调工作机制

1.强化组织领导

自治区发展改革委牵头,系统谋划统筹新型城镇化和乡村全面振兴工作,发挥好自治区县域经济工作机制作用,明确相关职能部门的工作职责,落实各市、县(市、区)的主体责任,形成融合发展的合力。建立"自治区统筹、市级主导、县级实施"的工作推进机制,确保上下联动、左右协同。自治区有关部门要对照职责分工,充分发挥职能作用,推进各类重大工程、重大项目和重要政策和改革任务,落实责任主体,编制工作时间表、路线图,有计划、按步骤逐项组织实施。

2.强化规划引领

加快出台统筹新型城镇化和乡村全面振兴的发展规划和实施方案,明确统筹城乡发展总体要求、目标定位、主要任务、实施路径等,健全城乡融合发展的制度框架和政策体系。强化城镇和乡村规划建设统筹,在国土空间规划中通盘考虑土地利用、产业发展、居民点布局、人居环境整治、生态保护、防灾减灾和历史文化传承,一体化推进城乡规划设计。加强对城镇化发展趋势、城乡格局变化趋势的研判,科学谋划城乡布局,增强规划的前瞻性、指导性、可操作性。全面完成国土空间规划编制,划定落实耕地和永久基本农田、生态保护红线和城镇开发边界。不断优化城镇体系和城市空间布局,构建大中小城市和小城镇协调发展的城镇化格局,强化大城市对中小城市、城镇对乡村的辐射和带动作用。形成疏密有致、分工协作、功能完善的城镇化空间格局。强化县域国土空间规划和各类专项规划的引导和约束作用。结合美丽乡村建设,科学确定县域村庄布局和规模,积极有序推进村庄规划编制,提升乡村建设规划管理水平,确保乡村原始风貌能保留、乡村特色有体现。

3.强化考核评估

开展推进城乡融合发展绩效评价,建立以县城为重要载体的城乡融合

发展分类监测指标体系，健全督促检查和定期评估机制。根据县城的功能特色和发展定位，设立多元评价体系，制定差异化考核标准。加强考核结果运用，将县域经济发展实绩作为县（市、区）主要领导干部考核评价的重要内容。对工作成效突出的县（市、区）、镇，在财政资金补助、新增建设用地年度计划指标、涉农项目资金等方面给予优先或倾斜支持。对连续三年在县域经济考核中排名靠后且无进步的县（市、区），可对其主要负责人予以职务调整。及时总结、推广县域特色产业典型县（市、区）的经验和创新做法，努力打造产业支撑强、城乡融合优、改革动力足的鲜活样板，将县（市、区）的成功举措上升为自治区层面的制度安排和政策设计，带动县域经济高质量发展。

（二）深化要素配置机制改革

1. 健全农业转移人口市民化机制

积极推进户籍制度改革，梳理并逐步废止户籍捆绑公共服务的制度，确保新落户人口与城镇居民享有同等公共服务，确保农民工等非户籍常住人口均等享有教育、医疗、住房保障等基本公共服务，推动有能力在城镇稳定就业和生活的常住人口有序实现市民化。深化新型居住证制度，全面实施电子居住证，深化人口服务管理数字化改革。保障进城落户农民合法土地权益，不得以退出上述权益作为农民进城落户的条件，探索建立农村"三权"在依法自愿有偿前提下的市场化退出机制、转让机制和农民市民化后权益退出与城镇住房等保障衔接机制。完善城镇新增建设用地规模与农业转移人口市民化挂钩政策。

2. 稳妥推进农村土地制度改革

稳妥推进农村宅基地制度改革试点，探索宅基地使用权流转制度。整合农村老旧宅基地特别是脱贫家庭房屋、宅基地等资源转化为资产。鼓励长期外出务工、进城进镇安置和无自主经营能力的农村低收入人口，采取出租、入股或托管形式，将闲置资产交由村集体或合作社代管经营，采取租赁房屋发展乡村旅游、流转林地发展林下经济等多种运营模式，实现资产收益的最大化。支持农户以自有资源资产入股农民合作社或龙头企业，实现共同发展。深化集体经营性建设用地入市试点工作，建立入市土地增值收益合理分配机制。围绕集体经营性建设用地入市范围、主体、途径、收益分配方式等进行进一步的改革探索，建立健全集体经营性建设用地使用权转让、抵押二级市场，实现入市集体建设用地与国有土地同价同权。探索人口集聚与城乡土地置换相结合的制度安排，对按规划向重点镇和中心村集中迁建的居民，在原宅基地还耕和落实级差补偿后，可按一定比例置换城镇建设用地。进一步放活经营权，有效整合利用农村零星闲散土地资源，将增减挂钩节余指标等优先用于村庄发展和环境基础设施建设。

3. 引导规范资本下乡投资机制

进一步完善资本入乡融资贷款和配套设施建设补助等政策，自治区每年安排专项信贷额度用于支持城乡融合发展项目建设。鼓励工商资本投资适合产业化、规模化、集约化经营的农业领域，通过政府购买服务等方式，支持社会力量进入乡村生活性服务业。支持工商资本进入县、乡级园区发展，通过公共服务专项转移支付、园区上划税收分成新增部分全额返还等担保方式撬动金融资金，支持园区项目的基础设施建设。规范实施公共私营合作制（PPP）模式，吸引社会资本投入。加大对园区投融资平台公司转型的支持，使其充分发挥市场化运作能力，积极向园区运营服务商转型。支持自治区国有平台公司发挥资源、信息、资金和运营等优势，加强与各市、县（市、区）产业园区合作，共同建设运营各类产业园区，包括园区基础设施建设、运营管理产业园区、专业化招商引资等，双方按股权比例进行盈利分成。

4. 完善科技成果入乡转化机制

健全科技人才下乡机制，支持科研院所在县域布局设点，建立科研人员入乡兼职兼薪和离岗创业制度，在厂房租赁、项目申报、高新技术企业认定等方面给予政策支持。完善科技成果入乡转化激励机制，允许高校、科研院所自主决定科技成果入乡转化方式，支持高校和科研院所以科技成果或知识产权、资金、技术入股等多种形式，与服务对象结成"风险共担、收益共享"的利益共同体。完善农业科技成果应用推广机制，加快农业科技社会化服务体系建设，健全县级农技推广中心、乡镇农技推广区域站、村科技示范主体和科技示范户三级科技服务网络，建设农业科技成果培育与转移转化示范基地。实施农技推广服务特聘计划，支持各县（市、区）采取政府购买服务等方式，针对当地特色产业招募特聘农技员组建专家团队，开展农业技术服务和专业技能培训，并合理取酬。布局建设农业全产业链科技小院集群，推动科技特派员和科技小院政策有机衔接，借鉴福建、浙江等省的经验将常驻科技小院科技人员、研究生列为科技特派员，将进驻专家团队列为科技特派员团队，同等享受科技特派员工作津贴、奖励经费等相关待遇。建立科技特派员工作站动态调整机制，建强做精现有科技特派员工作站，将具备条件的培育为科技小院。支持不同类型的高校参与科技小院集群建设。

（三）强化城乡融合政策支持

1. 加大财政资金支持力度

鼓励各级财政设立统筹城乡融合发展专项资金，重点支持县域基础设施、产业发展、平台建设及公共服务等项目建设。聚焦产业发展、数字经济、新型城镇化建设、生态环保、民生保障等重点领域进行项目谋划，积极争取地方政府专项债、超长期特别国债等资金支持，力争更多项目被纳入国家盘子。完善财政转移支付与农业转移人口市民化挂钩政策，科学提高均衡性转移支付分配中常住人口折算比例。在教育医疗、养老就业、住房保障等领域，加大财政专项转移支付对吸纳农业转移人口的支持力度。积极探索多元化城乡建设投融资机制，建立完善与常住人口规模和需求相匹配的财政转移支付制度，逐步实现城镇基本公共服务支出"钱随人走、补贴到人"。继续坚持财政对"三农"投入的稳定增长机制，建立健全土地出让收入优先用于农业农村机制。稳妥推进涉农资金统筹整合改革，统筹乡村建设各个领域的资金支出安排，合理赋予乡镇一定的涉农资金配置参与权。严格执行整合资金使用的"七不准"事项，继续实行负面清单管理，以绩效评价结果为导向建立任务清单设置机制及资金分配机制。

2. 加大金融创新支持力度

以推动金融资源进一步向县镇村倾斜、推动金融服务进一步向县镇村下沉为目标要求，在涉农贷款、农业保险深度、县域贷款、县域存贷比等方面探索提出年度金融服务定量目标。支持城乡融合试验区符合条件的项目按程序申报地方政府专项债券，优先支持符合条件的企业发行城乡融合发展典型项目企业债券，支持整体打包立项的城乡建设项目融资。在风险可控前提下，支持发行县城城镇化建设专项政府债券和企业债券；鼓励开发性、商业性金融机构对建设项目进行中长期信贷资金投入。围绕农村基础设施、人居环境、公共服务体系等重点领域和薄弱环节,组织金融机构持续加大金融资源投入力度,创新推出专项金融产品。加大开发性和政策性金融支持力度,争取国家城乡融合发展基金支持。鼓励有意向的基金管理机构通过市场化方式设立新型城镇化和乡村振兴融合发展运营基金,引导社会资本培育一批融合典型发展项目。鼓励金融机构结合实际设立特色网点、乡村振兴金融服务站等专业服务机构。依法合规开展农村集体经营性建设用地使用权、农民房屋财产权、集体林权抵押融资,以及承包地经营权、集体资产股权等担保融资,扩大农村资产抵押担保融资范围。

3. 加大土地供给保障力度

强化县域重大项目用地保障,推进点状供地。深入推动土地有序流转,有效整合利用农村零星闲散土地资源,增减挂钩节余指标等优先用于农村环境基础设施建设。强化集体经营性建设用地用途管制,优先使用存量集体经营性建设用地,严格控制新增集体经营性建设用地规模。严格规范入市用途,确保集体经营性建设用地用于符合产业政策的项目,优先保障农村一二三产业融合发展、特色小镇、特色田园乡村建设和农村服务业、公益事业项目用地。以进城落户农民依法自愿有偿退出使用权的闲置宅基地、废弃厂矿及废弃公益性建设用地为主要来源,盘活农村闲置、低效建设用地。坚持"土地跟着项目走",将盘活的存量建设用地和低效用地以及新增的建设用地,优先用于县城城镇化"补短板强弱项"项目。

4. 加大人才入乡就业创业支持力度

推进城市教文卫体等工作人员定期服务乡村。改善乡村人才待遇,促进职称评定和工资待遇等向乡村教师、医生倾斜,优化乡村教师和乡村医生中高级岗位结构比例。支持有技能、有管理经验的农民工等人员返乡入乡创业,允许符合条件的返乡就业创业人员在原籍地或就业创业地落户,探索实施农村集体经济组织成员资格与户籍脱钩制度,依据外来人才贡献,由村集体商议决定给予其一定集体收益分配权。研究出台农村集体经济组织成员的认定办法,探索赋予对村集体有重大贡献的科技人才、乡贤、企业家、退休返乡人员等群体"新村民"资格及相应权能。强化实用型人才引进,鼓励企业引进人才、组建科研团队,引导应用型高层次人才向重点产业集聚。推动建立多种形式的产学研战略联盟，联合国内外知名院校、科研机构、大型企业、培训机构等创办特色学院或培训机构，推进项目合作、联合攻关、双向挂职、定向培养等人才培育模式。推进人才资本和科研成果有偿转移，规范发展知识产权质押融资、创业贷款等业务，完善知识产权、技术等作为资本参股的措施。

（四）开展城乡融合试点示范

1. 推进城乡融合发展试验区建设

优先选择和重点支持一批区位优势和产业基础良好、资源环境承载能力较强、人口规模较大的县城，开展以县域为主体的城乡融合发展试验区建设。在农村集体经营性建设用地入市、农村资产抵押担保产权权能、农业转移人口市民化、农业科技成果应用推广等体制机制创新方面积极先行先试，实施重大改革、重大举措、重大项目，进一步创新财政、金融、土地等方面的政策举措，争取率先在交通基础设施互通、发展要素双向流动、公共服务体系共建共享等方面取得实质性进展，为全区提供可复制可推广的典型经验。深化开发区管理体制改革，强化简政放权赋能，将开发区打造成为县域产业高质量发展和新型城镇化建设的重要支撑。开展产业园区去行政化改革试点，强化经济管理职能，聚焦项目建设、科技创新、产业发展、企业服务等主责主业，因地制宜将开发区内的教育卫生、社会保障、农业农村等社会事务移交属地政府管理，将规划设计、土地整理、基础设施建设运营、招商引资等市场化开发运营职能剥离，交由市场主体承担，提高市场化、专业化水平。

2. 打造一批产业强县、强镇

依法依规在桂平、横州、北流等经济强县和县级市推进"市县同权"改革，大幅降低制度性交易成本，提升强县强镇发展要素聚集能力。深化"强镇扩权"改革，强化县城综合服务能力，赋予经济发达镇同人口规模和经济社会发展相适应的管理权限。推动市域产业链布局向县域拓展，推动以工业为重点的功能产业向县域疏解，推动技术、信息等生产要素向县域流动，推动交通、水利等基础设施向县域延伸，推动基本公共服务向县域覆盖；做大做强特色优势产业，培育更多工业大县，打造更多县域经济增长点。

3. 打造一批农文旅康养特色县镇

立足糖蔗、果蔬、畜产品、蚕桑、中药材、茶叶等优势特色产业，结合各地资源优势，依托中心城市和特色村落、现代农业产业园、森林康养基地等，积极引进国内外知名旅游企业集团来桂投资开发，实施一批一二三产业融合发展项目，促进"农业休闲＋森林康养＋中医药＋体育＋旅游"业态融合发展，开发森林人家、健康氧吧、温泉水疗、徒步旅行、山地运动、中医药养生保健等生态涵养产品，大力开发食药同源的绿色生态健康食品，建设一批以长寿养生、生态旅游、壮瑶医养、体育康养等为主题的农文旅康养综合体，因地制宜打造特色鲜明的特色小镇。

（五）完善区域产业合作机制

1. 强化城乡产业联动发展

按照"研发孵化在中心城市、制造转化在周边区域"的思路，围绕新能源汽车、新材料、电子信息、生物医药、食品加工等重点产业，在中心城市周边区域布局产业链，加快建设工业强县（市、区）和强镇。鼓励城市郊区和邻近城市的乡村充分利用地理优势，积极融入城市经济大循环。发展休闲农业、养生养老、功能农业等新业态、新产业，培育现代都市型农业。引导支持新型产业经营主体参与城乡融合，积极引进农业产业龙头企业，大力发展专业大户、家庭农场等。增强城市工商业与乡村产业在产业链供应链价值链上的连接，着力把农产品加工环节和增值收益更多地留在县域，构建以工促农、以城带乡、以企帮村、以社助户的人产城全面融合机制。

2. 强化县域产业集聚带动

以新一轮工业振兴三年行动和工业提质扩量"八大行动"为契机，抓住企业、项目、链条、集群四个发力点，推动县域传统产业升级，培育壮大县域新兴产业。根据不同县城的功能定位，发挥县域产业园区建设主阵地作用，引导工业、农产品加工、服务业等向县城、重点乡镇及产业集聚区集中。优化提升先进制造业、现代服务业、现代农业等园区，积极承接产业转移，培育壮大产业集群，进一步增强县城辐射带动乡村发展的能力。

3. 拓展跨区域产业合作

推动县域主动融入西部陆海新通道、粤港澳大湾区建设等国家重大战略，发挥粤桂协作、区域合作等机制作用，组织各县（市、区）到粤港澳大湾区、长三角等发达地区开展专题招商活动，推动广西各县（市、区）与广东、浙江、江苏等地的发达县（市、区）、产业专业镇、产业园区等结对合作，积极推进县域产业协作合作，通过共建园区、产业飞地等方式，构建服务打造国内国际双循环市场经营便利地、粤港澳大湾区重要战略腹地的县域基础。

课题组组长：商娜红

课题组副组长：卢　婕

课题组成员：廖　锐　陆　华　刘梦夏

覃洁贞　王　瑶　杜富海

王政壹　刘　蓓　魏　佳

广西统筹新型城镇化和乡村全面振兴对策研究

广西以科技创新发展新质生产力路径研究

摘要 习近平总书记强调，"必须继续做好创新这篇大文章，推动新质生产力加快发展"①。本课题着眼点为以科技创新发展新质生产力，系统分析广西以科技创新发展新质生产力的现实基础和比较优势、面临的困难和挑战，结合广西实际提出强化顶层设计、增加高质量科技供给、强化企业创新主体地位、打造更多高能级创新平台等对策建议，供自治区党委、政府决策参考。

2023 年 9 月，习近平总书记在新时代推动东北全面振兴座谈会上强调，积极培育新能源、新材料、先进制造、电子信息等战略性新兴产业，积极培育未来产业，加快形成新质生产力，增强发展新动能②。2023 年 12 月，中央经济工作会议提出，要以科技创新推动产业创新，特别是以颠覆性技术和前沿技术催生新产业、新模式、新动能，发展新质生产力。

近年来，广西壮族自治区党委、政府把科技创新摆到更加突出的位置，推动广西科技实力跃上新台阶，为培育发展新质生产力、加快构建现代化产业体系奠定了坚实基础。尽管广西以科技创新发展新质生产力取得较大成效，但也要清醒地认识到，广西传统产业占比偏大、产业层次不高、科技创新能力不强、高层次人才储备不足等问题依旧突出。

本课题着眼点和落脚点为以科技创新发展新质生产力，深入分析科技创新与新质生产力的内在关系，系统分析广西以科技创新发展新质生产力的现

---

① 《习近平在中共中央政治局第十一次集体学习时强调 加快发展新质生产力 扎实推进高质量发展》，新华社，2024 年 2 月 1 日。

② 《习近平主持召开新时代推动东北全面振兴座谈会强调 牢牢把握东北的重要使命 奋力谱写东北全面振兴新篇章》，新华社，2023 年 9 月 9 日。

实基础与比较优势、面临的困难和挑战，总结分析国内先进地区以科技创新发展新质生产力的实践经验及启示，结合实际研究提出对策建议，供自治区党委、政府决策参考。

一、科技创新与新质生产力的内在关系

（一）深刻把握以科技创新发展新质生产力的主要特征

科技创新能够催生新产业、新模式、新动能，是发展新质生产力的核心要素。与传统生产力形成鲜明对比，新质生产力是创新起主导作用，摆脱传统经济增长方式、生产力发展路径的先进生产力，具有高科技、高效能、高质量的特征。

1. 以科技创新为第一动力，形成高科技的生产力

纵观人类发展史，科技创新始终是一个国家、一个民族发展的不竭动力，是社会生产力提升的关键因素。新质生产力是科技创新在其中发挥主导作用的生产力，是以高新技术应用为主要特征、以新产业新业态为主要支撑、正在创造新的社会生产时代的生产力。科技创新深刻重塑生产力基本要素，催生新产业新业态，推动生产力向更高级、更先进的质态演进。

2. 以战略性新兴产业和未来产业为主要载体，形成高效能的生产力

产业是生产力变革的具体表现形式，主导产业和支柱产业持续迭代升级是生产力跃迁的重要支撑。作为引领产业升级和未来发展的新支柱、新赛道，战略性新兴产业和未来产业的效能更高，具有创新活跃、技术密集、价值高端、前景广阔等特点，为新质生产力发展壮大提供了巨大空间。

3. 以新供给与新需求高水平动态平衡为落脚点，形成高质量的生产力

党的十八大以来，社会主要矛盾发生转变，客观上提出"形成需求牵引供给、供给创造需求的更高水平动态平衡"的新目标、新要求。需求牵引供给、供给创造需求，就是要使供给侧结构性改革和需求侧改革齐头并进。供需有效匹配是社会大生产良性循环的重要标志。社会供给能力和需求实现程度受生产力发展状况制约，依托高水平的生产力才能实现高水平的供需动态平衡。

（二）准确理解科技创新促进形成新质生产力的机制

新质生产力是符合新发展理念的先进生产力质态。劳动者、劳动资料和劳动对象都是生产力形成过程中不可或缺的，但其简单叠加并不能实现生产力的跃升。只有生产力诸要素实现高效协同，才能迸发出更强大的生产力。科技创新能够实现对生产过程和生产力结构的系统性重构，形成新质劳动者、新质劳动对象、新质生产工具，从而形成数字经济时代更具创新性、融合性、高级化的新质生产力。

1. 科技创新能够提升劳动者的素质和能力，形成与新质生产力相匹配的更高素质的劳动力

人是生产力三要素中最活跃、最具决定意义的因素。没有一支与现代科技进步、现代产业发展相适应的高素质劳动者队伍，就无法形成新质生产力。从劳动者维度看，发展新质生产力需要新型劳动者，即更高素质的劳动者，这对劳动者的知识和技能提出更高要求。不同于以简单重复性体力劳动为主的普通技能型人才，更高素质的劳动者是新模式的创造者、新产业的引领者、新业态的塑造者、新领域的开拓者、新赛道的领跑者、新动能的提供者，也是新优势的建设者，要具备持续成长的心态、跨界学习的能力、深入钻研的特质，以及实践行动力、创新思维、开拓精神等。在数字经济快速发展的背景下，数字化、智能化科技创新的赋能作用，使构成新质生产力的劳动者转变为具有自动化、数字化、智能化技能和适应能力的新型人才，数字化、智能化工具们具有较高的数据处理能力和智能化操作能力，能够提供更多替代人的体力和脑力的复杂性劳动，创造更高的劳动生产率。

2. 科技创新能够提供更高效的劳动工具，为形成新质生产力提供物质条件

生产工具的科技属性强弱是辨别新质生产力和传统生产力的显著标志。新一代信息技术、先进制造技术、新材料技术等融合应用，孕育出一大批新科技和更智能、更高效、更低碳、更安全的新型生产工具，进一步解放了劳动者，削弱了自然条件对生产活动的限制，极大拓展了生产空间，为形成新质生产力提供了物质条件。特别是工业互联网、工业软件等非实体形态生产工具的广泛应用，极大丰富了生产工具的表现形态，促进制造流程走向智能

化、制造范式从规模生产转向规模定制，推动生产力跃上新台阶，并创造形成劳动者新的工作方式，提高劳动生产率，促进新质生产力的形成。

3.科技创新能够提供新型劳动对象，形成更高质态的新质生产力

劳动对象是社会生产活动的物质基础和现实条件，直接体现不同时代的生产力发展水平。随着科学技术的发展，人类的劳动对象在广度和深度上发生了极大变化。从广度上看，科技创新延伸了劳动工具和劳动对象，使人类利用和改造自然的范围扩展至深空、深海、深地等领域；从深度上看，科技进步推动劳动对象向纵深发展，产业升级转型日益成为新的劳动对象，既直接创造社会价值，又通过与其他生产要素的结合进一步放大价值创造效应。科技创新为新质生产力提供了更加清洁、高效、多样的劳动对象和劳动资料，不仅包括物质形态的数字化、智能化装备，还包括数据、信息等新型生产要素。与土地、劳动力、管理、技术、资本等传统生产要素相比，数据作为新型生产要素能够广泛渗透到社会生产、流通、分配、消费的全流程和各环节，借助数字技术、智能技术的作用，实现对传统生产要素的赋能和提升。同时，数据、算力等新型生产要素自身表现出较高的要素效率，通过与传统生产要素的有效组合，形成更高质态的新质生产力。

（三）准确把握科技创新与新质生产力的内在关系

习近平总书记强调，科技创新能够催生新产业、新模式、新动能，是发展新质生产力的核心要素[①]。从新质生产力的逻辑关系来看，技术革命性突破、生产要素创新性配置、产业深度转型升级 3 个催生新质生产力的重要因素，教育、科技、人才 3 要素的良性循环，劳动者、劳动资料和劳动对象等生产力 3 要素实现跃升，推动产业链供应链优化升级、积极培育新兴产业和未来产业、深入推进数字经济创新发展等加快发展新质生产力的 3 个方面措施等，都与科技创新紧密相连、不可分割（见图 16）。

① 《习近平在中共中央政治局第十一次集体学习时强调 加快发展新质生产力 扎实推进高质量发展》，新华社，2024 年 2 月 1 日。

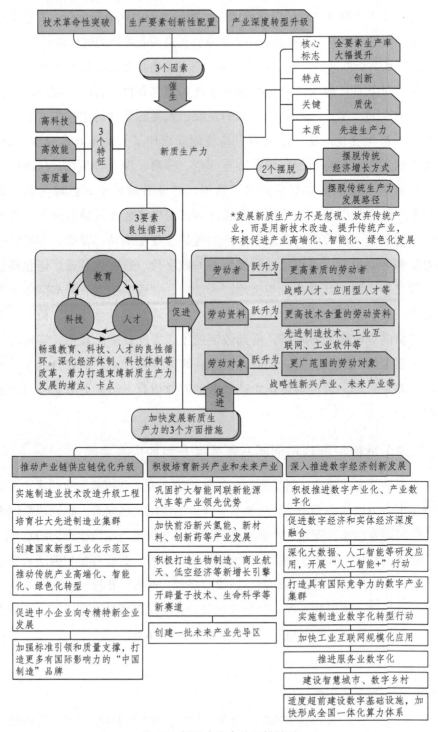

图 16 新质生产力的逻辑关系

1. 发展新质生产力，科技创新是核心驱动力

纵观人类文明史上生产力的每一次重大跃升，都得益于科学技术在当时出现了重大突破。当前，全球科技创新进入密集活跃期，呈现交叉融合、高度复杂和多点突破的态势，以无所不在的渗透性、扩散性、带动性广泛赋能经济社会发展，让新质生产力展现出比传统生产力更加强大的科技内核。科技创新作为新质生产力的核心驱动力，正在从经济发展的"关键变量"转化为高质量发展的"最大增量"。

2. 发展新质生产力，推动产业创新和培育新产业是重要支撑

产业创新是"生产力变革"的核心载体，其价值导向是"先进性"。产业创新是新质生产力形成的"最后一公里"。新产业是发展新质生产力的"主阵地"，将成为驱动产业变革和推动经济社会发展的重要力量。

3. 发展新质生产力，推进科技成果高效转化是关键环节

新质生产力以新技术、新成果、新应用为主要特征，以新产业、新业态、新模式为主要支撑。提高科技成果转化水平，是科技创新和产业创新对接的"关口"，也是转化为新质生产力的关键。科技成果转化是一个复杂的系统工程，面临着从实验室到产业化、从想法到市场的挑战。加快科技创新成果转化为新质生产力，需要靠改革破除科技领域的体制机制障碍。

二、广西以科技创新发展新质生产力的现实基础与比较优势

（一）资源丰富叠加区位优势突出，为发展新质生产力提供了良好的物质基础和区位条件

广西资源禀赋独特。广西已发现矿种 168 种，约占全国的 71%；农林牧渔业总产值多年稳居全国前十；生物多样性丰富度居全国第三；水资源总量排名全国第四。广西区位优势突出。广西沿海沿江沿边，具有"一湾相挽十一国，良性互动东中西"的独特区位优势；已成为粤港澳大湾区的重要原材料供应地、农产品供应地、劳务输出地和产业转移承接地；东盟已连续 24 年成为广西第一大贸易伙伴；2023 年，广西与 RCEP 其他成员国进出口额同比增长 23.7%，边境贸易额同比增长 27.6%。

（二）科技创新能力持续提升，为发展新质生产力提供了核心动能

2023 年，广西科技进步贡献率为 57.34%，比 2020 年提高 1.82 个百分点。高新技术产业化水平指数连续 6 年进入全国前十。人才队伍不断发展壮大，截至 2023 年 12 月，全区国家级创新人才保有量 124 人，高层次人才团队 50 个，截至 2024 年 7 月，全区技能人才总量达到 834.55 万人，其中高技能人才有 184.98 万人。

（三）新兴产业不断壮大，为发展新质生产力提供了丰富场景

广西的新兴产业增加值持续增长，全区战略性新兴产业增加值占规上工业比重达 20%。近三年来，广西新增三千亿元、两千亿元产业各 3 个，已成为全国重要的动力电池正负极材料生产基地和全球最大的锰基新材料基地，建成国内重要的新能源汽车制造基地。

三、广西以科技创新发展新质生产力面临的困难和挑战

（一）创新要素"弱缺"状况尚未明显改变

协同创新合力有待进一步增强。创新资源缺乏有效整合，现行创新资源配置机制以条线为主，实验室、技术创新中心等各类平台审批权限分散在不同部门，各类创新主体开展长期性、稳定性、深入性科研合作仍有堵点、难点。人才引育留力度有待进一步加强。科技人才仍存在引不进、育不了、留不住的现象，特别是常年处于人才流失状态值得警惕，全区应届高校毕业生流失率从 2021 年的近三成扩大至 2023 年的近四成，呈逐年扩大趋势。高水平创新平台有待进一步构建。广西有国家重点实验室 4 个，仅占全国的 0.6%；有国家工程技术研究中心 3 家，仅占全国的 0.9%，是全国极少数中国科学院没有布局研究所的省份。

（二）企业创新能力有待进一步提升

创新型领军企业匮乏。全区高新技术企业、科技型中小企业数量均不足全国的 1%，没有 A 股科创板上市企业。行业头部企业缺乏。截至 2023 年

底，广西有上市公司 41 家，市值超过 100 亿元的公司仅有 7 家，而广东有 869 家上市公司，市值超过 100 亿元的有 236 家，分别是广西的 20 倍和 30 倍以上。企业创新动力不足。全区规上工业企业中有研发活动的企业占比为 19%，约为全国平均水平的 1/3。2023 年，全区国有工业企业研发经费投入只占上年度营业收入的 1.77%，远未达到 3% 的规定要求。

（三）产业发展质效有待进一步提升

产业总体上处于价值链低端。全区规模以上工业企业单位数量排全国第 14 名，利润总额排名却居全国第 24 名，呈现"多而不强"的特征。生产效率普遍偏低。2023 年，全区规模以上工业企业每百元营业收入成本比全国平均水平多 4.66 元，而营业收入利润率仅为 3.04%，远低于全国平均水平。

四、国内其他省份以科技创新发展新质生产力的实践经验和启示

近期，课题组深入北京、广东等地进行调研，其发展新质生产力的经验做法值得借鉴。

（一）国内其他省份以科技创新发展新质生产力的实践经验

1. 强化新质生产力发展顶层设计和政策支持

顶层设计是"纲"，纲举目张，加强顶层设计和系统谋划对发展新质生产力意义重大。目前，已有部分省份出台了培育发展新质生产力的专项支持政策。例如，湖北省印发《关于加快培育新质生产力推动高质量发展的实施意见》，提出了加快培育新质生产力的 18 条具体措施；黑龙江省制定了《黑龙江省加快形成新质生产力行动方案（2023—2026 年）》，提出了 24 个重点发展产业，在分类上比以往更细致，例如"高端装备制造"就分成了"工业母机""海工装备"等 5 个细分产业。深圳市印发了《关于加快发展新质生产力进一步推进战略性新兴产业集群和未来产业高质量发展的实施方案》，以科技创新引领现代化产业体系建设，提出了动态调整集群门类、分类推进培育发展、优化调整重点方向、统筹各区错位发展、加强创新体系建设、完

善服务供给体系、积极拓展应用场景等八大重点任务，以推动全市科技创新"硬核力"、产业体系"竞争力"不断提升。

2. 激活科技创新核心要素，发展新质生产力

新质生产力本质上是创新驱动的生产力。国内各省、区、市都高度重视发挥科技创新的核心驱动作用，加快发展新质生产力。四川省深化改革，加速推动科技成果转化。深入推进职务科技成果权属改革，开展"先确权后转化""先中试熟化再转化"、非资产化管理试点等先行先试改革；从军民两用技术成果评价、破解成果评价"四唯"问题、种业科技成果评价等 9 个方面开展科技成果评价改革试点。4 家国家试点单位完成职务科技成果分割确权 637 项，新创办企业 182 家，带动企业投资近 111.89 亿元。江苏省集合优势力量解决关键核心技术问题，制定关键核心技术攻坚行动实施方案，部署第三代半导体、6G 技术、人工智能、战略新材料、集成电路、生物医药、氢能与新型储能等 9 大专项，深入开展"产业科技创新中心攻坚年"行动，2022 年实施 115 项关键核心技术研发项目，省拨经费 4.68 亿元。成渝地区进一步强化了横纵向府际联动和多部门协同治理，在汽车核心软件、人工智能、高端器件与芯片、先进制造、生物医药等科技创新专项领域，积极实施关键领域核心技术的联合攻关，大力培育能够承载新质生产力、解锁新质生产力和释放新质生产力的战略性新兴产业和专精特新企业。重庆市打造高能级科创平台赋能形成新质生产力，聚力打造数智科技、生命健康、新材料、绿色低碳四大科创高地，提速提档建设具有全国影响力的科技创新中心。

3. 构建高效创新生态体系，赋能新质生产力发展

高效的创新生态体系是加快形成新质生产力的重要保障。各省、区、市围绕科技创新、绿色发展和要素改革，构建高效创新生态体系，积极培育发展新质生产力。江苏省明确提出发力产业科技创新，打造具有全球影响力的产业科技创新中心。江苏省颁布《江苏省概念验证中心建设工作指引（试行）》，提出三年内打造 20 家以上省级概念验证中心。浙江省提出设立科技创新基金，采用"子基金＋直投"的运作模式，聚焦"互联网＋"、生命健康、新材料三大科创高地及其 15 大战略领域、"9+6"未来产业进行投资，并已陆续建成 30 个概念验证中心，积极打通科技成果转化"最后一公里"。广东省出台科技创新条例，明确要求基础研究投入资金不低于省级财政科技

创新战略专项资金的 1/3，同时，依托"广州—深圳—香港—澳门"科技创新走廊，加快打通科研资金跨境拨付通道，鼓励港澳高校、科研机构承担科技计划项目。安徽省强调营商环境与民营经济"两手抓"，加快建设量子信息、聚变能源、深空探测三大科创高地。上海市强调持续打造国际一流营商环境，围绕国际科技创新中心建设，在全国首设"基础研究特区"，分两批次在复旦大学、上海交通大学等 8 所院校设立特区，探索关键核心技术攻关新型组织实施模式。杭州将创新推出"算力券"，发展通用大模式和垂直领域大模型，打造全国算力成本洼地和模型输出地。北京市提出建设数据交易中心和完善交易制度，加快数字产业化进程。

4. 前瞻布局谋划未来产业，加快形成新质生产力

未来产业正成为当前及今后较长时期全球产业竞争最激烈的战略必争之地。各地高度重视谋划布局未来产业，力争在未来产业发展上抢得先机。北京市以"八大行动计划"构建未来产业创新发展生态，发布了《北京市促进未来产业创新发展实施方案》，实施原创成果突破行动、中试孵化加速行动、产业梯度共进行动、创新伙伴协同行动、应用场景建设行动、科技金融赋能行动、创新人才聚集行动、国际交流合作行动八大行动计划。上海市以"科技园 + 先导区 + 专委会"抢占未来产业先机，发布《上海打造未来产业创新高地发展壮大未来产业集群行动方案》，成立张江、临港和大零号湾首批三个未来产业先导区，以及先进核能、新型储能、脑机接口等专家委员会和 21 家顶尖资本组成的投资专委会，加快推进"有为政府"与"有效市场"结合，创新探索"未来产业"与"头部资本"结合。深圳市以"八大未来产业"开辟新领域制胜新赛道，印发实施《关于发展壮大战略性新兴产业集群和培育发展未来产业的意见》及各细分领域集群行动计划，系统布局二十大战略性新兴产业和八大未来产业。

5. 加快场景系统性建设，竞逐新质生产力

场景是新技术的创造性应用，是把人才、资本、技术、政策等创新相关的要素集聚在一起，可生成具有前沿性、科技感和变革性的生产生活方式。高价值场景的落地能够催生大量高成长新物种企业，开辟发展新领域、新赛道。不少地区已开展了从"给政策优惠"到"给场景机会"的类似探索。例如，四川省成都市的《供场景给机会加快新经济发展若干政策措施》，通过

支持应用场景市场验证、发布城市机会清单，加强示范推广打造应用场景"IP"等创新场景供给方式；安徽省合肥市系统化、体系化启动场景创新工作，发布《合肥市实施场景应用创新三年行动方案（2022—2024年）》，推动一批新技术、新产品、新模式从"实验场"到"应用场"。比如，2023年召开的"科大硅谷"科创大会上发布的第三批场景清单包括30个场景机会及30个场景能力；北京市丰台区以"城市场景机会清单"形式，集中发布智慧城市建设应用场景，262条供需信息涵盖政府需求、政府供给、企业协作和企业能力四个方面，为企业提供支持科技创新、高精尖产业发展等7类政策，支持企业参与城市场景建设。

6. 以全面深化改革塑造新型生产关系

新质生产力呼唤新型生产关系，重点是要打通束缚新质生产力发展的堵点卡点，引导先进优质生产要素向优质生产力顺畅流动和高效配置。各省、区、市坚持教育、科技、人才"三位一体"统筹推进，坚持创新链、产业链、人才链一体部署，突破行业、领域壁垒，优化配置创新资源。例如，浙江省设立20家省级创新深化试点，围绕教育、科技、人才一体化推进，深化人才管理和使用制度改革，优化科研经费使用、管理方式和科技评价制度，以"机制＋实例"的方式进行探索；山东省制定《山东省教育科技人才协同工作机制》，梳理、明确重点协同事项清单，建立定期会商制度，强化各领域工作协同；上海市提供全球杰出人才优享服务，推进人才全周期服务"一件事"改革。此外，多地依托高能级对外开放平台，以更大程度的开放，促进更深的改革、更大的发展。例如，福建省、上海市等积极拓展国际贸易"单一窗口"综合服务功能；江苏主动适应国际绿色贸易规则，积极应对欧盟碳边境调节机制，前瞻开展碳足迹认证和绿电溯源等工作，鼓励发展绿色贸易；湖南发挥自贸试验区平台功能，高标准建设中非经贸深度合作先行区，积极争取中非新型易货贸易试点。

（二）国内其他省份以科技创新发展新质生产力的启示

1. 注重强化顶层设计，从省级层面出台发展新质生产力的专项政策

发展新质生产力涉及面广，从基础研究到转化应用、从人才培养到政策激励、从研发选题到产业布局、从当前急需到长远发展，内容丰富，任务繁

重，是一项系统性、全局性、长期性工程。广西应充分借鉴湖北、黑龙江等外省经验，以更广阔的视野、更全局的思考、更务实的担当，加强战略谋划和系统布局。

2. 注重牵好创新"牛鼻子"，着力打造发展新质生产力的"主引擎"

科技创新是发展新质生产力的核心要素，广西应进一步强化创新主导作用，通过深化体制机制改革，打赢关键核心技术攻坚战，加强科技创新成果转化应用等，充分激发科技创新核心要素，为新质生产力"蓄势赋能"。

3. 注重前瞻布局未来产业，抢占发展新质生产力主动权

未来产业是引领经济社会发展的变革性力量，具有显著"先发优势"。山西省、上海市、浙江省等依托新质生产力制定未来产业发展相关规划、方案或意见，其中，9省份瞄准氢能、核能、储能等未来能源，7省份涉及6G、量子通信等未来网络，6省份强调深海空天、人工智能、元宇宙等领域。广西应借鉴外省先进经验，立足全区产业发展优势，加快研究出台培育发展广西未来产业的专项政策。

4. 注重从"给政策"转向"给场景"，开辟新质生产力新赛道

打造和建设新场景，是科技企业实现高成长的新路径，是政府培育企业、促进产业、治理城市的新抓手。当前，国内多地从"给政策"转向"给场景"，发布场景创新清单，构建各类场景体系，为前沿技术提供中试路演、示范应用的机会空间，以新技术的快速应用、新场景的突破发展推动"瞪羚""独角兽"等高成长性企业加速涌现，进而催生形成未来产业新赛道。广西的产业比较分散，不够集中、不够产业化、不够系列化，应借鉴合肥等地推进场景建设的先进经验，从"给政策优惠"到"给场景机会"，给予新技术、新产品、新模式更多示范应用空间，打通创新链与产业链融合的"最后一公里"。

5. 注重深化科技体制改革，畅通新质生产力发展要素流动

生产力决定生产关系，生产关系反作用于生产力，生产关系必须与生产力发展要求相适应。发展新质生产力，必须进一步深化改革，加强管理和制度层面的创新，形成与之相适应的新型生产关系，科技体制改革是其中的重要一环。广西应借鉴先进地区深化改革经验，聚焦科研组织管理、科技成果转化、科技人才评价、关键技术攻关、科技金融、创新平台建设等方面，加

强科技体制改革和政策统筹，促进各类先进优质生产要素向新质生产力顺畅流动。

五、广西以科技创新发展新质生产力的对策建议

（一）强化顶层设计，健全因地制宜发展新质生产力的体制机制

1. 坚持系统谋划，强化协同推进

坚持党对科技创新工作的全面领导，完善工作协调推进机制，提高科技创新协同效能。要更加注重强化对政策措施、科研力量、资源平台、重大项目等的科学统筹，建议从自治区层面研究制定因地制宜发展新质生产力的专项政策和系列配套文件，为全区各地各部门提供指导和遵循。

2. 坚持全面深化改革，打通发展新质生产力的堵点、卡点

深化教育科技人才体制机制一体化改革，完善科教协同育人机制，加快打造区域性人才聚集区和面向东盟的人才高地；深化财税和金融体制改革，完善以财政投入为引导、以企业投入为主体、以金融市场为支撑的多元科技创新投入体系，引导全社会提高科技创新投入总体水平；推进科技项目管理体制改革，试点科研经费"大专项 + 任务清单"管理模式；深化科技成果转移转化机制、职务科技成果赋权改革，促进科技创新与成果转化"同频共振"。

3. 坚持开放合作，激发创新活力

聚焦"一区两地一园一通道"建设，强化对内对外开放，进一步深化与粤港澳大湾区、东盟各国、RCEP 国家和"一带一路"共建国家与地区的科研合作，加快构建科技成果"大湾区研发—广西转化"快车道，加快建立海外人才离岸创新创业基地，以高水平对内对外开放激发科技创新活力。

（二）增加高质量科技供给，促进科技创新和产业创新深度融合

1. 统筹推进"三大产业"高质量发展

聚焦传统产业升级、新兴产业壮大、未来产业培育，促进产业高端化、智能化、绿色化发展。深入实施传统优势产业"提质倍增行动"，大力推

进工业振兴，提高传统产业的附加值和市场竞争力；积极培育战略性新兴产业，研究制定更加清晰的发展目标、优先方向、支持政策等，提高产业核心竞争力；培育壮大未来产业，建立未来产业投入增长机制，组织实施未来产业孵化与加速计划，积极创建未来产业先导区，培育一批高成长性的未来产业企业。

2. 做强做优现代特色农业

深入实施科技兴农战略，大力发展现代特色农业产业，推动广西由农业大省向农业强省转变。充分发挥广西林果蔬畜糖等特色资源丰富的优势，突出做好"土特产"文章，推动"小特产"转化为"大产业"。深入实施品牌强农战略，进一步提高广西"糖罐子""菜篮子""果盘子"的知名度，把产业优势转化为市场优势。加大农业关键核心技术攻关力度，依托广西农业科学院、广西国家级农业种质资源库等科研力量和平台，抓紧培育具有自主知识产权的优良品种，打造硬核农业"广西芯片"。

3. 发展壮大现代服务业

主动融入和服务新发展格局，全力构建具有广西特色的优质高效现代化服务业新体系。做强生产性服务业，以建设国内国际双循环市场经营便利地、打造粤港澳大湾区重要战略腹地、构筑更为紧密的中国—东盟命运共同体等为契机，依托西部陆海新通道、中国（广西）自由贸易试验区、面向东盟的金融开放门户等多平台叠加效应，推动现代物流、会展、科技服务等生产性服务业向专业化和价值链高端延伸。做优生活性服务业，发挥广西得天独厚的生态、中医药壮瑶医药特色以及长寿资源优势，推动文旅、大健康、养老等生活性服务业向高品质和多样化升级，稳步扩大制度型开放，进一步加强与越南等东盟国家合作，把旅游等服务业打造成区域支柱产业。

4. 创新发展数字经济

以深入推进中国—东盟信息港建设为抓手，持续推进新型数字基础设施、跨境数字基础设施、跨境电商基础设施建设，加快推进数据要素市场化改革，提升数字产业化和产业数字化水平，促进数字经济与实体经济深度融合。

（三）强化企业创新主体地位，释放创新主体活力

1. 加快构建以企业为主体的科技创新体系

强化企业科技创新主体地位，促进各类创新要素向企业集聚，着力提高政策扶持精准性，推进一批创新性、成长性、研发能力强的企业分梯次向高新技术企业、"专精特新"企业、"瞪羚"企业、领军企业发展，让各类科技型企业成为科技创新决策、科研投入、组织科研和成果转化的主体。聚焦广西产业补短板、拉长板、锻新板，支持科技领军企业牵头组建一批体系化、任务型的创新联合体，依托自治区科技计划项目等择优给予创新联合体"靶向支持"。支持和引导企业与区内外高校、科研机构建立企业技术需求信息与科技创新人才交互服务机制，联合开展技术攻关、产品创新，补齐产业链、供应链关键环节和领域的短板。

2. 激励企业加大研发投入力度

优化科技创新财政投入结构，确保自治区本级财政科技经费直接用于科技攻关项目的比例不低于60%。细化财政补贴制度，落实企业研发投入奖补政策，对企业创新进行分环节、分阶段补贴，重点加大初创环节补贴力度，发展壮大一批具有创新前景和商业潜力的科技企业。

3. 促进科技成果转移转化

健全科技成果评价机制，推动各类创新主体建立科技成果转化合作机制，鼓励企业与科研机构、高等院校联合建立技术转移机构、技术创新联盟或者知识产权联盟等，共同开展成果应用与推广、标准研究与制定等科技创新活动。指导企业、高校、科研院所完善科技创新成果转化收益分配机制，加快推进赋予科研人员职务科技成果所有权或长期使用权试点，激发科研人员积极性。支持企业与科研机构、高等院校合作建设科技成果转化中试研究基地，建立完善中试研究服务体系，推动成立"广西科技成果转化中试研究基地联盟"，加强科技成果中试、工程化和产业化开发应用，加快科技成果转化为现实生产力。

（四）打造更多高能级创新平台，夯实科技创新坚实底座

1. 打造高水平科技创新平台

围绕发展新能源、新能源汽车及零部件、电子信息等千亿元重点产业，争创一批国家级创新平台，支持自治区实验室、国家重点实验室以及各级各

类工程研究中心、技术创新中心、产业创新中心、制造业创新中心等创新平台建设，组建具有广西特色和优势的科研机构。加强科技成果转化产业化服务平台、创新创业孵化平台、场景服务示范平台和跨区域创新资源统筹服务平台建设。提升科研机构创新能力，加大力度推进广西产业技术研究院建设。

2. 推进产业园区和高新区创新发展

以沿边临港产业园区为统领，整合力量和资源，完善空间布局，优化服务和管理，推动全区产业园区高质量发展。加大高新区创建力度，建立高新区与自治区有关部门"直通车"制度，实行重大事项"一事一议"制度，重点解决高新区建设中遇到的科技创新、产业发展、土地利用、财政金融等重大问题。

3. 推动新型研发机构提档升级

推动有条件的行业龙头企业与高校、科研机构合作共建新型研发机构；通过"一事一议"的灵活机制和"特事特办"的绿色通道，支持建立集应用研究、技术开发、产业化应用、企业孵化于一体的新型研发机构。

课题组组长：商娜红

课题组副组长：刘文勇

课题组成员：刘政强　陈　清　唐青青

陆桂军　唐华臣　胡　乔

李　荣　董婷梅　江　雷

广西推动糖业全产业链优化升级对策研究

摘要 2023 年 12 月，习近平总书记考察广西时指出，广西是我国蔗糖主产区，要把这一特色优势产业做强做大，为保障国家糖业安全、促进蔗农增收致富发挥更大作用①。近年来，广西大力推动糖料蔗稳产提质增效和糖产业链优化升级，糖业发展呈现增产、增收、增效的良好态势，但仍然存在一些制约糖业高质量发展的问题。建议实施"五链"优化路径，加强政策支持和机制创新，推动糖业全产业链优化升级，提升广西糖业综合竞争力，推动糖业高质量发展，为保障国家食糖供给安全作出贡献。

广西是全国最大的糖料种植基地、最大的食糖主产区，是保障国家食糖安全的主阵地。习近平总书记一直以来非常关心广西糖业发展，对广西糖业发展作出重要指示②。积极贯彻落实习近平总书记重要指示，持续深化体制机制改革，推动糖业现代化、智能化、绿色化发展，加快全产业链优化升级，把糖业这一特色优势产业做强做大，牢牢端稳中国的"糖罐子"，广西全区上下责无旁贷。然而，广西糖业发展至今仍然存在种植稳面稳产难度增大、糖企综合竞争力不强、糖业产业链韧性不足、管理机制体制有待完善等问题。课题组经过深入调研，建议实施"五链"优化路径，加强政策支持和机制创新，推动糖业全产业链优化升级，提升广西糖业综合竞争力，推动糖业高质量发展，为保障国家食糖供给安全作出贡献。

---

① ② 《习近平在广西考察时强调 解放思想创新求变向海图强开放发展 奋力谱写中国式现代化广西篇章》，新华社，2023 年 12 月 15 日。

一、广西推动糖业全产业链优化、升级的重要意义

（一）充分发挥蔗糖主产区功能、保障国家糖业供给安全的需要

食糖是人类生活不可或缺的副食品，也是应用于食品、化工、制药等领域的基础原料，是关系国计民生与国家经济安全的重要战略物资。我国食糖产量和消费量均位居世界前列，在世界食糖市场中占据重要位置。近年我国食糖需求呈现增长趋势，然而受国内食糖生产成本高及国外食糖低价冲击等影响，国内食糖产量难以满足消费需求，食糖进口压力增加，我国食糖安全面临巨大挑战。广西是我国最大的糖料蔗和食糖生产基地，糖料蔗种植面积和食糖产量连续 19 个榨季占全国 60% 左右，是名副其实的中国"糖罐子"，肩负保障我国食糖供给安全重任。着力推动广西糖业全产业链优化升级，提升广西糖业生产力和竞争力，是保障国家食糖供给安全的重要手段。

（二）贯彻落实国家及广西关于糖业发展重大决策部署的需要

2023 年 12 月，习近平总书记考察广西时指出，广西是我国蔗糖主产区，要把这一特色优势产业做强做大，为保障国家糖业安全、促进蔗农增收致富发挥更大作用①。广西在国家糖业供给体系中占据重要地位，国家长期以来十分重视广西糖业发展，在糖料蔗基地建设、良种良法推广、糖料蔗保险等方面出台系列支持政策。2024 年中央一号文件提出，抓好粮食和重要农产品生产，加大糖料蔗种苗和机收补贴力度。2019 年以来，为推动广西糖业高质量发展，自治区人民政府先后出台《关于深化体制机制改革加快糖业高质量发展的意见》《广西糖业发展"十四五"规划》《关于金融服务广西糖业全产业链发展的若干措施》《广西糖业降本增效三年行动计划工作方案》等政策文件。加快推动广西糖业全产业链优化升级，是贯彻落实国家、自治区关于广西糖业高质量发展决策部署的必要手段。

---

① 《习近平在广西考察时强调 解放思想创新求变向海图强开放发展 奋力谱写中国式现代化广西篇章》，新华社，2023 年 12 月 15 日。

（三）加快产业转型升级、推动广西糖业高质量发展的需要

近年来，受国内甘蔗种植收益低、食糖加工效益低、制糖企业综合竞争力不强及国外低价食糖大量进口冲击等影响，广西糖业面临糖料蔗种植面积不断萎缩、食糖年产量持续下降、糖企持续微利甚至亏损等巨大挑战，严重威胁我国食糖供给安全，如何稳定糖料蔗种植面积和食糖产量、推动糖业全产业链优化升级、促进降本提质增效是当前广西糖业全产业链发展亟待解决的关键问题。鉴于此，本课题旨在通过全面分析广西糖业发展基本情况、存在问题，提出新形势下广西推动糖业全产业链优化升级的总体思路和对策建议，为破解广西糖业转型升级难题和瓶颈提供有效的应对措施和决策参考，对提升广西糖业质量效益和竞争力、推动广西糖业高质量发展、保障国家糖业安全、促进蔗农增收致富具有重要的理论价值和现实意义。

二、广西糖业全产业链发展现状

（一）糖料蔗种植面积和产量全国第一

1. 种植面积和产量稳居全国第一

全国每三勺糖，就有两勺来自广西。作为中国最大的糖料蔗种植基地和食糖主产区，广西糖料蔗种植面积和食糖产量连续 33 年居全国首位，是名副其实的中国"糖罐子"。近年来，广西划定糖料蔗生产保护区 1159 万亩，糖料蔗种植面积稳定在 1100 万亩以上，食糖产量稳定在 600 万吨左右。2023 年，全区糖业发展总体趋稳向好，2023/2024 年榨季，全区糖料蔗种植面积 1124 万亩，比上榨季增加 4 万亩；糖料蔗产量 5118 万吨，比上榨季增长 24.16%；食糖产量约 618 万吨，比上榨季增长 17.29%，连续 19 个榨季占全国产量的 60% 左右（见图 17、图 18、图 19）。

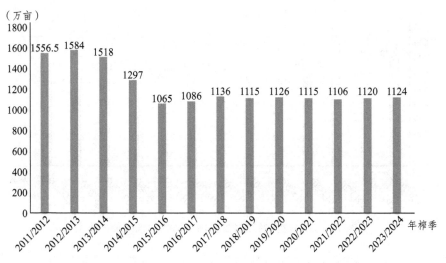

图 17　2011/2012—2023/2024 年榨季广西糖料蔗种植面积

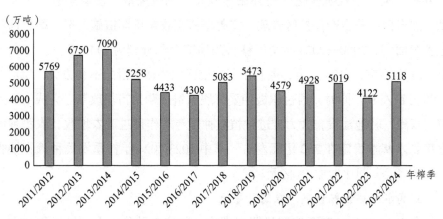

图 18　2011/2012—2023/2024 年榨季广西进厂原料蔗产量

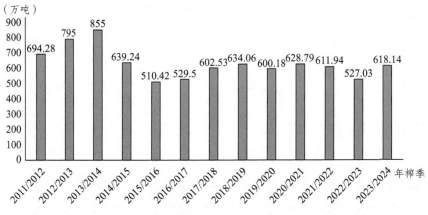

图 19　2011/2012—2023/2024 年榨季广西食糖产量

2. 多措并举稳定糖料蔗种植面积

近年来，面对其他作物的争地现状，广西通过实施糖料蔗良种良法推广补贴、生产全程机械化作业补贴等政策，积极采取"桉退蔗进"专项行动、加强糖料蔗生产保护区管理、完善糖料蔗收购价等措施，努力稳定糖料蔗种植面积，2020—2023 年全区糖料蔗种植面积分别为 1115 万亩、1106 万亩、1120 万亩、1124 万亩，遏制住了种植面积快速下滑的不利势头，稳定在 1100 万亩左右。同时，通过积极稳妥开展糖料蔗购销市场改革、完成 500 万亩"双高"基地建设，大力推进种植良种化等工作促进蔗农增收，农民种蔗直接收入基本稳定在 250 亿元左右；其中 2023/2024 年榨季农民种蔗直接收入 288 亿元，同比增加 58 亿元。

3. 高水平建设糖料蔗"双高"基地

自 2014 年起，广西按照经营规模化、种植良种化、生产机械化和水利现代化的要求，扎实推进 500 万亩优质高产高糖糖料蔗基地（"双高"基地）建设，2015 年国家将广西糖料蔗"双高"基地纳入国家糖料蔗核心基地建设。目前，广西已建成万亩连片"双高"基地 28 个，"双高"基地建设面积超 500 万亩。"双高"基地由整合前的 472.26 万块地，归并为 46.78 万块地，平均达到"十并一"，其中万亩连片以上的项目片区达 28 个，"双高"基地良种种植率达 100%，平均亩产比非"双高"基地增产 1 吨多，蔗农增收超过 500 元/亩。

（二）糖业企业集聚发展初具规模

1. 深入推进制糖企业战略重组

"十三五"以来，广西引导推动全区制糖企业集团战略重组，糖业集团数量从"十三五"初期的17家整合至目前的10家，全区糖厂数量从104家优化至目前的74家，累计关停糖厂30家，淘汰落后产能9.65万吨/日，平均单厂日处理糖料蔗能力由6850吨左右提高至7500吨左右，产能利用率从52.93%提高至67.84%；已形成广西糖业集团、东亚糖业集团等6家年制糖能力超百万吨的制糖企业集团，集团规模和竞争力得到有效提升，来宾东糖有限公司获"中国轻工业二百强企业""中国轻工食品行业五十强企业"荣誉称号。目前，十大制糖企业集团分属国有、国有控股、外资、民营等所有制企业，拥有68家糖厂，占2022/2023年榨季全区开榨糖厂总数的93.2%；拥有日榨糖料蔗54.15万吨能力，占全区总量的91.97%；2023/2024年榨季十大制糖企业产糖601万吨，占全区产糖总量的97.2%。

2. 延链、补链推动糖业企业集群化发展

近年来，广西通过创建蔗糖产业集群、现代农业产业园、现代特色农业核心示范区、产业强镇等途径，围绕糖业产业链延链、补链、强链，持续加大招商引资力度，加快推进蔗糖产业集群化发展，取得显著成效。崇左市作为广西糖业第一大市（糖料蔗产量占全区的1/3），已形成以制糖和造纸为主的第一产业链、以酵母和酵母抽提物味精为主的第二产业链、以糖果食品饮料为主的第三产业链；目前正在建设中国首个糖业发展专项产业园区——广西·中国糖业产业园。来宾市作为广西糖业第二大市，目前已建成完整的糖业循环经济基地，形成制糖、浆纸一体化、环保餐具、酵母及其抽提物、生物肥等多类产品的制糖及综合利用循环经济产业链。2023年，来宾市兴宾区制糖及综合利用产业集群被评为首批自治区级中小企业特色产业集群。

（三）食糖贸易流通体系加快完善

1. 传统商贸流通体系不断完善

广西传统的食糖贸易流通体系主要依托于原广西糖网（现在的"沐甜科技"）建设。广西糖网成立于2003年6月，是我国第一家提出以现货交易和物流配送为发展方向的食糖批发市场网站，采用国内最先进的电子商务平台

来开展食糖销售、物流及信息服务，通过积极建设全国范围内的食糖物流配送体系，整合社会仓储、运输、金融、质检等各种服务资源，创建了独具特色的"电子商务 & 现代物流配送"的食糖流通模式。打造了"一个中心，八大区域"这一国内最完善的食糖物流配送服务体系，先后在柳州、南宁、广州、昆明、郑州、武汉等食糖重要集散地设立 4 个分公司、5 个客服中心，在全国食糖主产区和主销区设立配送仓点 200 多个，拥有近 800 万吨的仓储能力。经过 20 多年的建设完善，沐甜科技已成为能为食糖产业链各主体提供购销、结算、融资、信息、技术、物流等一体化解决方案的专业平台。

2. 泛糖产品流通体系创新发展

广西在健全传统食糖流通体系的基础上，不断做大做强泛糖产品交易平台"泛糖科技"，健全完善平台运营机制，不断优化交易流程、丰富交易模式，加快构建线上线下协同、渠道终端协同、国内国际协同的高效食糖交易流通体系，从糖料蔗种植、原糖采购、仓储运输、金融服务到副产品销售，泛糖科技旗下的多样化电商平台覆盖了糖业全产业链，带动产业上下游各类大中小企业提质增效和融通发展。2019 年上线以来，该平台累计实现食糖交易量 3396.46 万吨、交收量 1390.89 万吨。截至 2024 年 2 月末，泛糖科技产融服务平台共与 3 家银行合作，"蔗糖贷""蔗农贷"产品累计发放贷款金额超 3 亿元，为产业提供金融服务超 10 亿元，从贷款申请到资金到账时间缩短至 10 分钟，有效保障客户即时用款需求。

（四）糖业科技支撑能力不断增强

1. 糖业科技创新投入持续加强

发布《"十四五"广西糖料蔗科技重大专项申报指南》，立项支持实施"糖料蔗突破性新品种选育关键技术研究与应用示范"等 14 个项目，总资助金额达 7550 万元。广西农科院牵头申报的"广西高糖高产甘蔗新品种选育与装备研制及集成示范"项目获得国家重点研发计划部省联动项目立项资助 2000 万元。印发实施《广西甘蔗优良品种选育后补助奖励办法（试行）》，加快突破性甘蔗优良品种选育，桂柳 05136、桂糖 42 号等 6 个优良品种的育种者获得首批后补助奖励 1200 万元。积极推动中国科学院甘蔗专项项目在广西落地实施，引导区内企业、科研单位与中国科学院开展协同攻关。糖业企业积极投入科技创新，如广西糖业集团 2023 年投入科技研发经费 1.38 亿元，依托科技创新平台优势，在甘蔗种植、制糖、制浆造纸和产业链深加工等科技创新方面均有所突破，其参与的"甘蔗糖厂全生产环节综合效率提升关键技术突破与示范应用"项目获得 2023 年中国轻工联合会科学进步二等奖。

2. 糖料蔗良种覆盖率明显提升

近十年来，广西农业科学院、广西大学等单位共同选育并登记甘蔗新品种达 43 个，自育甘蔗品种推广面积占全国甘蔗种植面积的 65% 以上。2020—2023 年，广西累计推广糖料蔗脱毒、健康种苗面积约 1418 万亩，补贴资金约 47.5 亿元。批复建设甘蔗良种繁育推广基地 72 个，商品化年供种能力提升至 80 万亩。糖料蔗良种覆盖率达 98.62%，其中广西自育品种覆盖率为 91.1%。糖料蔗工业亩产由 2016/2017 年榨季的 3.97 吨提高到 2021/2022 年榨季的 4.54 吨。近三个榨季，含糖率比"十三五"期间平均水平分别提高 1.08 个、0.72 个、0.17 个百分点。

3. 糖料蔗生产机械化水平稳步提升

2020 年以来，国家实施了糖料蔗生产全程机械化作业补贴政策；2021 年，自治区印发《广西甘蔗小型机械产业协同创新发展实施方案》，扎实推进高效机收示范基地建设，加快开展糖料蔗收获机具研发攻关，糖料蔗生产全程机械化水平稳步提升。全区糖料蔗联合收获机拥有量从 2013 年不足 20 台增加到目前的 3077 台，并逐步推广"田间砍倒—机械搬运—集中剥叶除杂—糖厂压榨"的分步式机收模式，2023 年全区建设分步式机收点 80 个，每亩降低砍收成本约 200 元。截至 2023 年底，甘蔗耕种收综合机械化率达到 70.84%，其中机收率达 34%，比 2020 年提高 10.5 个百分点。此外，自治区投入财政资金 4000 万元支持建设 23 个高效机收糖料蔗生产全程机械化示范基地，全部实现单机日均收获 30 亩或 150 吨以上，机收能力提高 30% 以上，生产成本节约 40% 左右。崇左市扶绥县、江州区，南宁市武鸣区成功创建甘蔗生产全程机械化全国示范县。

4. 糖料蔗种植数智化水平持续提升

2024 年泛糖科技在崇左市新和镇建立 3200 亩的"数字农场"糖料蔗高产高效示范基地，探索先进的种蔗技术体系和管理模式。"数字农场"整合优质农资、农机服务资源，依托泛糖科技数字化种植管理、大数据分析等技术及平台的深厚积淀，构建耕、种、管、收的全过程数字化体系，建设现代农业高新技术集成应用基地、高端智能农机应用示范基地、农业社会化服务探索基地。此外，广西糖业云等平台也探索运用北斗新技术、大数据等高新科技手段，构建"北斗兴糖""科技兴糖"，整体提升广西糖业数字化管理水平。

5. 糖业加工现代化水平和效益持续提高

深入开展广西糖业降本增效三年行动，糖业企业积极进行"自动化、智能化、数字化"改造，全区近五成的糖厂装备了自动包装码垛、自动卸蔗平台，自动分蜜机和分布式控制系统（DCS）得到普遍应用，具有国际先进水平的自动化连续煮糖、高温高压生物质发电、53公斤以上次高压锅炉等技术和设备应用逐步增多。广西崇左东亚糖业有限公司、广西广业贵糖糖业集团有限公司等建成具有国际先进水平的现代化制糖生产线。部分老糖厂实施自动化、智能化、数字化改造后，压榨、动力和制炼车间部分岗位已实现无人值守，生产效率显著提升，如崇左东亚原糖生产线员工总数66人，达到了澳大利亚糖厂人数配备水平。全区制糖企业盈利能力稳步提升，2022/2023年榨季实现利税超45亿元、利润超28亿元。

（五）综合循环利用水平稳步提高

目前，广西甘蔗已基本做到"吃干榨尽"，构建起较为完善的循环产业链。一是推动食糖向特色糖、功能糖、营养糖、药用糖等产业链延伸，发展冰糖、红糖、甘蔗水、甘蔗醋、甘蔗酒等多层次产品。二是推动糖蜜利用向生产酵母及抽提物等高端化产品发展。三是变蔗渣为宝，建设可降解环保新材料产业基地，如来宾市已成为全国最大的蔗渣生产环保餐具基地。四是变蔗梢为能，建设蔗叶综合利用产业链，推进蔗叶饲料化、肥料化、燃料化利用。五是变蔗废为肥，建设固液制肥产业链条，按照"甘蔗—制糖—滤泥—生物有机肥—还田""甘蔗—制糖—酵母及其抽提物—废水浓缩（液态、粉状）—生物有机肥"产业链模式，利用甘蔗加工过程中产生的固体和液体废弃物生产生物有机肥。目前，广西蔗渣、糖蜜、滤泥利用率达100%，蔗渣制浆造纸产量居世界第一，蔗渣发电量居全国生物质发电第一；蔗叶离田综合利用率超过33%，液体糖、药用糖、注射用糖等深加工产品超过20个，环保餐具、酵母、生物肥等综合利用产品超过30个，全区酵母及其提取物产能、绿色环保餐具产能均在 15 万吨以上。中粮糖业研发的注射级药用蔗糖于 2023 年 5 月成功通过国家药品监督管理局药品评审中心备案登记，计划于 2024 年内投产上市，打破欧美的垄断。

（六）糖业体制机制改革持续深化

1. 积极推进糖料蔗购销市场改革

在糖料蔗收购环节全面推行订单农业，制定实施《广西糖料蔗订单农业管理办法（试行）》《广西跨区收购糖料蔗税收分配实施细则》《制糖企业扰乱糖料蔗购销市场行为通报实施办法（试行）》，优化糖料蔗订单农业服务云平台，建立县乡村三级调处机制，切实加强行业自律，订单农业实现全覆盖。糖料蔗砍运购销秩序总体平稳，收购价稳定且持续高于周边省区，蔗款兑付及时，收榨 1 个月内蔗款兑付率超 98%，比改革前提高 20 个百分点；制糖企业服务蔗农意愿明显增强，积极推动实施糖料蔗收购"首付价 + 糖价联动"机制，制糖企业和种植主体建立起利益联结、效益导向的新型农企关系。例如，广西糖业集团在 2022 年投入 889 万元维修蔗区道路 1943 公里，投入机耕、蔗种、肥料、灌溉补贴共计约 2918 万元，各类奖励、劳务补贴约 1699 万元，发放贷款 5224.19 万元，垫支农资约 2.5 亿元。2023/2024 年榨季已备案订单合同 55.9 万份，涉及农户 65.07 万户，订单面积基本实现全覆盖，切实保障了糖料蔗的购销稳定。

2. 实行糖料蔗生产保护区制度

2020 年广西共划定糖料蔗生产保护区面积 1159 万亩，涉及 11 个市 64 个县（市、区）。2022 年 9 月，广西印发实施《广西糖料蔗生产保护区管理办法（试行）》，要求各地坚决制止新增占用糖料蔗生产保护区种植桉树、果树等行为；建立糖料蔗生产保护区动态平衡机制，对项目建设占用糖料蔗生产保护区的，按同等条件完成糖料蔗生产保护区补划；对占用"双高"糖料蔗基地的，按照"双高"糖料蔗基地建设标准补充建设。2022 年起，全面推进"桉退蔗进"专项行动，争取 2022—2024 年清理糖料蔗生产保护区内桉树等非蔗作物面积 100 万亩左右。截至 2023 年 12 月 31 日，全区已清理糖料蔗生产保护区内桉树等非蔗作物面积 79.30 万亩，在"桉退"基础上完成糖料蔗新植面积 66.8 万亩。

3. 产业扶持政策体系不断完善

相继出台了甘蔗良种推广补贴政策、糖料蔗生产全程机械化作业补贴政策等扶持政策。强化金融支持，成立金融服务广西糖业高质量发展指挥部，有效扭转制糖企业资金紧缺、融资难、融资贵的被动局面。2022年农发行总行同意将食糖纳入重要农产品贷款品种，一定程度上缓解了部分制糖企业糖料蔗收购资金困难。充分发挥糖料蔗保险保障能力，2016年开始实施广西糖料蔗价格指数保险，实施面积由2016年的40万亩增加至2021年的300万亩，每亩保费为150~180元，累计投保面积691.78万亩，参保农户31.58万户次，保费总额10.95亿元，赔付金额8.9亿元，综合赔付率为81.28%；2022年出台了《关于在广西开展糖料蔗完全成本保险和种植收入保险的通知》，引导蔗农积极参保投保。截至2022年12月31日，全区累计投保面积约700万亩，其中完全成本保险投保面积580万亩，种植收入保险投保面积120万亩。

三、广西糖业全产业链发展面临的主要困境

（一）种植稳面稳产难度加大

1. 农民种蔗积极性不高

农民种蔗积极性普遍较低，主要原因有以下两个。一是种植收益持续较低。受农村劳动力价格、土地流转价格、农资价格持续上涨等影响，广西糖料蔗每亩的种植成本不断提高，2022年达2590.81元，为全国最高，其中人工成本为1167.50元，占比达45.06%（见表5）。随着种植成本不断提高，糖料蔗种植投入产出比进一步降低，净利润在2022年出现负值（-29.38元/亩）（见表6）。此外，由于种蔗收益远低于柑橘、火龙果、百香果、坚果、葡萄等其他经济作物（如2022年广西柑橘的净利润为1668.60元/亩），提高农民种蔗积极性和稳定种植面积的压力不断增大。二是规模化种植程度低。当前广西糖料蔗仍以单家独户分散式种植为主，户均种植面积不到15亩，很多蔗农种植的糖料蔗只有3~5亩，未能形成规模化经营，糖料蔗种植效率和效益的提高难度较大，不利于农民种蔗积极性的提高。

表 5　2022 年部分省份甘蔗每亩成本收益情况

项目	广西	广东	云南	海南	全国平均
主产品产量（千克）	4905.74	5914.66	5813.99	4546.47	5189.55
产值合计（元）	2561.43	2766.35	2673.46	2273.24	2603.01
总成本（元）	2590.81	2366.53	2551.24	2590.06	2556.14
生产成本（元）	2240.55	2039.77	2243.55	2256.75	2216.72
物质与服务费用（元）	1073.05	970.91	698.20	678.95	987.13
人工成本（元）	1167.50	1068.86	1545.35	1577.8	1229.59
土地成本（元）	350.26	326.76	307.69	333.31	339.42
净利润（元）	−29.38	399.82	122.22	−316.82	46.87

表 6　2015—2022 年各省份甘蔗净利润情况　　　　　　　单位：元 / 亩

省份	2015 年	2016 年	2017 年	2018 年	2019 年	2020 年	2021 年	2022 年
广西	72.17	418.3	443.84	411.53	200.34	287.17	262.42	−29.38
广东	−63.74	304.48	174.75	−48.86	74.57	322.56	482.6	399.82
云南	408.16	515.21	435.28	312.21	201.19	189.67	167.45	122.22
海南	−185.25	−55.39	188.31	87.85	−54.78	−300.24	−214.54	−316.82

2. 保护区"非蔗化"情况严重

尽管划定了 1159 万亩的糖料蔗生产保护区，但保护区内"非蔗化"情况严重，"非蔗化"面积由 2021 年的 278.5 万亩上升至 2023 年的 400 多万亩，其中崇左市、来宾市和南宁市是保护区"非蔗化"的"重灾区"，2023年第四季度，来宾市糖料蔗生产保护区"非蔗化"面积占比达到 41.86%。由于种蔗比较效益较低，果树、桉树等其他高效经济作物与甘蔗争地矛盾突出，"桉退蔗进"等行动实施存在一定困难。此外，"旱改水"占用蔗地较多，未能做到"占一补一"，且很多工程处于停工、撂荒状态，给稳定糖料蔗种植面积造成压力。

3. 单产提高难度加大

受近年来甘蔗病虫害多发、频发，良种培育周期长，先进育种技术研究起步晚、进度慢，脱毒、健康种苗供应量有限等因素影响，再加上农民为降低成本多为自留蔗种导致应用率低（河池市 80% 蔗地为以农民自留种为主），广西单产水平虽高于云南等甘蔗主产区，但 2019—2022 年均低于广东（见表7）。从广西实际来看，虽然种蔗大户亩产可达到 6~7 吨，但是很多分散小农户特别是石漠化地区的蔗农亩产只有 3 吨左右，而广西甘蔗生产仍以单家独户分散式种植为主，单产水平持续大幅提高难度加大。

表7　2013—2022 年甘蔗亩产比较情况　　　　　　　　　　单位：吨/亩

省份	2013年	2014年	2015年	2016年	2017年	2018年	2019年	2020年	2021年	2022年	平均
广西	4.80	4.90	5.14	5.23	5.43	5.48	5.61	5.65	5.72	5.60	5.36
广东	5.35	5.24	5.17	5.21	5.29	5.46	5.64	5.73	5.80	5.85	5.48
云南	4.80	4.14	4.13	4.11	4.21	4.20	4.25	4.52	4.63	4.73	4.37
海南	4.18	4.57	4.20	4.22	4.18	4.25	4.14	3.93	3.76	3.73	4.12

4. 水利基础设施建设滞后

大部分蔗地水利基础设施落后，能够实现灌溉的蔗地约 200 万亩，仅占全区糖料蔗种植面积的 17.9%，而巴西、泰国、澳大利亚有灌溉条件的蔗田占比均为 50% 左右；"双高"基地中既无地表水又无地下水的"无水源"片区面积超过 100 万亩，多数蔗地仍处于"靠天吃饭"状态，如来宾市糖料蔗保护区面积为 205 万亩，但具备水利直接灌溉条件的仅有 50 万亩，无水源或水源不足面积达 155 万亩。此外，蔗区滴灌、水肥一体化设施较少，水利设施现代化发展缓慢，大中型灌区工程建设改造项目建设进度滞后，田间水利工程与灌区工程建设衔接不到位，部分维修养护工作无法开展，导致部分位于有效灌溉范围内的蔗地仍无法实现灌溉。2019 年起 3 个榨季广西多地遭遇严重干旱天气，水利基础设施建设滞后导致糖料蔗减产严重，稳面稳产任重而道远。

（二）机收推广仍存在较大困难

1. 自然条件限制较大

从地形条件看，广西多为地形复杂的丘陵山区，蔗区大多为缓坡旱地，土地不平整，地势起伏较大，还有相当一部分坡度较大（大于 13 度），不利于开展机械化作业，机械化收获的空间受限。2022/2023 年榨季，全区糖料蔗种植面积为 1124 万亩，户均种植规模为 14.6 亩；其中超过 50 亩的总面积为 230.8 万亩，占比仅为 20.5%。例如，崇左市 50 亩以上连片糖料蔗种植面积仅占全市糖料蔗种植面积的 15.1%。"双高"基地种植 1.2 米及以上行距适宜联合机收作业的面积为 200 万亩左右，占比不足 20%。仍有大部分地块为农户分散种植，地块不平整、蔗田碎石多，种植行距小于 1.2 米，种植行向、行距、品种不统一，致使收获时不能统一排单，机具来回转场，机收的作业效率、效果大打折扣。从天气方面看，榨季一般为当年 11 月至次年 3 月，正逢阴雨天气多、机收机具难以下田作业的冬春两季。以 2023/2024 年榨季为例，截至 2024 年 2 月底，该榨季降雨 41 天，适宜机收作业的时间不足 50 天，不到整个榨季天数的一半。

2. 机具生产研发能力弱

近年来，糖料蔗收获机械已基本解决"无机可用"问题，但与国外先进设备相比，国产机械在性能、效率和可靠性等方面仍有一定差距。特别是全区糖料蔗种植的地形条件普遍适合中小型机械作业，国内大型收获设备研发企业出于成本效益考虑，对研发中小型机械收获机的积极性不高，近几年均未有新的突破性技术成果。而区内农机生产企业普遍存在体量小、研发资金不足等问题，研发能力较弱。因此，适合丘陵山地的"微农机"不多，这是影响糖料蔗机械化收获水平提高的主要短板和卡点。此外，购机投入大、成本高，也不利于机收推广普及。例如，进口大型机械一般售价在百万元以上，国产大型机械售价也至少为 70 万元，而一个榨季最多可使用 90 天，导致购机一次性投入大、投资回收期长、运营成本高。

3. 机械化收获质量和效果有待提高

从联合机收看，该模式可实现一次性完成扶倒、砍收、剥叶、断尾、收集等全程机械自动化作业，具有工作效率高、适宜大面积作业等优点，但也存在受地形地貌和天气影响大、对作业条件要求高、机轮易碾压蔗茬对来年糖料蔗生产不利等问题。特别是在收割过程中仍无法解决好割茬不齐、易掉蔗等问题，导致田间损耗高（一般约为 10%），并且会连带泥土等杂质，含杂率至少为 8%，明显高于人工砍收水平（含杂率低于 2%），糖企在糖料蔗入榨时会相应提高扣杂率，一定程度上造成蔗农收益减少。从分步式机收看，此模式设计了二次除杂工序，具有对地形适应性较好、杂质相对较少、作业相对灵活、对宿根破坏小、损失率相对低等优点，但也存在作业工序多、需配套辅助机具和人工多、蔗叶处理难等不足之处。此外，还需配套建设集中除杂点，存在所需场地较大、用地审批难等问题。目前，全区已投入使用的 63 个分步式除杂中心中，仅有 34 个建有机棚库并硬化地面，有将近一半的除杂中心未获得设施用地审批，无法硬化地面和建设机棚库，只能露天作业，作业效率因此大打折扣。

4. 机收效益与制糖企业和蔗农预期存在差距

从蔗农看，对多数分散经营的蔗农来说，由于联合机收成本偏高、损耗多，加之不少蔗农对联合机收损伤蔗根影响来年产量心存顾虑，因而在现阶段劳动力仍能满足人工砍收需求的条件下，蔗农选择人工收获的意愿大于机收。例如，来宾市兴宾区凤凰镇新隆村委会周村莫某反映，榨季期间村里通过互助模式砍收糖料蔗，一个村屯五六个人互帮互助，合伙把各家糖料蔗砍收进厂，大家有活干且有钱赚，种植糖料蔗较多的蔗农也可以雇用越南、贵州等地前来务工的砍蔗队。从糖企看，由于机收蔗含杂质和沙土多，会加重制糖设备的损耗，并对糖质产生一定影响，有可能降低收益，致使糖企对推进机械化收获的内生动力不强。因此，在能保证满足其日榨量供应的前提下，糖企倾向于人工收蔗。例如，来宾市 13 家糖厂中有 9 家糖厂对压榨工艺进行了一定程度的改造，但有的糖厂仅仅加装了自卸平台，没有除杂系统，压榨前未能较好地分离泥沙等杂质、不能对机收蔗的入榨量进行严格把控，造成联合收获机作业量不足、效益低、成本回收周期长，群众的购机用机热情不高，一定程度上制约了糖料蔗机收的发展。据了解，某些制糖企业考虑成本收益，在自建糖料蔗种植基地内对使用机械收获的意愿也不高，仅在人工短缺或亟须快速收获的情况下才开展机械化收获。人工收获与机械化收获成本收益对比分析见表 8。

表 8　人工收获与机械化收获成本收益对比分析　　　　单位：元／亩

指标		人工收获	分步式机械化收获	联合机械化收获
成本	蔗种	360	270	270
	机耕	200	200	200
	栽种/机种	200	220	220

指标			人工收获	分步式机械化收获	联合机械化收获
成本	药肥管理	药肥	700	700	700
		施药肥人工机械费/机械费	100	70	70
	植保	除草	50	50	50
	收获	砍	165	220	660
		剥叶除杂	660	220	
		装卸运输	165	220	
	糖厂扣杂		16.5（扣杂率0.5%）	132（扣杂率4%）	264（扣杂率8%）
成本合计			2616.5	2302	2434
收入			3300	3300	3300
利润			683.5	998	866

（备注：此分析以贵港市数据为例，均按产量5.5吨/亩、收购价600元/吨核算）

（三）制糖企业综合竞争力不强

1. 工艺设备落后

多数制糖企业生产设备相对陈旧，仍采用"一步法"加工工艺，用工人数多，劳动生产率低，且无法适应机收蔗。澳大利亚与泰国普遍使用现代化大型制糖设备，有效提高生产效率、减少操作工人、保证产品质量。以日榨能力1.5万吨的糖厂为例，广西用工人数为800人左右，澳大利亚用工人数仅为广西的1/5左右，泰国为广西的3/5左右。广西大部分糖厂在设备更新、技术改造方面投入较少，更新和改造意愿不强，制糖设备智能化、自动化、信息化和数字化"四化"升级改造进度慢。例如，来宾市大部分制糖企业近三年来都没有上新的生产线，技术装备较为落后；据崇左南华糖业反映，其三个糖厂中只有最大的龙州糖厂进行了生产线更新，其余两个小厂由于资金不足等原因，设备无法升级换代。

2. 盈利能力不足

广西制糖企业面临食糖生产成本高和进口食糖价格低的双重困境，在夹缝中求生存，在国内食糖市场不具有主动权和话语权。据测算，2017/2018年榨季至2021/2022年榨季共5个榨季，全区主要制糖企业盈亏相抵后利润总额

为 -10.17 亿元（含蔗渣、糖蜜等副产品利润），平均每吨糖亏损 33 元。一个榨季一般为当年 11 月至次年 3 月，整个生产周期约半年，而另外半年企业生产设备处于闲置状态，使用率低且折旧损耗大，企业长期处于低水平盈利甚至亏损的状况，因而在扶持糖料蔗生产、推动技术进步和转型升级等方面投入有限，对研发新产品、开发新生产线意愿不高，稳产难度增大。

3. 糖企结构仍需优化

从外部来看，经过产业重组兼并改革，当前形成了十大制糖集团，但仍然存在规模小、布局分散、同质化竞争严重、盈利水平低等问题，缺乏具有国际竞争力的龙头企业，仍需对糖企开展进一步整合，持续优化产能布局和资源配置，提高糖企综合竞争力。从内部来看，糖企人员结构不合理，技术人员、先进技术储备不足，人才严重断层和短缺、招人难留人难等人才问题非常突出，严重制约着糖业的高质量发展。

（四）糖业产业链韧性不足

1. 产业链链条短

一是精深加工产品少。长期以来，广西以生产白砂糖、赤砂糖等传统糖类产品为主，产品主要作为工业原料，附加值低。如来宾市精深加工产品仅有冰糖及少量红糖产品，年产量约 10 万吨，仅占成品糖的 10%。二是产业链派生有待拓展。糖业对关联产业和派生产业，包括食品加工、仓储物流、电子商务、期货金融、文化旅游、会议会展等的带动作用尚未充分体现。例如，未能发挥糖业产业资源优势，未能引进饮料生产龙头企业；农文旅融合还存在规模较小、项目单一、同质化等问题。相关产业规模仍有较大提升空间，糖业产业链拓展和增值有待进一步提升。三是上下游企业发展不协同，没有形成利益共同体。比如来宾市快速发展的蔗渣环保餐具产业，受制于上游糖企的制蔗渣浆产品价格的持续上涨，随着产量的提升，单位产品效益持续下降，亟须建立上下游企业的利益协同关系。

2. 产业链现代化水平不高

一是副产物综合利用产值不高。虽然广西已形成全球最完整的糖业循环经济产业链，综合利用产品达 30 多种，但现有产业链上附加值产品多而不大、大而不强，科技含量和附加值低的问题依然突出。二是综合利用产业专业化、社会化、规模化水平低，同质化发展问题明显。多数蔗渣、糖蜜、蔗叶综合利用企业由只擅长制糖、卖糖的制糖企业控股或直接经营，创新发展水平低，资金得不到保障，规模小、效益差。三是创新能力弱。目前，占据全区糖业资源份额80%以上的国有和民营制糖企业比较缺乏现代企业管理制度和创新创业人才，创新少、效益低，难以获得政府专项资金支持。

3.糖业品牌建设有待加强

广西制糖业品牌体系不健全，尚未打造区域公用品牌，作为糖业龙头，"桂糖"在全国寂寂无闻，缺少统一的广西糖业品牌形象。在企业品牌的打造上存在品牌少、无序发展等问题。根据广西农业品牌目录，全区累计糖业类农业企业品牌仅有10个，占企业品牌总数的6.1%；农产品品牌仅有12个，占农产品品牌总数的4.7%。从各制糖企业集团来看，糖厂均扶持发展自有品牌，各自为战，没有形成市场占有率高的拳头品牌，造成当前全区糖业"有大企、无大牌"的被动局面。从产品品牌来看，全区糖料主要作为工业原料向加多宝、娃哈哈等大型食品饮料企业进行销售，直面消费者的品牌少，缺乏在零售消费者中食糖精深加工能叫得响的品牌。此外，糖业产品功能定位不清，红糖、黄金砂糖、冰糖等附加值产品目标消费人群模糊，细分市场定位不明确，形成同位竞争、"价格踩踏"的被动局面也是影响广西糖业品牌打造的重要原因之一。

（五）管理机制体制有待完善

1.计划与市场有效融合较慢

纵观全球各糖业生产大国（地区），食糖生产均是国家或政府严格控制下的计划生产与销售模式。但在计划模式下，容易滋生糖企的"路径依赖"，导致政府、糖企、蔗农之间关系不顺，且糖企服务水平差、管理效率低、缺乏创新活力和发展内生动力。改革开放以来，糖料蔗管理经历了4次改革，1991年广东及1995年广西以实施市场经济、放开蔗区和完善价格机制为主题推进改革，糖料蔗种植面积和产量均大幅下降。2019年第四次改革再次将蔗区和蔗价"双放开"，恰逢国家坚决实施"非农化""非粮化"政策，蔗区面积和产量尚未出现较大波动。但市场经济下的蔗区管理乱象仍存，统筹计划与市场，仍是广西糖业高质量发展的难点、堵点。

2. 订单管理仍需加强

目前，糖料蔗订单农业由种植主体和制糖企业自主签订，缺乏双方相互守约机制，企农利益联结机制仍未稳定。近几年，广西甘蔗砍运秩序混乱问题仍然存在，2023/2024 年榨季尤为严重。例如据崇左市反映，部分糖企私自抬高原料蔗收购价格，自 2023 年 12 月 10 日以来蔗农只需"两刀法"砍收（蔗根、蔗尾各砍一刀）即可直接入厂，收购价为 580 元/吨、扣杂率为 0，如果运到辖区外价格甚至提高到 620 元/吨，极大扰乱市场。此外，据调研组了解，在日榨产能过剩、已经"吃不下"的情况下，部分企业为了快速抢收辖区外甘蔗，仍继续扩大产能、无序扩张。此外，农户履约意识不强，违约行为时有发生，影响订单履约率。

3. 糖业立法缺位

由于国情、省（区）情与国外的差异，我国糖业暂未立法。自治区虽然先后出台了《广西糖料蔗订单农业管理办法（试行）》《制糖企业扰乱糖料蔗购销市场行为通报实施办法（试行）》等文件，但相关处置方法震慑力度不够，违规收购订单外原料蔗的制糖企业为保障自身榨季生产满产达产，仍旧私自抬高收购原料蔗价格，并与蔗贩子勾结收购外蔗，尤其在糖价较高时加大收购力度、极大扰乱市场，导致蔗区内原料蔗订单外流严重。例如据来宾市反映，2023/2024 年榨季存在一定程度的蔗区内订单流到市外的情况，部分糖企利益受损、失去投入扶持蔗农的信心，蔗农同样受到损失。

（六）国际食糖市场的冲击

1. 进口食糖的低价冲击

全球食糖平均关税税率为 97%，但我国实施配额内（195 万吨）15%、配额外 50% 的政策，进口食糖凭成本优势和我国关税政策，长期冲击国内糖业市场。自 2017 年开始，我国实施配额外三年分别为 95%、90%、85% 的贸易保护政策，食糖进口量较前些年有所下降，但 2020 年保护政策到期，配额外关税回调至 50%，2020—2022 年食糖进口量相较前些年连续 3 年保持在 500 万吨以上（见图 20），平均每吨价格仅为两三千元（见表 9），低于广西吨糖生产成本，极大压缩广西糖业发展空间。如不加强管控，在国际糖价较低期间，进口食糖完全可能冲垮国产糖，进而全面掌控我国食糖市场。

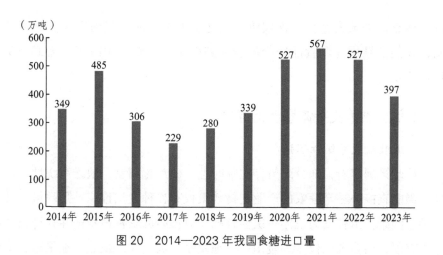

图20 2014—2023年我国食糖进口量

表9 2019—2023年进口食糖平均单价情况 单位：元/吨

年份	进口食糖平均价格
2019	2284.54
2020	2346.60
2021	2604.25
2022	3272.36
2023	4128.36

2. 进口糖浆及预拌粉的扰乱冲击

近几年来，一些投机商利用相关贸易规则，从东盟国家以零关税进口用成品糖做成的糖浆、预拌粉。我国糖浆及预拌粉进口量从2021年的66万吨激增至2023年的182万吨。这本质上是变相进口食糖，恶意挤占国内蔗糖市场份额，对国内糖市造成严重冲击，导致食糖关税配额管理政策的功能和作用无法有效发挥，搅乱了食糖正常生产经营秩序。糖浆及预拌粉的进口规模、结构亟须由国家统筹管控。

3. 经济逆全球化威胁中国食糖安全

世界百年未有之大变局加速演进，对我国食糖安全构成了潜在的巨大挑战。我国食糖年均消费量基本保持在1500万吨以上，年缺口量为500万～600万吨，而我国食糖自给率近几年基本处于70%左右，最低时不足60%。如不稳定并逐步提升国内食糖生产供给能力，若全球食糖供给进入偏紧周期或发生世界性灾难，加之美国有可能对我国实施食糖贸易限制，我国食糖供应和食品安全便会受到影响，进而影响医药、化工等众多行业的发展。

（七）政策支持体系有待健全

1. 财政政策系统性不强

从政策制定看，部分政策存在临时性、碎片化问题，缺乏系统性、持续性。当前直接补贴至蔗农的产业支持政策仅有良种良法推广补贴政策，其中脱毒、健康种苗补贴为三年一次性补贴，对提高蔗农种植积极性和种植效益作用有限；很多蔗区位于丘陵山区，地块小、坡度大，缺乏土地平整、土壤改良等方面的支持。例如据来宾市反映，自治区出台甘蔗高效机收基地奖补政策（2020 年 8 月至 2023 年 6 月），按照稳定糖料蔗种植面积 175 万亩的要求，该市还有 40 多万亩地块小、坡度高、田间道路窄等不适宜全程机械化作业，迫切要求延续该项政策；机械化蔗叶粉碎还田作业补贴 2020—2023 年为 20 元 / 亩，2024 年停止补贴；受蔗叶露天禁烧管控影响，蔗叶不能焚烧，糖料蔗病虫害发生率达 20% 以上，严重区域超 50%，但目前甘蔗统防统治方面的资金支持较少。从政策实施看，糖料蔗种植大部分分布在经济实力和财力较弱的市、县（市、区），由于财政资金有限，部分市、县（市、区）存在未能及时兑付奖补资金等情况，未能发挥政策引导激励作用。例如，据崇左市反映，2020—2023 年全市获得糖料蔗生产全程机械化作业补贴资金 56923 万元，累计审核资金 33966.65 万元，已兑付资金 9025.24 万元，兑付率仅为 15.86%；扶绥县某种植大户反映，2017 年至今糖料蔗机收作业补贴仍有 1900 多万元未兑付，影响其种植积极性。

2. 配套政策有待完善

一是金融支持不够。金融机构向制糖企业发放的贷款以短期流动资金贷款为主，主要集中在"蔗农—企业"等上游环节，用以缓解制糖企业糖料蔗收购资金压力。而制糖企业技术改造等中长期资金需求满足度不高，未形成完整的糖业全产业链金融服务体系。现有贷款、保险等金融产品未能满足制糖企业和种植户在生产过程中的融资需求和风险补偿。二是专项支持缺乏。当前全区有 18 个县（市、区）糖料蔗种植面积达 20 万亩以上，3 个县（市、区）达 100 万亩以上，产量约占广西总产量的 85%。由于糖料蔗种植比较效益低，加上县（市、区）财力有限，为保证产业平稳发展，亟须对种蔗大县（市、区）给予一定的专项产业激励支持。三是人才支撑不足。糖业人才尤其是发展急需的专业技术人才、经营管理人才、技能人才培养力度不足。例如来宾市服务于糖业方面的工作人员仅 53 人，专业技术人员同时还兼顾其他岗位工作，深入田间地头开展技术指导服务不到位。四是科技支撑不足，糖业科技研发投入与国外对糖业的投入，与对粮食等产业的投入水平存在较大差距，研发能力和水平尚不能有效支撑糖业高质量发展。

3. 商业储备政策有待健全

2020 年财政部出台食糖商业（临时）储存补贴政策，当广西食糖市场价格在榨季内连续 3 周低于 4500 元 / 吨时，以中央财政贴息、地方政府运作方式，支持在广西 24 个原国家扶贫开发工作重点县启动食糖商业储备工作。该政策在 2023 年调整为 5000 元 / 吨，覆盖广西所有县市。结合近年广西实际看，该政策启动条件与现实不符，全区制糖企业的平均成本比原定启动条件高 900 元 / 吨，尤其是 2021/2022 年榨季以来，受国际大宗商品涨价、连续低温阴雨天气导致蔗糖分下降等因素影响，广西制糖企业平均成本上涨至 5808.79 元 / 吨，涨幅为 7.39%，成本波动较大，当食糖市场价格低于 4500 元或 5000 元 / 吨，即达到启动条件时，绝大部分广西制糖企业已破产倒闭。此外，食糖储备量每年仅 30 万 ~ 50 万吨，不足广西食糖产量的 10%，应对市场风险能力有限。

四、国外与国内其他省份糖业全产业链发展的主要做法及启示

（一）国外主要经验做法

1. 巴西：灵活"糖醇比"提高产业多元化

巴西是全球最大的蔗糖生产国和出口国，长年具有非常大的食糖产量和出口量，对国际食糖价格有着绝对的影响力。2022 年，巴西甘蔗种植面积 987.06 万公顷、产量 7.24 亿吨，以绝对优势位列全球第一，其发展糖业主要

有以下做法。

（1）政府大力支持产业发展

巴西政府重视发展乙醇燃料，立法规定汽油中需添加 20% 以上的生物燃料乙醇，以替代其国内约 50% 的汽油，具有重要的战略地位。甘蔗作为加工乙醇的最佳低成本作物，受到巴西政府重视，巴西政府相继出台各种政策和措施支持甘蔗燃料乙醇产业。在政府支持和世界对清洁能源的需求增长的驱动下，巴西甘蔗产业规模不断扩大。

（2）赋权企业调整"糖醇比"

"糖醇比"即生产蔗糖和乙醇所用甘蔗的比例，巴西"糖醇比"基本在 2∶3 左右浮动。巴西政府指导糖企使用糖醇联动工艺，同时生产蔗糖及乙醇，且不对"糖醇比"作出强制规定，将制定比例的权利留给糖企，糖企可根据当榨季食糖价格情况灵活调整"糖醇比"及生产计划，食糖价格低迷时多生产乙醇少生产食糖，食糖价格向好时多生产食糖少生产乙醇。灵活调整"糖醇比"的做法赋予糖企更多的自主决定权，且较大的利润空间有效驱使糖企去种植或收购高产高糖的甘蔗品种、改良加工技术，形成二产倒推一产、一产促二产发展的良性循环机制。

（3）加快产业机械化、规模化进程

巴西种植甘蔗的土地多为平坦、连片的土地，非常适宜推广大规模机械化作业。为提高甘蔗全程机械化水平，巴西加大金融支持力度，如购置农机的贷款利率仅为一般企业贷款利率的一半或更低。此外，巴西还积极鼓励凯斯纽荷兰环球公司、约翰迪尔公司、麦赛福格森公司等农机跨国公司直接在巴西本地投资建设农机制造厂，丰富的本地农机资源为甘蔗大规模机械化作业奠定了基础。巴西现已基本实现甘蔗全程机械化生产，甘蔗机械化、规模化水平居全球前列。

（4）实施食糖保护价格

为保护食糖价格，巴西实行食糖国内和出口价格双轨制，同时将食糖定性为出口外向型产品，各州政府对本州内的甘蔗不收税，但对跨州收购的甘蔗征 9% 或 12% 的税；同时对国内销售的食糖征收 12% 的营业税（销售额的 12%），对出口的食糖免除所有税赋，以此推动本地甘蔗本地榨、本地食糖多出口，尽可能将本地甘蔗种植、加工板块的利益留在本地。

（5）协会组织助推产业发展

巴西于1997年重新组建巴西甘蔗产业协会，以协调巴西甘蔗产业各方利益、服务产业主体。巴西甘蔗产业协会主要在宣传可持续发展、组建专业营销团队、举办世界甘蔗乙醇产业峰会等方面充分宣传巴西甘蔗乙醇产业绿色、生态、可持续的特点，不断提高巴西甘蔗乙醇产业的知名度、正向影响力和话语权。

2. 泰国：强化监管，推动农企利益高度一体化

泰国是世界第三大甘蔗生产国，食糖产业是泰国的第二大支柱产业。2022年泰国甘蔗种植面积达152.5万公顷、产量为9209.57万吨，分别位列全球第三、第四，其发展糖业主要有以下做法。

（1）立法支持产业发展

泰国政府高度重视蔗糖产业发展，1984年颁布实施《甘蔗与食糖法》，设立糖业管理部门，对整个行业进行立法监督和管理。立法监督和管理工作主要由当时泰国的工业部、农业部和商业部组织建立甘蔗与糖委员会，下设执行委员会、甘蔗委员会、食糖委员会等，明确各部门职能，对甘蔗和蔗糖产业进行组织与监督。

（2）实施产业配额管理

为有效管控国内甘蔗生产销售情况，泰国实施一系列的配额管理制度。在生产端，实行种植配额管理，蔗农实际种植面积超出种植配额的需缴纳一定的罚金，有效管控各产地的种植规模，防止内部恶意、无序竞争。在销售端，实施食糖配额销售，政府根据当年食糖的预估产量、消费量、出口量分三种销售配额，一类是国内销售、二类是出口销售、三类是糖厂自营出口，国内销售为精制糖，出口销售则以原糖为主，以此稳定国内食糖价格。一类和二类的价格是政府或农企政联合的公司制定，只有三类的价格由糖企决定，但是糖企必须在完成一类、二类的配额后才能使用较高自主权的三类配额。

（3）建立蔗农糖企利益共享机制

与我国的蔗糖联动价格机制有所不同，根据《甘蔗与食糖法》规定，泰国实施蔗农糖企利益共享机制，即蔗农给糖企供应原料蔗，但不收取甘蔗入厂价，而是直接参与甘蔗加工为成品糖并销售后所取得的纯利润分配，根据既定的计算方法，一般蔗农可拿到纯利润的70%，糖企可拿到30%。

由于蔗农、糖企的利益高度一体化，蔗农更关心糖企的出糖率，倒逼其更注重种植高产高糖品种、加强种植管护等，自觉强化产业链的前端建设。糖企也因相对稳定的原料收购、蔗农分担部分销售风险而有序开展加工销售工作。

（二）国内其他省份主要经验做法

1. 云南：全链推进"广西模式"本土转化

云南省是全国第二大甘蔗主产区和生产保护区，2022 年甘蔗播种面积为219110 公顷，全国排名第二（广西为 847950 公顷），甘蔗种植主要集中在临沧、德宏等地，其发展糖业主要有以下做法。

（1）政策支持力度大

云南省政府较为重视蔗糖产业，2013 年、2016 年分别组织实施《关于推进蔗糖产业振兴 3 年行动计划的意见》《关于推进蔗糖产业提质发展 3 年行动计划的意见》，2020 年出台了《云南省 2020—2022 年糖料甘蔗良种良法技术推广补贴实施方案》，2022 年出台了《云南省农业现代化三年行动方案（2022—2024 年）》，大力推进良种良法推广、全程机械化、对糖料蔗良种良法技术推广开展补贴，从政策方面大力支持蔗糖产业发展。

（2）选育甘蔗良种多

云南省农业科学院甘蔗研究所首创集"家系选择、理想株型选择、高糖基因检测和抗性（抗旱、抗病）评价"于一体的高糖育种技术体系，自主选育甘蔗新品种"云蔗081609"（最高糖分达 21.03%，为全国最甜的甘蔗新品种）和"云蔗0551"等高产高糖品种，成为云南省主推品种。2023 年云南省良种覆盖率达 93% 以上，高产高糖甘蔗品种的推广应用，使云南省蔗糖分从13.5% 提高至 15.1%（全国出糖率最高），吨糖耗蔗量比全国低 10%，蔗糖成本降低 8% 以上，有效提高了糖料蔗品质和产量。

（3）适宜机械化水平高

云南省种植糖料蔗的地块 85% 为山地，且地块呈小、散分布特点，但通过大力建设双高基地、不断调优土地种植条件等，为机械化生产技术的应用推广夯实了根基。此外，云南根据实际情况，创新性推广分步式机械收割，减少甘蔗杂质，较大程度地提高收割效率，有效降低人力劳动成本。例如云南糖料蔗主产县区的陇川县，通过全程机械化、宿根保墒两手抓，2023年甘蔗耕种收机械化率达64.1%。

（4）价格联动机制优

云南省不断完善糖料蔗收购价格政策，2011/2012年榨季开始实施由广西推广至全国的糖蔗价格联动机制，以糖蔗价格联动的形式保障蔗农基本利益，夯实产业基础。2022/2023年榨季年普通糖料收购首付价为420元/吨，挂钩价为5800元/吨，联动系数为5%，销售均价超过5800元/吨；部分糖企实施联动价，与农民进行二次结算，增加的联动价格部分有效增加了农民收入。2023/2024年榨季云南继续实施糖蔗价格联动机制。以英茂糖业版纳公司为例，2024年糖蔗联动基价6200元/吨，比上榨季提高400元/吨，田间甘蔗一类品种收购价470元/吨、二类品种收购价440元/吨，以此保障农民和糖企利益。

（5）升级加工技术促产量

云南省积极优化和改进制糖及副产品综合利用技术，不断延伸蔗糖产业链。通过自主研制大型糖厂生产线关键设备及自动控制系统，在甘蔗自卸、压榨提汁及其控制等方面实现了多项技术突破，有效推动制糖装备技术升级优化，促使云南蔗糖企业日榨量从技术实施前的2275吨，提升到了2021年的3450吨，产业规模集中度提高了51.6%。同时，云南省以精深加工为重点，加工产品囊括糖、酒、纸、饲、肥等多品类，不断延伸产业链，增加全产业链价值。

2. 广东：科创赋能糖业高质量发展

广东省具有悠久的制糖历史，20世纪50年代至90年代，蔗糖产业更是达到了巅峰，时为全国最大的食糖生产基地，产糖量约占全国的45%。2022年广东省甘蔗种植面积达147.20千公顷，产量为1292.05万吨，分别占全国的11.42%、12.50%，均列全国第3位，为全国蔗糖主要产区。甘蔗种植主要集中在粤西地区（包括湛江、英德等地），其发展糖业主要有以下做法。

（1）提高品种支撑能力

在"新台糖"系列甘蔗广泛种植的背景下，广东省注重甘蔗新品种的选育，进而提高甘蔗产业的品种支撑能力。由广东南繁种业研究所育成的"粤糖93-159""粤糖00236""粤糖55号"等高产高糖、抗逆性强的甘蔗新品种，2023 年种植面积分别为 4.47 万公顷、2.88 万公顷、0.86 万公顷，在全国甘蔗品种种植面积中分别排第 4 位、第 8 位、第 11 位，在各大蔗区推广应用。其中，"粤糖 55 号"为广东蔗区主推的本地品种，2023 年约占全省种植面积的 1/4。

（2）推广"新湛江机械化模式"

在推广机械化生产方面，2016 年"湛江模式"以快速提升的甘蔗机收水平（耕种收中的难点）而闻名各大蔗区，相关扶持政策更是助推机械化快速发展。湛江市出台《湛江市扶持推进甘蔗生产全程机械化发展实施方案》，对每台甘蔗收割机械补贴 10 万元，极大提高了耕种收机械化水平。随着机收技术的改进，2023 年"新湛江模式"出现，其以糖厂为主体的甘蔗机收推进模式，由糖厂制定甘蔗机械化推进方案，形成"糖厂 + 甘蔗生产基地 + 机收服务公司 + 农户"系统协调管理的生产机制，含杂率快速检测、榨前预处理等一批关键技术和设备的研发成功，有效提高了甘蔗生产机械化水平。为推动广东省甘蔗生产机械化转型升级，广东省农业技术推广中心组建甘蔗全程机械化技术"轻骑兵"队伍，助力产业高质量发展。

（3）创新改造加工技术

产糖率的高低取决于甘蔗品种的糖分、加工技术等，良好的加工技术不仅可以减少糖损量，还能提升商品糖的品质。2018 年，膜法绿色制糖新技术研发成功并在湛江试产成糖，该技术具有产糖率高、节约能耗、废料少、成品糖绿色化等优点，给甘蔗加工业带来了新动能，现代压榨技术的推广与应用也为延伸产业链打下了坚实技术基础。

（4）推动产销平衡

与其他蔗糖主产区相比，广东省的产糖量处于中等水平，但广东省的蔗糖销售情况要优于其他蔗糖主产区。例如，截至 2023 年 6 月 30 日，广东、广西、云南、海南的食糖产销率分别为 91.44%、78.1%、72.61%、49.00%，广东为各蔗区中产销率最高的。产销率高得益于本地传统饮食需求旺盛，粤系饮食中糖的使用频率较高，饮食习惯带动产业销售，因此广东蔗糖的产销率较高。

（三）对广西的启示

1. 健全价格联动机制，加强政策立法支持

糖与粮、棉、油等同为国家战略层面的大宗农产品物资，但由于土地资源禀赋、生产效益等影响，需要合理的价格调控保障机制以及长期稳定的补贴政策支持，也需要加强立法保护及管理监督，来维护糖业发展安全。结合上述国内外的经验做法，广西仍需不断完善蔗糖联动价格机制，健全长期稳定的糖料蔗产销政策体系，加快糖业立法，压实各方责任、保障各方利益，维护榨季秩序稳定，坚定种蔗主体及制糖企业的生产信心。

2. 聚焦良种机收短板，强化科技创新支撑

甘蔗品种是决定出糖率、成糖品质的首要因素，高机械化水平带来的节能增效可直接降低食糖生产成本，而良种良法的推广也与机械化收获的适配高度相关。广西要加大对甘蔗良种选育支持力度，聚焦产量、糖分、抗逆性、宜机化等特性加快研发自主品种，配合推广各类高产栽培技术，提高种植管护水平；加强甘蔗收获机具研发制造，从"有机可用"向"有好机用"转变，针对不同蔗区实际，推进联合收获和分步式收获相结合、大小机具并重发展，推动广西糖料蔗机械化收获取得突破性进展。

3. 完善利益联结机制，打造产业利益共同体

总结泰国推动农企利益一体化壮大糖业发展经验做法，并结合广西实际来看，将糖企与蔗农之间的相互博弈关系转变为合作共赢关系，是推进糖业高质量发展面临的一项紧迫任务。广西要积极引导糖企提升服务水平、共享利益、共担风险，支持蔗农以土地资金入股、劳力入企等方式参与生产分红，推动形成政府增税、企业增利、农户增收的三方互利共赢局面，打造利益联结紧密、糖企带农富农效应显著的利益共同体，守好国家"糖罐子"。

五、广西推动糖业全产业链优化升级的总体思路与路径

（一）指导思想

坚持以习近平新时代中国特色社会主义思想为指导，全面贯彻党的二十大和二十届二中、三中全会精神，学习贯彻习近平总书记关于广西工作论述的重要要求，全面落实总体国家安全观，围绕高质量发展首要任务和构建新

发展格局战略任务，强化科技和改革双轮驱动，按照高端化、智能化、绿色化要求，因地制宜发展新质生产力，破解糖业全产业链堵点难点，贯通糖业"农头工尾——接二连三"全产业链，推动研发、种植、加工、储运、销售、品牌、消费、服务等各环节协同联动、融合发展，推进糖业发展延链、补链、强链、优链，形成韧性强、科技精、价值高、底色绿的产业体系，增强广西糖业可持续发展能力和竞争力，促进糖业全环节提升、全链条增值、全产业融合，以糖业全产业链高质量发展保障我国食糖安全供给。

（二）基本原则

——政府引导，企业主导。全面准确把握糖业特殊的政治属性和自然属性，充分发挥政府在规划制定、政策支持、市场监管等方面的引导作用，以企业为主体，市场化高效配置各类资源要素，激活企业发展内生动力，促进广西糖业高质量发展。

——优化布局，融合发展。统筹规划糖业全产业链发展，根据糖料蔗主产区及各地市糖企发展规模和主攻方向，优化产业链分工布局。着力补链、强链、拓链，推动上中下游循环畅通、产学研协同联动、一二三产业融合、国内外协调互动，增强糖业全产业链发展韧性，提升全产业链价值，促进广西糖业高质量发展。

——科技引领，降本增效。大力培育发展糖业新质生产力，加大糖料蔗育种力度，着力补齐科技装备短板，推动糖企新技术新工艺研发与推广应用，加快大数据、物联网、人工智能等现代信息技术对糖业全产业链的覆盖延伸，促进糖业全产业链技术升级。

——生态优先，绿色发展。深入推进糖料蔗种植化肥、农药等生产资料减量化，大力推广使用可降解农膜、生物农药、有机肥，保护糖区生态。大力发展循环经济，集成普及适应性广、实用性强的绿色技术模式，促进种养循环、产加一体、糖饲兼顾、草畜配套。加强节能、环保工艺设备利用，以绿色低碳循环技术引领构建资源节约型、环境友好型的全产业链糖业体系。

——联农带农，共同富裕。探索构建糖业全产业链后端利润弥补前端高成本生产的系统性机制，持续完善利益共享机制，健全"保底收益＋按股分红""订单生产""首付价 + 二次联动价"等利益分配机制，稳定蔗农收益，激发蔗农生产经营的积极性，带动蔗农共同富裕。

（三）发展目标

坚持糖业全产业链发展，贯通产加销、融合农文旅，开发糖业多种功能，推进延链、补链、强链、优链，补齐产业链短板，增强产业链韧性，提升产业链价值，促进糖业多业态深度融合，推动形成集科研、种植、生产、加工、销售、文旅于一体的完整糖业产业链。

——产业链韧性强。立足国际国内大循环，优化产业链布局，增强供应链黏性，夯实产业链供应能力，糖料蔗种植面积常年稳定在 1100 万亩左右，糖料蔗生产能力 6000 万吨左右，年均食糖产量 600 万吨左右。推动产业链上下游企业资源要素深度整合，推进糖业一二三产融合发展，提升产业链供应链韧性和安全水平。

——产业链科技精。推进蔗糖产业科技创新"藏糖于技"，全力攻关糖业全产业链关键性技术，加快形成广西蔗糖产业新质生产力，不断增强产业链自主可控能力。推进糖业产业链与创新链深度融合，提高广西糖料蔗良种覆盖率、育种水平、机械化水平。强化产业链上下游延伸、左右链配套，实现全链条协同创新。顺应新一轮科技革命和产业变革趋势，积极推进我区糖业全产业链数字化、网络化、智能化改造升级。

——产业链价值高。优化糖业产品结构，细分糖业产品市场，构建多元化的糖业产品体系、"多、准、广"的营销体系、独具特色的"桂糖"品牌，提高广西糖业产品价值，提升广西糖业应对市场风险的能力。深入推进糖业一二三产融合发展，推动糖业多业态融合，拓宽糖业全产业链价值域边界，提高糖业一二三产产值。加大技术研发投入力度，提高生产效率，降低生产成本，提高糖业及其副产品附加值。

——产业链底色绿。坚持绿色发展，积极推广测土配方施肥，提高化肥使用效率，降低化肥使用量。加快形成零排放的糖业闭合循环经济产业链，解决传统制糖业的结构性污染和区域性污染问题。推动清洁生产，推行绿色加工技术，降低制糖生产过程的能耗、水耗和污染物排放，制糖工业循环经济水平进一步提升，推动加工业用水循环利用率、百吨蔗耗标煤、百吨蔗耗水达到国际先进水平。

（四）优化路径

推动糖业一二三产深度融合，构建完善糖业供应链、价值链、创新链、企业链、空间链等五大链条，实施八大提升工程、七大重点行动，构建国际国内区内三大联盟，完善联动机制，做好政策保障，推动广西糖业全产业链优化升级。

1.筑牢供应链

实施糖业强基行动。持续推进糖料蔗保护区高标准蔗田建设，进一步对现有 500 万亩"双高"基地进行优化和提升，建设重点向宜机化改造方向推进。参照"双高"基地建设标准，研究制定不同档次"双高"基地建设标准，因地制宜逐步开展其余 600 多万亩高标准蔗田建设，进一步推进糖料蔗生产经营规模化、水利现代化、种植良种化、生产机械化，为提升全区糖料蔗单产、提高糖料蔗机收率、降低糖料蔗生产成本、提高种蔗效益夯实良好根基。

实施糖业稳基行动。持续推进糖料蔗生产保护区"非蔗化"专项整治行动，建议参照粮食等主要农作物管理模式，将糖料蔗生产保护区"非蔗化"整治与耕地"非农化"、防止"非粮化"整治列入同等重要事项协同推进，组织开展糖料蔗生产保护区"退果还蔗""桉退蔗进"等专项治理，坚决杜绝保护区内桉树、果树等非蔗经济作物新增面积。加快出台糖业发展相关法律法规，对"双高"基地用途进行监管，明确"双高"基地建成后应"专地专用"，对非糖化的"双高"基地进行相应惩戒，为糖业发展提供基础保障。继续提高种蔗补贴，保障种蔗收益，调动蔗农种蔗积极性。

实施良种良法保障行动。大力推广糖料蔗脱毒健康种苗，加快实现脱毒健康种苗全覆盖。普及精细化田间管理技术，优化糖料蔗栽培模式及技术，推广水肥药一体化、测土配方施肥、微生物改良土壤、粉垄整地、病虫害绿色防控等农艺措施，提升甘蔗单产及出糖率，提高土地产出效益。支持糖料蔗生产社会化服务组织发展，开展农机耕种收、病虫害统防统治等方面的专业化、标准化服务。

实施糖料蔗规模化种植行动。探索通过出租、合作、入股等多种形式，形成"企业＋合作社＋基地＋蔗农""企业＋基地＋蔗农""合作社＋基地＋蔗农"等多种合作模式，加快蔗地流转，积极鼓励糖料蔗适度规模经营。大力培育农业企业、专业大户、家庭农场、农民合作社等糖料蔗种植新型经营主体。建立健全相关激励政策，大力扶持返乡创业青年、大学生、当地经济能人投身糖料蔗发展，为全区糖料蔗发展注入新活力。

2. 提升价值链

实施传统糖精深加工提升工程。一是提高精制糖生产比例。研究全产业链视域下"二步法"成本收益比，试点推行"二步法"制糖工艺，提高精制糖生产比例。二是推动红糖产品发展。推动红糖厂整合重组和技术升级装备改造，对红糖厂进行标准化改造，结合多种应用场景及广西特色农产品、旅游发展等开发特色红糖产品，如茉莉花红糖茶、富硒红糖等。三是引导食糖向高端化、高值化领域转化。紧扣大型食品饮料企业和奶茶饮料行业新需求，开展糖浆直供和高端液体糖业务；加快发展咖啡糖、料包糖等便捷糖产品。大力支持价值链最高端药用糖研发生产。

实施糖业循环产业链提升工程。继续完善和升级糖业五条循环产业链条，加快形成各条循环产业链拳头产品，实现糖业"二次高质量创业"，提升糖业价值链。第一条：甘蔗—制糖—糖蜜—酒精—酒精废液—复合肥—还田种蔗。第二条：甘蔗—制糖—糖蜜—酵母、味精—废液—复合肥—还田种蔗。第三条：甘蔗—制糖—蔗渣—制浆造纸—废液碱回收—再利用。第四条：甘蔗—制糖—蔗渣—饲料—养殖生物肥—还田种蔗。第五条：甘蔗—制糖—蔗渣（蔗叶）—发电—蔗渣灰—肥料—还田种蔗。

实施糖业多元化产品开发提升工程。树立糖业大食物观，加强全值利用、梯次利用，聚焦开发糖业全产业链特色产品，加大红糖、咖啡糖、木糖醇、功能糖的研发力度，提高多元化蔗糖产品质量，推动蔗糖产品高端化、礼品化、高值化转型。顺应现代健康理念、减糖需求，推出木糖醇、功能糖等系列代糖产品；主动对接消费市场新需求，推出甘蔗植物水、甘蔗醋、甘蔗啤酒、朗姆酒与以朗姆酒为基底的鸡尾酒系列酒水饮料等糖业副产物产品；推进蔗叶、蔗渣等糖业副产物综合利用，推出环保餐具、肥料、饲料、燃料、基料等综合利用产品。

实施糖业多业态融合发展提升工程。深挖糖业文化，推动糖业文化与

"壮"文化融合,打造以"甜蜜壮乡"为主题的糖业休闲体验产品。挖掘甘蔗种植休闲观光娱乐功能、制糖技术展示与体验功能、糖业科技研学功能,发展糖文化体验、教育农园、亲子体验、研学示范等多业态,促进糖业一二三产融合发展。继续推进广西·中国糖产业园江州产业区甜蜜小镇、崇左中国糖业博物馆建设,进一步提升其"糖文旅"融合功能。鼓励支持有条件的蔗区建设糖业博物馆、糖业文旅小镇等"糖文旅"融合项目。

实施"桂糖"品牌培育提升工程。大力打造广西糖业"三品"体系,即以"桂糖"为区域品牌、以各糖业集团为企业品牌、以各糖业产品为产品品牌的梯次品牌体系。以广西蔗糖面积、产量常年稳居全国首位为宣传点,与知名饮品、咖啡、糖饼等食品企业,联手推出"桂糖"系列联名产品,打出"桂糖"知名度,全力打造"桂糖"区域品牌。在"桂糖"区域品牌框架下,以广西糖业衍生产品红糖、木糖醇、酵母、朗姆酒、甘蔗醋等为核心,结合世界旅游名城、名镇建设,打造国内广西糖业拳头产品;以绿色广西、特色农业为切入点,打造有机肥、饲料、环保餐具等产品品牌。构建"桂糖"品牌立体式营销推广体系,创新精准传播策略,构建品牌孵化与扶持机制,拓展"桂糖"品牌覆盖面。

3. 培育创新链

实施糖业种业"芯片"提升工程。加强广西甘蔗种质资源圃建设,加快甘蔗种质资源的收集保存,推动精准评价与鉴定、重要基因发掘、种质创制等研究。创新杂交技术和优异新种质,拓宽甘蔗遗传基础,确保广西甘蔗杂交花穗生产自主权。联合区内外科研力量,持续加大甘蔗良种选育力度,重点突破适宜"机械化收获"、抗"黑穗病"等难点,加大适合农机作业的甘蔗品种育种力度。继续加强甘蔗脱毒种苗生产及繁育关键技术研发,加快良种繁育速度,降低种苗生产成本。推动甘蔗种业产业化,增强甘蔗健康良种生产及稳定供应能力,加快形成育繁推一体化的种业产业化体系。

实施甘蔗全程机械化提升工程。鼓励农机生产企业与高校、科研院所组成创新联合体,整合资源、集中力量开展协同创新联合攻关,重点从育种与栽培、农机研制两个方面突破,深入推进甘蔗全程机械化。抢抓人工智能、大数据等技术快速发展的机遇,探索新一代机器人技术在糖料蔗机收方面的应用模式。全力协作攻关研发适合广西丘陵地貌、地块较小等特点的中小型糖料蔗收割机，把民营企业机收效果较好的整秆式糖料蔗收割机列入广西农机购买补贴范围。进一步优化甘蔗分步式机收新模式，加大"砍一刀"和蔗叶处理研究力度。重点解决好分步式机收蔗叶处理和用地问题，探索建立"收储主体＋村集体＋农户"的村集体收储模式，扩大制糖企业包干处理禁烧重点区域蔗叶试点。重点扶持广西农垦糖业集团、广西农投集团、东亚糖业集团、广西凤糖集团等积极性较高的企业，对企业给予分步式机收、联合机收蔗二次除杂等政策倾斜，进一步激发糖企在机收中的关键作用。将糖料蔗机收指标纳入国有糖企经营绩效考评体系。培育壮大农机社会化服务组织。

实施糖业数智化赋能提升工程。充分利用"云、网、数、智、安"等新兴技术融合发展优势，坚持以数字化、智能化赋能糖业全产业链。充分利用大数据、物联网、云计算等新兴技术推动糖料蔗种植向智能化、数字化升级。推动数字蔗区建设，打造全区蔗区联动调度云平台、区域特色型工业互联网平台，培育糖业数字产业集群，使其成为广西及全国食糖创新发展的重要载体。加快广西糖业大数据云平台建设，在完善已建成的糖业基础支撑平台和糖业政务监管平台功能的基础上，加快建设涉糖农业大数据平台、涉糖工业大数据平台、涉糖贸易大数据平台和糖业金融大数据平台，推动糖业数字化转型升级。推动在崇左、来宾等重点糖区开展糖业数字化试点，打造糖业数字经济先行区，以点带面，实现全区糖业数字化转型。

4. 整合企业链

实施糖业"大"企业培育行动。支持东亚糖业集团、洋浦南华糖业集团、广西糖业集团、南宁糖业股份有限公司、广西湘桂糖业集团等龙头企业，向高端化、智能化、绿色化方向发展，重点发展蔗糖精深加工，做大做强糖业集团。以龙头企业为核心，与中小企业组建产业（科技）联盟，引领带动整个产业加快转型升级。围绕制糖上下游产业及配套服务业精准招商，大力吸引糖果、饮料、休闲食品等用糖企业来桂投资，拓宽产业领域。同时，进一步打造以糖果食品为主，以饮料、休闲食品及食品原料为辅，集生产、研发、贸易、物流、文化、培训、工业旅游等多种功能于一体的休闲食品产业基地，打造成为国内先进、竞争力强的糖业产业集群。

实施制糖副产品高价值提升行动。根据广西糖业全产业链布局，细分糖业市场，推动糖业企业在细分领域做强做优做大。在白糖、液体糖、咖啡糖、红糖等精制糖市场，重点支持广西南宁东亚糖业集团、中粮糖业集团、南宁糖业股份有限公司、广西洋浦南华糖业集团、广西糖业集团等；在甘蔗植物水、甘蔗饮料、甘蔗酒等糖业衍生饮品市场，重点支持广西贵糖集团、贵港甘化公司、崇左好青春醋业公司开发新产品等；在酵母及酵母提取物、调味品等糖业副食品市场，重点支持来宾丹宝利公司、崇左乐斯福公司等；在环保餐具、环保生活用纸等日用品市场，重点支持广西福斯派环保科技有限公司、广西华宝纤维制品有限公司、广西洁丰生物科技有限公司、广西华萱环保科技有限公司、广西洋浦南华糖业集团、广西东糖集团、广西贵糖集团等；在饲料、肥料等农资市场，重点支持广西洋浦南华糖业集团、广西东糖集团、广西贵糖集团等与农资龙头企业开展全方位合作。

实施糖业企业能力提升行动。实施制糖及综合利用提质、降本、增效工程，抢抓大规模设备更新政策机遇，重点支持东亚糖业集团、洋浦南华糖业集团、广西糖业集团、南宁糖业股份有限公司等大型制糖企业，率先开展新技术装备推广应用、智能化数字化改造、蔗糖产业精深加工和副产品高值化利用等，淘汰高能耗落后设备，推广蔗车线上排队、自动过磅和车辆物流管理等系统应用，推动糖企设备更新、技术改造和数智化升级。

5. 拓展空间链

国际联盟：构建中国—东盟"糖料蔗飞地"。充分发挥广西与东盟山水相连、人文相近、交往密切、资源互补等优势，建立中国—东盟糖业互惠发展机制，开通海关、检验检疫等相关部门绿色通道，推动广西制糖企业在越南、缅甸、老挝、柬埔寨等国家建立糖料蔗基地，在广西—越南边境省区建立原糖生产工厂，集中处理"糖料蔗飞地"种植的糖料蔗，实现双方互惠互利合作共赢，为促进中国—东盟合作不断注入新动力，推动构建中国—东盟命运共同体走实走深。

国内联盟：构建全国糖业联盟。针对全国糖业南北发展不协同、西部"国糖"东部"进口糖"发展不协调等问题，建议构建全国糖业联盟，促进广西、云南、广东、海南等南方蔗糖产区合作，推动南方甘蔗糖与北方甜菜糖产业互动，促进东部进口糖与西部国产糖融合发展，形成"南南合作""南北互动""东西融合"全国一盘棋食糖战略发展格局，加强区域间共享合作发展，抱团应对进口糖的竞争与挑战，保障我国食糖安全。做大做强泛糖产品交易平台，丰富交易模式，加快建立线上线下协同、渠道终端协同、国内国际协同的高效食糖交易流通体系。

区内联盟：构建区内蔗区"云"联动机制。全面深化蔗区管理机制改革，以政府为引导，充分发挥市场在蔗糖产业资源配置中的调节作用。利用遥感、大数据、人工智能、信息技术，分析计算广西各蔗区种植—加工供需情况，在保持各蔗区"物理"现状的基础上，云调度区内各蔗区资源，实现以全区种植—加工供需匹配为立足点，动态调整蔗区划分，打破蔗区限制，破除生产壁垒，实现科学、审慎放开糖料蔗在全区范围内自由流通，增强制糖企业的市场发展内生动力。

六、广西推动糖业全产业链优化升级的政策建议

切实发挥好自治区推动糖业高质量发展工作专班作用，建立更加高效的工作协同机制，统筹协调农业农村、科技、财政、水利、农机、工信、科研院所等力量，从糖料蔗育种、种植、购销、加工、品牌等全产业链综合考虑，优化整合现有政策，加快糖业立法，推动糖业全产业链优化升级。

（一）资金支持政策

1. 加大财政扶持力度

把糖业全产业链高质量发展作为乡村振兴重要投资领域，把乡村振兴衔接资金中用于支持特色优势产业的部分向糖业全产业链倾斜，逐步提高糖业全产业链资金占比。不断优化财政支糖资金投向，从重点支持蔗糖种植向制糖、农机制造、蔗糖综合利用、"桂糖"系列品牌打造等全产业链延伸。加大对中国·糖产业园、中泰产业园、扶绥空港产业区、现代农业产业园、现代特色农业示范区等各类园区的支持力度，发挥园区示范引领带动作用。加大设施农业投入力度，将蔗田水利设施建设纳入财政补贴范围，推动糖料蔗产业设施化、水利现代化发展。实行糖业补助资金专户管理政策，建立自治区级以上财政补助资金直达糖厂、种植户等专户直达机制，实现补助资金点对点拨付，提高财政运行效率。

2. 加强糖业发展激励政策

一是设立糖料蔗种植规模化奖励资金，以合作社、集体经济组织、家庭农场为奖励单位，对于连片种植甘蔗 50 亩以上的进行分级奖励，对糖料蔗种植面积在 20 万亩以上的大县给予奖励。二是设立甘蔗高效机收奖励资金，修订《2020—2022 年广西甘蔗生产全程机械化作业补贴实施细则》奖补办法，将"基地改造连片区域面积不小于 50 亩，按照实施方案要求并通过验收合格后给予一次性奖补"修改为真正使用机械化收获且机收率达到一定比例的基地，给予奖励。对糖料蔗种植面积连片 100 亩以上、种植行距在 0.9 米以上并已进行宜机化改造的糖料蔗种植大户，按照机械化收获面积给予一定标准的奖励。对 0.9 米及以上行距的糖料蔗联合机收和分步式机收作业进行补贴。探索设立"机械化明星企业"激励制度，对收获机械化明星企业考虑给予降税减费、奖补、技改、金融贴息等方面的政策支持。设立糖料蔗生产机械化数智化综合改革试验区，对综合机械化率尤其是机械化收获率达标的试验区给予奖励。三是给予糖业废弃物综合利用政策性奖励支持。推动糖业废弃物综合利用产业化发展，提高糖业全产业链附加值，对糖业废弃物综合利用产值达到 5000 万元以上的企业给予相关的奖补支持。

3. 健全多元化资金投入机制

强化财政资金引导撬动作用，设立自治区糖业发展专项资金，引入市场化运作模式，建立广西糖业发展基金，运用"基金＋财政"工具撬动更多社会资金投入糖业发展。加强地方政府专项债券管理，增大糖料蔗主产区地方政府专项债券用于糖业全产业链发展规模，用好、用足、用活地方政府专项债券。在规范地方政府举债融资行为的前提下，支持糖料蔗主产区地方政府发行一般债券用于支持糖业转型升级发展领域的公益性项目。

4. 完善财政资金统筹管理长效机制

健全自治区级财政糖业财政资金预算管理协调机制，统筹整合糖业产前、产中、产后财政资金，从预算编制环节源头推进财政支糖资金和任务的实质性整合，促进糖业全产业链财政支持政策相互衔接，避免同一事项重复投入，通过存量整合、增量统筹的方式筹集资金支持糖业全产业链优化升级。加强糖业财政资金政策顶层设计，规范资金使用管理机制，建立糖业全产业链高质量发展重大项目重点保障机制。加强机械化收获补贴资金直达管理，确保作业补贴资金及时足额兑付。

（二）金融支持政策

1.丰富糖业信贷融资产品

创新金融服务模式，将信贷支持从制糖环节扩展至糖料蔗种植、管护等环节。完善"桂惠贷"贷款贴息政策，建立贷款贴息预拨机制，由财政部门向经办银行预拨贴息资金，或推行"先放款、后补贴"政策，先由银行直接按降低后的利率向企业发放贷款，再由银行向财政部门申请利差补贴。鼓励开发性金融、政策性金融机构结合职能定位，推出包括"蔗糖贷""蔗农贷"等在内的"桂糖贷"系列贷款，重点支持糖业全产业链各环节。鼓励金融机构为糖企提供定制化服务，简化贷款审批手续、延长贷款期限、降低贷款利率等。加大政策性金融对糖业的支持力度，协调国开行、农发行等政策性银行将糖料蔗收购资金全口径纳入政策性贷款范围。发挥龙头企业对产业链上游农户的增信作用，积极发展供应链、产业链金融。发挥村组干部、新乡贤等对周边农户的增信作用，积极发展农户信用贷款。鼓励商业银行加大对蔗农的信贷支持，增加农村小规模信贷，为蔗农购买农资提供低息贷款。

2.完善糖业贷款担保机制

鼓励各地设立风险补偿基金、担保基金，鼓励政府性融资担保机构开展糖业融资担保业务，通过实施担保费用补助、业务奖补等方式支持糖业全产业链发展的贷款担保。拓宽担保物范围，探索开展以土地承包权、农业设施、种植作物、保单、仓单等为贷款抵押物的抵押方式，为糖企提供融资服务。针对糖企资信等级较低的困境，支持担保机构与糖企精准对接，开发创新担保产品，引导商业银行授信，缓解糖企生产经营资金不足困难。

3.扩大糖业保险保障覆盖面

优化完善糖料蔗完全成本保险和种植收入保险等政策性保险，建立更加科学合理的理赔标准和更加便捷高效的赔付机制，提高赔付率。引导保险机构为糖企定制企财险、责任险、货运险、仓储险等保险产品，扩大糖业全产业链保险覆盖面。强化糖业保费补贴资金管理，将保费补贴资金纳入自治区重点项目资金清单范围，将其支付进度作为地方财政管理工作绩效考核的重要指标。

4. 建立健全融资补助政策

支持符合条件的糖企通过赴境内外资本市场挂牌上市、发行企业债券、资产证券化等方式融资，拓展企业融资渠道。支持各地结合实际，制定鼓励和扶持糖企上市（挂牌）的政策措施和奖补办法，对注册地在当地的糖企上市融资、到新三板挂牌、到区域性股权市场直接融资等给予补助和奖励。在境内申请上市的，按规定对会计审计费、资产评估费、法律服务费、券商保荐费等中介费用，按不超过实际发生费用的一定百分比给予补助；在新三板成功挂牌的，由本级财政给予一次性奖励；在区内区域性股权市场发行可转换为股票的公司债券或增资扩股成功进行直接融资的，按企业融资金额的一定百分比给予补助。

（三）科技支持政策

1. 完善糖业全产业链科研项目支持体系

在现代特色农业科技"尖锋"专项行动中加大对糖业全产业链科技研发支持力度，建议自治区科技厅、农业农村厅设立糖业"芯片"关键技术研发专项、绿色智能化农机装备研发专项、制糖及综合利用技术研发专项等，支持科研单位、社会力量围绕新品种选育、良种繁育推广、种植、食糖加工、销售、仓储物流、废弃物循环综合利用等全产业链各环节开展专项研究。一是糖业"芯片"关键技术研发专项。建设中国糖料蔗种质资源库（圃），加强与国家和各地各级科研院所、资源圃、杂交基地等科研资源的联合创新，进一步加强重要基因发掘、分子育种等技术创新，加快选育耐旱耐贫瘠强宿根及高产高糖高抗新良种。二是绿色智能化农机装备研发专项。支持自治区农机中心与广西柳工等制造企业，中粮糖业集团、广西农垦糖业集团等制糖企业，广西大学、桂林电子科技大学等高校及国内外相关技术创新团队成立产学研用联合体，共同开展糖料蔗生产全程机械化技术攻关，重点研发适应山地丘陵及农艺要求的小型化机具、分步式机具、智能化机具。三是制糖及综合利用技术研发专项。鼓励制糖及综合利用企业更新设备，拓展延伸制糖及综合利用全链条，提升产业科技创新水平和产品附加值。

2. 构建糖业科技创新战略联盟

以糖业相关部门为主导，推动科研单位、高校、糖企等构建糖业科技创新战略联盟，形成产学研用一体化发展格局。根据糖业全产业链各重点环节的市场属性，在糖业全产业链中的新品种选育、良种繁育推广、种植等基础研究环节，以自治区农科院甘蔗研究所、广西大学等科研单位和高校为主体，强化公益性科研单位创新能力建设，培育糖业全产业链基础新质生产力；在糖业农机研发、食糖加工、销售、仓储物流及废弃物循环综合利用等环节，加快构建以企业为主体、以市场为导向、产学研相结合的糖业研发体系。以糖业科技创新战略联盟加快统筹推进糖业公益属性与市场属性协调发展。

3. 创新科研项目扶持方式

根据糖业全产业链各环节的公益属性和市场属性，开展糖业科技创新"揭榜挂帅"，分类采用事前补助、事后补助、科技金融补助等多种形式进行扶持。由于良种培育周期长，且存在一定的不确定性，在育种、栽培技术等基础研究环节，鼓励采用事前补助、多年滚动支持等方式，引入激励及一定的容错机制，提升糖业种业科技创新能力，培育糖业基础新质生产力，提高全区糖业核心竞争力。在农机装备研发、制糖及综合利用等环节，以企业为主体，引入市场机制，鼓励科研单位以科技入股等形式进行科企合作、联合开发，采用事后补助、科技金融补助等形式，以财政资金激发企业科技创新热情，拓宽糖业科技投入渠道。

4. 强化糖业科技人才支撑

一是加强高层次人才引进。加快推进自治区打造区域性人才集聚区和面向东盟的国际人才高地，引进国内外高水平创新平台到广西建立分支机构，引导更多国内外一流创新资源和高端人才入桂，为广西糖业发展提供强大人才智力支撑。二是加强本土领军人才培养。实施广西糖业高层次领军人才培养计划，强化学科、项目、平台、经费等的供给，加大国家现代农业产业技术体系广西甘蔗创新团队、广西糖料蔗产业科技先锋队等糖业相关科研团队建设支持力度，推动更多本土科研人员进入国家糖料产业技术体系岗位科学家行列，选聘一批在糖业领域有创新能力的学科带头人和研发团队，培育一批具有较强开拓创新能力的广西糖业领军人才、中青年骨干人才。三是加强基层农技推广人才培养。持续推进自治区乡村振兴科技特派员制度，围绕糖业全产业链，组建糖业全产业链科技特派团，加强对糖业全产业链各环节的技术支持。加大县乡镇对糖业生产管理和技术推广部门的资金、教育培训支持力度，强化基层农技人员培训，提高基层农业科技推广人员福利待遇，鼓励更多农技人员服务糖业生产第一线。设立高素质蔗农培养专项资金，培养一线高素质蔗农。

（四）贸易支持政策

1. 深入推进糖料蔗购销体制改革

强化糖料蔗订单合同管理，支持形成统一的糖料蔗收购价格体系，切实维护糖厂和蔗农稳定的合作关系。将糖料蔗订单纳入征信系统，探索建立订单合同履约信用体系，堵住违反订单合同买卖糖料蔗的牟利渠道，维护正常糖料蔗收购市场秩序。加快完善糖业服务体系，进一步拓展泛糖产品交易平台功能，扩大食糖交易规模和品种范围，持续优化"期现联动"模式，做大做强食糖交易市场。支持糖业电子商务平台、现代商贸物流建设，与国内大型商品交易所建立食糖期货市场发展协作、信息交流机制。做好食糖贸易救济与产业安全预警工作，建立健全"企业—社会中介（商/协会等）—地方政府—商务部贸易救济调查局"的"四体联动"工作机制，形成自下而上的反馈机制与自上而下的指导与监测机制。

2. 推动"桂糖"品牌建设

加快制定出台广西打造"桂糖"品牌的政策文件，明确"桂糖"品牌打造的总体要求、目标定位、主要任务、培育举措、保障措施等，推动形成"'桂糖'区域品牌＋各糖业集团企业品牌＋产品品牌"的三级融合、协调发展、互为支撑的品牌培育格局。建立健全"桂糖"品牌市场化运营机制，培育引进"桂糖"品牌专业运营机构，将糖业与壮乡文化、农耕文化相结合，打造"甜蜜壮乡"形象。实施"桂糖"联名宣传战略，积极推动糖业与国内外知名饮品、糕点等联名宣传，提升"桂糖"知名度。在广西各知名旅游景区（点）设立蔗糖、红糖、甘蔗汁、甘蔗醋、朗姆酒等"桂糖"系列产品旗舰店，集中宣传"桂糖"品牌及系列产品。积极参加国家级、省级和市级各类农产品展示展销会，大力宣传糖及糖衍生品，推动"糖"单品结成"糖"链，提升糖业附加值。

3. 推动国际贸易健康有序发展

推动构建全国糖业联盟，形成"南南合作""南北互动""东西融合"全国一盘棋食糖战略发展格局，在此基础上构建国内食糖总量平衡机制，根据国内食糖供需缺口，加强食糖进口管控。鼓励面向东盟国家发展糖料蔗"飞地经济"，鼓励制糖企业到境外种植糖料蔗。积极推动将糖料蔗跨境种植与进口纳入国家贸易协定，降低糖料蔗进口增值税，降低食糖国内生产成本。在榨季设立糖料蔗通关绿色通道，提升糖料蔗通关效率，减少糖料蔗糖分损失。完善自治区边防、海关、公安、工商、食药监等多部门反走私协同治理机制，织密区内走私食糖查处网络。严格执行进口食糖配额，严禁超配额进口食糖。

课题组组长：商娜红

课题组副组长：卢　婕　孔令孜

课题组成员：廖　锐　陆　华　刘梦夏

容建波　黄艳芳　宁　夏

李小红　屈婷婷

广西文化旅游产业高质量发展对策研究

摘要 习近平总书记高度重视广西文化旅游产业（简称"文旅产业"）发展并寄予厚望，作出系列重要指示批示，为广西文化旅游发展指明了方向、提供了遵循。广西将文旅业作为绿色低碳、富民兴桂的支柱产业来打造，取得显著成效，但仍存在文旅融合深度不够、优质产品供给不足等短板，需继续下苦功夫，推动文旅产业高质量发展。本课题全面贯彻党的二十大和二十届二中、三中全会精神，深刻理解习近平总书记在 2024 年全国旅游发展大会期间关于统筹政府与市场、供给与需求、保护与开发、国内与国际、发展与安全的重要论述①，聚焦广西推动文化旅游产业高质量发展的现状和短板，提出今后广西文化旅游产业高质量发展的总体要求和对策建议，供自治区党委、政府和有关部门决策参考。

习近平总书记高度重视广西文化旅游产业发展并寄予厚望，作出一系列重要指示批示。2021 年，习近平总书记考察广西时提出，桂林要努力打造世界级旅游城市②。2022 年，习近平总书记参加党的二十大广西代表团讨论时强调，要守护好八桂大地的山水之美，在推动绿色发展上实现更大进展③。2023 年 12 月，习近平总书记再次指出，发展壮大林业产业、文旅产业、养老产业、大健康产业，让生态优势不断转化为发展优势④。习近平总书记重要

---

① 《习近平对旅游工作作出重要指示强调 着力完善现代旅游业体系加快建设旅游强国 推动旅游业高质量发展行稳致远》，《人民日报》，2024 年 5 月 18 日。

② 《习近平在广西考察时强调 解放思想深化改革凝心聚力担当实干 建设新时代中国特色社会主义壮美广西》，新华社，2021 年 4 月 27 日。

③ 刘宁：《努力在推动绿色发展上实现更大进展 谱写人与自然和谐共生的现代化广西篇章》，《中国日报》，2023 年 3 月 10 日。

④ 《习近平在广西考察时强调 解放思想创新求变向海图强开放发展 奋力谱写中国式现代化广西篇章》，新华社，2023 年 12 月 15 日。

指示精神为广西文化旅游发展提供了根本遵循、注入了强大动力。广西立足发展优势，将文化旅游业作为绿色低碳、富民兴桂的支柱产业来打造，取得显著成效。但面对全国各省、自治区、直辖市文旅产业千帆竞发的态势，广西仍需继续下苦功夫，才能更好地立足先发优势，推动文旅产业实现高质量发展。

本课题坚持以习近平新时代中国特色社会主义思想特别是习近平文化思想为指导，深入贯彻落实习近平总书记关于广西工作论述的重要要求，全面贯彻党的二十大和二十届二中、三中全会精神，深刻理解习近平总书记在 2024 年全国旅游发展大会期间关于统筹政府与市场、供给与需求、保护与开发、国内与国际、发展与安全的重要论述[①]，聚焦广西推动文化旅游产业高质量发展的现状和短板，提出今后广西文化旅游产业高质量发展的总体要求和对策建议，供自治区党委、政府和有关部门决策参考。

一、广西文化旅游产业高质量发展的主要做法及成效

近年来，广西立足自身优势，在自治区党委、政府加强领导、大力推动，各地各部门共同努力下，全区文化旅游产业稳中有进，取得新进展、获得新成效。

（一）党委、政府高度重视，高位推动文化旅游产业加快发展

近年来，自治区党委、政府高度重视文化旅游产业发展，出台《关于加快建设世界旅游目的地推动旅游业高质量发展的意见》等一系列支持文件，成立自治区打造桂林世界级旅游城市工作领导小组，出台 31 条专门支持桂林的政策措施，为高水平建设桂林世界级旅游城市、广西世界级旅游目的地提供有力指引和支持。自治区党委、政府的高位推进，有力推动了广西文化旅游业强劲复苏。2023 年，全区累计接待国内游客 8.49 亿人次，按可比口径同比增长 81.7%；实现国内旅游收入 9211.17 亿元，按可比口径同比增长 70.0%；国家 5A 级旅游景区总数量达到 9 个；明仕度假区、北海银滩、桂林雁山成功创建为国家级旅游度假区，国家级旅游度假区总数量达到 4 个；国家 4A 级旅

① 《习近平对旅游工作作出重要指示强调 着力完善现代旅游业体系加快建设旅游强国 推动旅游业高质量发展行稳致远》，《人民日报》，2024 年 5 月 18 日。

游景区总数量达到 349 个（见表 10）。广西核心旅游品牌数量位于全国前列。

表 10　2019 年与 2023 年广西文化旅游主要指标数据对比

主要指标	2019 年	2023 年
旅游总人次（亿人次）	8.76	8.49
旅游总消费（亿元）	10241.44	9211.17
入境过夜游客数（万人次）	623.96	43.77
国际旅游消费（亿美元）	35.11	1.74
国内游客人数（亿人次）	8.76	8.49
国内旅游消费（亿元）	10241.44	9211.17
国家级旅游度假区（个）	1	4
自治区级旅游度假区（个）	13	21
国家5A级旅游景区（个）	7	9
国家4A级旅游景区（个）	247	349
四星级以上乡村旅游区（含农家乐）（个）	283	243
四星级以上旅游饭店（个）	125	111

（二）坚持文化守正创新，持续扩大广西文旅品牌影响力

持续开展"开年游广西""壮族三月三""千万老广游广西""秋冬游广西"等系列活动，推出桂北山水、浪漫北部湾等 8 条精品旅游线路，吸引全国各地游客。举办中国—东盟博览会旅游展、中国—东盟文化论坛等国际交流活动，每年参与海外中国文化中心的合作共建，推动文化"走出去""引进来"。举办文化和旅游宣传推广创意大赛、旅游精品线路设计大赛等活动，鼓励全社会参与广西文化旅游宣传推广创意创新。持续拍摄制作一批高品质创意短视频、纪录片并在新媒体平台投放，持续登上全国省级文化和旅游新媒体传播力指数 TOP10 榜单，"秀甲天下·壮美广西"品牌知名度、美誉度得到提升。将"广西小砂糖橘"勇闯哈尔滨网络流量转化为发展动能，实现"东北老铁"和"广西老表"双向奔赴，"南北互换"助力广西文旅火出圈。彩调剧《新刘三姐》荣获第十七届文华奖、国家"五个一工程"优秀作品奖，"六堡茶制作技艺""瑶族油茶习俗"被列入联合国教科文组织人类非物质文化遗产代表作名录，海上丝绸之路·北海史迹、灵渠、三江侗族村寨申

请世界非物质文化遗产工作稳步推进，"桂林山水""浪漫北部湾""壮美边关""长寿广西""广西三月三""刘三姐"等六大文化品牌影响力持续扩大。

（三）聚焦办好文旅大会，全面提升广西文旅发展水平

以"比、促、推"为目标，采取竞争性举办文化旅游会议的机制，连续五年举办文化旅游发展大会，每届安排5000万元支持承办城市基础设施和文化旅游品牌建设，出台专项扶持政策，开展综合考核评估，推出一批新项目、新业态、新品牌。鼓励非承办城市联合承办城市推出大会观摩精品线路，推动全区各地互学互促互进。已承办大会的6个市完成桂林雁山国家级旅游度假区、柳州螺蛳粉小镇、北海北部湾国际邮轮母港、崇左明仕国家级旅游度假区、南宁邕州古城·三街两巷等一批重大项目建设，彰显了地方特色，展现了城市魅力，做强做优了本地特色文化和旅游产业，达到"一地举办、辐射周边、带动全区"的效果。

（四）实施"文旅+"战略，促进文旅产业跨界融合发展

制定并实施《广西"文旅+"产业融合培育新业态拓展新消费三年行动计划（2022—2024年）》，产业跨界融合发展效果显著。推动南宁青秀区和桂林阳朔县入选国家级文化产业和旅游产业融合发展示范区建设名单，成功创建国家级夜间文化和旅游消费集聚区11个、国家级旅游休闲街区6个，评定首批5家农文旅融合发展乡村振兴示范区。推进南宁国家级中医药健康旅游示范区、桂林国家健康旅游示范基地建设，柳州大健康和文旅装备制造基地建设，持续发力大健康旅游产业。发布一批经典研学旅行线路，持续打响"力行学堂"广西研学旅行品牌。发行"桂林山水甲天下"主题即开型彩票，发布桂林高山冰雪温泉、阳朔遇龙河和乐业天坑地心之旅等体育旅游精品线路，推动体育赛事进景区、进街区、进商圈，举办"跟着赛事去旅行"、体育嘉年华、体育消费季、体育研学游、体育会展等多形式的文体旅商促消费活动，充分利用环广西公路自行车世界巡回赛和全国学生（青年）运动会等重大赛事活动，促进文旅体商深度融合发展。2024年暑期，以"潮玩暑期·燃情盛夏"为主题，精心推出夏季山水旅游产品，实施"万千学子游广西"行动，开展多业融合促消费活动，成功打

造边境旅游、研学旅游、低空旅游、夜间旅游等多个暑期爆款旅游产品。自治区博物馆从 6 月开始举办"国宝沉浮：圆明园兽首暨回流文物特展"，吸引大量区内外学生、家长和其他游客共赏国之瑰宝。

（五）强化跨境旅游合作，擦亮边疆民族地区文旅金字招牌

全方位深化与越南等东盟国家的旅游合作，推动跨境旅游迅猛发展，建成中国首个跨境旅游合作区——中越德天（板约）瀑布跨境旅游合作区并试运营，开创中越两国跨境合作新路径，为游客提供便捷的"一日游两国"体验，这成为中越双方跨境旅游合作先行先试典范。中越双方争取尽快设立中国（凭祥）—越南（文朗）跨境旅游合作区；另外，中越双方在跨境旅游线路的开发与推广、跨境旅游节庆举办、跨境旅游人才培训与交流等方面也取得显著成效。防城港边境旅游试验区建设经验获得认可，被文化和旅游部评为 2021 年度文化和旅游领域改革创新优秀案例，中越双方携手探索，形成文化旅游跨境合作"六联合"模式，推动"两国一城"边境旅游全域化发展，谱写了防城港边境旅游试验区发展的新篇章。自治区层面出台《加快建设边关风情旅游带三年行动计划（2022—2024 年）》《广西边关国家旅游风景道建设工作方案》等政策文件，加快推动广西边关国家旅游风景道建设，升级打造边关风情旅游带，不断打响"壮美边关"文旅品牌。

（六）加强文旅市场整治，持续优化文化旅游消费环境

针对疫情过后旅游市场乱象有所抬头的情况，2023 年自治区召开旅游市场秩序综合整治工作电视电话会议并印发整治工作方案，成立工作专班，在全区范围内开展为期 6 个月的综合整治工作。实施动态管理，对 A 级旅游景区、星级饭店、自治区级旅游度假区、星级乡村旅游区等现有旅游场所按照等级标准定期组织评定性复核，督促整改，适度摘牌降级。严格执法检查，持续深入开展全区旅游市场秩序综合整治行动，通过暗访评估和监督检查、建立旅游市场"红黑榜"制度，突出奖优罚劣，坚持线上线下同步治理，加强数据信息共享和线索移交，紧盯各种顽疾进行常态化整治，促进旅游市场规范有序发展，持续优化全区文旅消费环境。

二、广西文化旅游产业高质量发展的短板和弱项

自疫情防控政策重大调整后，全国旅游业呈现强劲复苏态势。2023 年，国内出游 48.91 亿人次，同比增长 93.3%；国内旅游总消费 4.91 万亿元，同比增长 140.3%；旅游人均消费达到 1003.88 元，同比增长 24.5%。全国旅游市场亮点纷呈，文旅融合深入推进，多元文旅业态创新发展，服务品质升级吸引流量，出入境旅游加速恢复，如西安大唐"不夜城"、贵州"村BA""村超"、黑龙江冰雪旅游等都取得意想不到的效果。广西作为文旅大省，虽然也取得不俗成绩，但相较于丰富的文旅资源、良好的生态优势，发展成效仍有提升空间。特别是相较于国内许多旅游热点地区和新兴旅游目的地的经验做法，文旅深度融合不够、优质产品供给不足等问题仍然制约广西文旅高质量发展。

2023 年全国主要省份旅游相关数据见图 21、表 11、图 22。

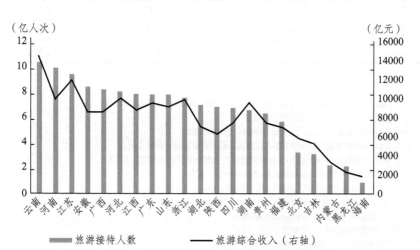

图 21　2023 年全国主要省份旅游接待人数及旅游综合收入

表 11　2023 年全国主要省份旅游统计数据

省份	旅游接待人数（亿人次）	旅游综合收入（亿元）	人均旅游消费（元）
云南	10.4	14400	1385
河南	9.95	9645.6	969
江苏	9.4	12000	1277
安徽	8.48	8510	1004
广西	8.2	8600	1049

省份	旅游接待人数（亿人次）	旅游综合收入（亿元）	人均旅游消费（元）
河北	8.1	10000	1235
江西	7.9	8706.3	1102
广东	7.8	9500	1218
山东	7.8	9100	1167
浙江	7.6	9907.6	1304
湖北	7.0	7000	1000
陕西	6.87	6273.9	913
四川	6.8	7443.5	1095
湖南	6.6	9565.2	1449
贵州	6.36	7404.56	1164
福建	5.72	6981	1220
北京	3.29	5849.7	1778
吉林	3.14	5277.3	1681
内蒙古	2.3	3350	1457
黑龙江	2.19	2215.3	1012
海南	0.9	1813	2014

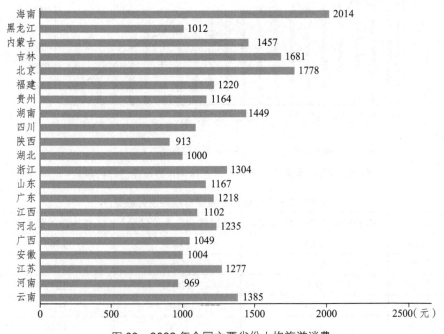

图 22　2023 年全国主要省份人均旅游消费

（一）文旅深度融合不够

对历史文化的挖掘传承和活化利用程度较低。广西拥有丰富的历史文化、民族文化资源，但文化内涵挖掘不够，大多数停留在对文物讲故事的初级层面，文化旅游与现代科技、创意融合不足，相关转化成果较少，游客体验性不强。一些节庆活动停留在传统庆祝层面，与文化创意、旅游演艺等融合不够。

（二）资源整合有待加强

由于历史原因，广西有相当一部分旅游资源产权归私企所有，提升改造较为困难，收购价格又相对偏高，各类景区景点资源难以有效整合。基础设施短板明显，通景公路不顺畅，智慧化、便利化水平有待进一步提升。景区内交通标识和导览系统不完善，停车场、充电桩、游客集散中心等配套服务设施较缺乏，餐饮、购物等条件不能满足游客需求。部分地方在文化旅游发展方面谋划不足，文旅项目建设前期研究不够，导致项目低效开发、同质化现象较普遍。

（三）优质产品供给不足

优质文旅产品供给不足、创新不够，人均旅游消费低的同时，还呈现下降的态势。消费结构不佳，民宿存在同质化现象，精品民宿较少，全区大多数传统景区，仍然长期依赖"门票经济"，缺乏特色文创产品，游客二次消费少，缺少新业态、娱乐型、体验感强、参与度高的旅游体验产品。利用影视作品宣传旅游景区力度不够，难以通过引爆观剧流量带来游客流量。总体来看，全区缺乏"文旅+"融合精品和"爆款"网红产品，缺少文化演艺项目和数字文化产品。

（四）服务保障有待提升

相较于先进省份，广西的"一键游广西"智慧旅游平台在使用体验感、投诉处理等方面还存在一定差距。虽然"一键游广西"智慧旅游平台在不断迭代升级，但运营情况并不如预期。出境旅游业务的开展仍然受到局限，国际航班存量虽得到恢复，但跟疫情前相比仍有较大差距。部分热门旅游城市，高铁站与主要景区景点、酒店、车站码头、机场等之间，交通转乘不顺畅。不少热点景区景点可进入性差，一些景区景点旅游咨询、集散中心、旅游码头等功能不完善，运营水平不高，旅游咨询也不够顺畅、方便。

（五）市场主体实力不强

广西能上规入统的文旅企业不多，市场竞争力不足，同时缺少行业内的龙头企业和特色知名项目。全区规上文化企业数量少，体量也偏小。文旅重大项目储备不多，招商引资效果也不够好，难以引进具有创新引领性和重大影响力的文旅项目。社会资本对文化旅游项目投资增长较低，项目建设进展较慢。

三、广西文化旅游产业高质量发展的总体要求

（一）总体思路

以习近平新时代中国特色社会主义思想为指导，全面贯彻落实党的二十大和二十届二中、三中全会精神，深入贯彻落实习近平总书记对文化和旅游工作的重要指示和关于广西工作论述的重要要求，完整、准确、全面贯彻新发展理念，把实施扩大内需战略同深化供给侧结构性改革有机结合，解放思想、创新求变、向海图强、开放发展，促进文旅深度融合，加强资源整合，创新产品供给，提升服务保障，壮大市场主体，推动文化旅游产业更高水平发展，构建具有核心竞争力的现代文化产业体系和旅游产业体系，推进文化和旅游消费全面升级，拓展对外交流，加快打造桂林世界级旅游城市和广西世界旅游目的地，推动广西文化旅游产业实现高质量发展。

（二）基本原则

坚持守正创新。加强优秀传统文化创造性转化、创新性发展和传承利用，推进"文化赋能"，加大对外传播和文化交流力度，在守正创新中弘扬优秀传统文化。

坚持深度融合。以文塑旅、以旅彰文，推动文化和旅游深度融合，以"文旅+""+文旅"实现文化创造活力持续迸发、旅游发展质量持续提升，不断激发新动能、开拓新空间。

坚持市场导向。充分研究消费市场，明确目标市场，根据不同群体消费特点，有针对性地研究制定支持引导政策、谋划建设特色文旅项目、开发打造适销文旅产品，加强产销对接，扩大产业规模，拓展市场空间。

坚持系统观念。坚持前瞻性思考、全局性谋划、整体性推进，统筹市场需求和供给，统筹规范和发展需要。坚持协同推进，强化部门协作和区域联动，增强文化和旅游发展工作合力。

坚持开放发展。推进文化和旅游领域更高水平对内对外开放，推动与国内各省份、东盟国家、世界各国的文化交流和旅游合作，构建全方位、多层次、宽领域的对外文化和旅游交流合作格局。

（三）发展目标

"十五五"发展时期，广西文化旅游产业整体实力进一步增强，文化和旅游主要指标稳居全国第一方阵。产业发展的政策环境和要素保障不断完善，形成文化和旅游与多产业融合发展新局面，文化和旅游新业态更加丰富，数字化、智能化、绿色化特征更加明显，提供高品质旅游景区和旅游度假区、旅游休闲街区、文化产业示范园区（基地）、乡村旅游重点村、沉浸式演艺项目等一批带动性、示范性强的产品，优化整合资源，构建系统、完整的文旅产品链，文旅市场主体不断壮大，构建包含龙头企业、强优企业和小微企业相互支撑的文化旅游企业体系，文旅国际交流合作更加务实。文化旅游产业整体实力进一步增强，桂林世界级旅游城市和广西世界旅游目的地建设取得标志性成果。

1. 现代文化产业结构明显优化

文化对经济社会发展的贡献率明显提高，文化消费持续增长，骨干文化企业实力发展壮大，一批集聚功能和辐射作用明显的文化产业园区基本建成，新兴文化产业蓬勃发展。到 2030 年，力争规上文化企业达到 1200 家，规上文化企业实现营业收入超过 2200 亿元，在西部地区位居前列。

2. 旅游经济规模保持国内前列

到 2030 年，力争接待国内外游客数量达到 12 亿人次，旅游总收入达到 1.8 万亿元，保持在全国第一方阵。入境旅游在快速恢复的基础上保持稳定增长，力争到 2026 年入境过夜游客数量和旅游外汇收入恢复到 2019 年水平，到 2030 年接待入境过夜游客超过 750 万人次，旅游外汇收入超过 45 亿美元，在全国保持前列。

3. 文旅品牌成色更足

到 2030 年，梯次打造漓江、遇龙河、德天、涠洲岛等一批世界级旅游景区和世界级旅游度假区，力争兴安灵渠、龙胜龙脊梯田、宁明花山、乐业大石围等成功创建国家 5A 级旅游景区，贺州姑婆山、贵港大藤峡、崇左新和度假区等成功创建国家级旅游度假区，国家 5A 级旅游景区和国家级旅游度假区总数达到 18 家以上，在全国各省（自治区、直辖市）中名列前茅。推进 14 个设区市打造具有自身特色的旅游目的地品牌，力争每年认定 1~2 个广西现象级文旅项目，推动文化旅游产业创新升级、提质增效；加快推进桂林打造世界级旅游城市、南宁打造区域性国际旅游中心城市，培育一批享誉世界的文旅品牌，形成一批在全国可借鉴可推广的文旅产业发展经验案例。

4. 产业融合程度更深

到 2030 年，力争创建不少于 10 个国家级、自治区级文化产业和旅游产业融合发展示范区，文旅与相关产业融合发展程度更深，"文旅 +"产业链与创新链双向融合，新业态新场景不断涌现。

5. 发展环境更加优化

文化和旅游市场体系日益完备，市场监管更加科学有效，市场秩序平稳良好，群众消费繁荣活跃，多元市场主体健康快速发展，人才、科技、金融等产业要素市场不断优化，产业竞争环境更加公平、公正、公开。

6.绿色发展底色更亮

广西文化和旅游赋能打造美丽中国、健康中国先行区取得重要进展，初步构建"生态＋文旅"互融互促的生态产品价值实现机制，打造一批绿色低碳旅游景区，健康旅游、生态旅游等业态更加丰富，建成国内一流康养胜地和国际健康旅游目的地。

7.国际影响力进一步扩大

广西文化旅游产业的影响力、辐射力、带动力不断增强，对外文化交流和旅游合作更加密切，国际客运航线全面复航并实现新的增长，到2030年国家和地区航线超过80条，覆盖东盟国家首都和主要城市，与共建"一带一路"国家和地区实现更多直航，形成"多向奔赴"的交流互鉴新格局。文化和旅游对外形象大幅提升，在国内外市场的知名度、美誉度显著提高。

广西文旅产业高质量发展具体目标见表12，全区各市文旅品牌IP打造建议见表13。

表12　广西文旅产业高质量发展情况及目标

指标项	2019年 发展情况	2022年 发展情况	2023年 发展情况	2030年 发展目标
规上文化及相关产业 企业数量	765家	829家	873家	1200家 保持西部地区前列
规上文化及相关产业 企业营业收入	—	1231.68亿元	—	2200亿元
接待游客总数	8.76亿人次 全国排名第五	5.89亿人次	8.49亿人次	12亿人次 保持全国第一方阵
旅游总收入	10241.44亿元 全国排名第八	6418.3亿元	9211.17亿元	1.8万亿元 保持全国第一方阵
入境过夜游客数量	624万人次 全国排名第四	—	43.77万人次	750万人次 保持全国前列
旅游外汇收入	35.11亿美元 全国排名第七	—	1.74亿美元	45亿美元 保持全国前列
国家5A级旅游景区总数	7家	9家	9家	12家
国家级旅游度假区总数	1家	2家	4家	6家
国际客运航线（含港澳 台地区）	42条	—	复航28条	超过80条

表 13 全区各市文旅品牌 IP 打造建议一览

设区市	发展方向
南宁	区域性国际旅游中心城市
柳州	西南地区大健康和少数民族文化旅游核心目的地
桂林	世界级旅游城市
梧州	岭南文化旅游名城
北海	国际滨海旅游度假胜地
防城港	世界知名的滨海度假旅游目的地
钦州	西部陆海新通道国际旅游门户城市
贵港	西江生态旅游带核心城市
玉林	康养休闲旅游胜地
百色	全国重要红色旅游目的地
河池	国际长寿养生旅游胜地
贺州	大湾区长寿康养旅游首选地
来宾	世界壮瑶文化旅游目的地
崇左	国际边关风情旅游目的地

四、广西文化旅游产业高质量发展的对策建议

广西拥有丰富的文化旅游资源，具有推进文化旅游产业高质量发展的巨大潜力，建设世界旅游目的地、桂林世界级旅游城市，打造文化旅游强区，其时已至、其势已成，我们要完整准确全面贯彻新发展理念，坚持"以文塑旅，以旅彰文"，开发地域特色文旅资源，形成旅游核心吸引力；利用多种宣传推介手段，提升文旅品牌知名度；完善文旅要素配套服务，提高旅游服务能力；推动文旅深度融合，促进"文旅＋"业态创新，加快推动广西文化旅游业高质量发展。

（一）持续优化顶层设计，绘就文旅产业的壮美蓝图

1.强化组织领导

进一步完善全区统筹协调机制，强化自治区文化和旅游工作领导小组牵头抓总作用，加强统筹协调，定期召开会议，及时研究重大事项、解决

重大问题。树立"大文旅"发展观念，建立自治区、市、县（市、区）三级联动的工作机制，推动发改、财政、公安、交通运输、农业农村、商务等部门大力支持文旅工作，推动形成"党政领导牵头、各部门齐抓共管、全社会广泛参与"的文旅发展新机制。持续提升市、县（市、区）对发展文化旅游产业的重视程度及统筹协调能力，推动各市、县（市、区）的党委、政府切实履行主体责任，建立健全文化旅游业发展领导协调机制，主要负责同志亲自研究部署文化旅游产业发展，分管领导具体抓好各项工作落实，定期召开文旅项目建设等统筹协调会议。

2. 加强规划引导

立足实际、着眼长远，统筹文化传承、生态保护、民生需求、产业发展等领域，加快谋划全区文旅"十五五"规划，进一步明晰全区在国内国际两个旅游市场中的定位，找准主攻方向和高质量发展的着力点。按照《桂林世界级旅游城市建设发展规划》要求，加快推进桂林世界级旅游城市建设。按照"三地两带一中心"总体布局，推动各市立足自身特色，明确发展定位，完善文化旅游发展规划体系，树立品牌形象，打造标志性旅游产品，推动全区文化旅游业差异化、特色化发展。

3. 优化政策环境

立足新阶段文化旅游发展的新趋势、新要求，贯彻落实好国家出台的文化和旅游领域政策文件。进一步梳理自治区层面已出台的涉文旅财税、金融、土地、人才等方面政策措施，开展政策措施实施效果评估，及时发现、解决政策施行中存在的问题，推动各市、各部门结合本地区、本部门实际，创新出台能用、管用、实用的配套政策和实施细则。加强旅游领域投融资政策倾斜，加大财政资金对文化旅游产业项目的扶持力度，增强企业投资意愿和发展信心。推动优化文化旅游领域就业和人才发展扶持政策，提升文化旅游领域从业人员待遇，增强行业竞争力。依托广西各大入境口岸和边境旅游试验区、跨境旅游合作区，推动完善入境旅游便利化政策，积极争取国家在桂林、北海、南宁等城市实施 144 小时过境免签政策，对东盟十国旅行团实施 144 小时入境免签政策，推动设立一批免税区、免税店等，探索优化签证和通关政策，实施入境游客支付便利化政策。

4. 加强联动协调

强化区域联动发展，加快完善桂林世界级旅游城市、南宁区域性国际旅游中心城市、北部湾国际滨海度假胜地、巴马国际长寿养生旅游胜地、崇左边关风情旅游带、西江生态旅游带、平陆运河文化旅游带等的区域协调机制，以桂林、南宁为龙头，联动梧州、北海等传统旅游城市，整合全区文旅资源，培育打造环广西精品旅游廊道、线路，携手推进资源共享、产品共建、形象共宣、市场共拓，形成全域协同、优势互补、联动发展的良好格局。合理划分自治区、设区市、县（市、区）文化和旅游管理职能和分工，充分调动区、市、县（市、区）三级政府部门和各类行业组织的积极性，形成上下协调联动的工作格局。进一步打破行政壁垒、区域壁垒，推动文化旅游发展要素在区域间流动，加快形成统一的文化旅游大市场。

5. 创新办好文旅大会

结合广西资源特点，按照山水休闲旅游、健康养生旅游、滨海度假旅游、民族风情旅游、边关风情旅游、地质奇观旅游等主题，推动特定区域内城市联合办会，打造区域特色拳头产品、项目，不断擦亮广西文化旅游名片。同时，紧密结合文化旅游发展新趋势，推动国际、国内文化和旅游领域重要工作或者专项会议与大会同办，强化大会的主题性和前瞻性。整合区内外文旅资源，瞄准数字文旅、沉浸式体验、"文旅+"融合等领域，开设文旅新业态、新场景专场，引领带动文旅产业转型升级。建立健全文旅大会成效跟踪评估机制，组织专家团队对已承办城市履行竞选承诺效果进行评估，召开历届大会政策、项目落地研讨会，提升政府引导和服务市场的能力效率。召开国内国际旅行商大会，给予行业头部企业、新锐市场主体、旅游达人等更多展示舞台，充分调动各种市场主体的积极性，共同推动文化旅游业大发展。加强与自媒体合作，针对大会承办城市吃住行游购娱等各领域持续组织开展二次深度体验活动，全面展现承办城市文旅特色和城市形象，持续扩大大会边际效应。

6. 增强节庆等活动实效

针对广西传统节日，加强提前谋划，持续提升"广西三月三"歌圩文化旅游节、北部湾开海节等特色节庆品牌影响力，推进传统节庆活动向节庆论坛、节庆演艺等多业态、品质化转型，提高宣传的广度和深度。延长"广西三月三"假期活动时间，针对区内外客源市场，创新活动内容，充分挖掘文化内涵，加强旅游信息推送，加大力度发放节庆期间文旅消费优惠券，结合"清明""五一"假期重点宣传推广非遗体验、民俗体验等活动，优化自驾游引导服务。结合中国—东盟博览会、中国—东盟旅游展、中国—东盟传统医药健康旅游国际论坛等国际会议会展推出旅游专属优惠、便利化服务和文化体验大礼包，带动会展旅游发展。

（二）深化文旅融合发展，书写壮美广西的诗和远方

1. 创新文旅融合消费新业态

充分顺应旅游人群迭代，新兴游客群体崛起，旅游消费需求精细化、多元化、品质化的趋势，更加关注青少年研学旅行、中老年旅居康养、农村居民观光休闲等出游市场，紧密结合观演式旅游、"City Walk"沉浸式城市深度游、国潮游等新兴旅游方式，促进文化和旅游深度融合，推动旅游与各行业多元业态融合，如音乐、演艺、赛事、会展、研学、康养、休闲等"+旅游"，创新拓展邮轮游艇、旅游公路、低空旅游等新业态，推出更多符合游客消费喜好和支付能力的产品，不断优化文旅消费结构。充分结合数字技术、虚拟现实、增强现实等高新技术，推出一批特色突出、内涵丰富、要素齐全的主题型、沉浸式体验景区、街区和主题公园。培育发展一批特色主题博物馆，提升文化场馆、景区景点展陈展示水平，推出一批特色主题展演和旅游演艺项目，加快发展云旅游、云直播、云娱乐、云演出、云展览等新型消费形态和数字运用场景。加强音乐节、艺术节、戏剧节、动漫节、演唱会、城市马拉松等大型活动的供给，为城市带流量、创增量、促消费。顺应夜间消费、露营经济等新趋势，大力发展精品夜游、饕餮夜宴、沉浸夜演、文创夜购、多彩夜展、时尚夜娱、品味夜读、兴趣夜研、捡漏夜摊等"夜态"新场景新消费，创新培育漓江渔火、稻田音乐等乡村夜体验，拓展生态露营、茶园露营、江滨露营、康养露营、星空露营、城市公园露营等多种业态，打造露营休闲区。顺应气候变化及游客需求，拓展清凉经济、寒冬经济新空间，创新室内文旅新模式，利用商场、超市等商业综合体，使文化、文艺展示等进商场、商圈，促进文旅与商圈消费相融合。适应游客需求，积极发展小团队、定制化旅游模式。

2. 加快发展新型文化产业业态

加强创新驱动，大力发展数字文化、网络文化、创意设计等新型文化产业。充分挖掘各地历史、名人、风俗等特色文化资源，利用网络文化产业形态，培育和塑造一批具有鲜明广西文化特色的原创IP，加强IP的开发和转化，推动优秀传统文化创造性转化、创新性发展。加快发展云演艺、云展览、数字艺术等新业态，丰富个性化、定制化、品质化的数字文化产品供给。鼓励发展数字艺术展示产业，推动博物馆、文化馆等文博事业单位利用馆藏文化资源，开发"数字文物""数字壮乡"等数字艺术展示项目，创新举办数字艺术作品展。依托自然风光优美、人文氛围浓厚的景区景点建设一批影视、动漫基地，推动广西优秀文化内涵与短视频、直播、影视等视听产业相融合，推出一批深度展现广西文化特色的优质视听作品，培育一批具有自主知识产权和广西少数民族特色的数字动漫品牌。加强文化演出市场供给，增加演出场次。

3. 着力打造国际健康旅游目的地

依托广西优越的生态环境、长寿文化、中医药壮瑶医药等优势资源，推进健康城市和健康村镇示范建设。完善与居民身心健康相关的公共设施体系、布局和标准。积极开发休闲度假、医疗旅游、中医药健康旅游、温泉康养、森林康养、山水休闲养生等健康旅游产品。推动建设一批以休闲养生、生态疗养、中医保健、健康食品等为核心内容的健康养老服务综合体，大力发展"候鸟式"养老旅居旅游。引进国际化的医疗机构、康养机构等，发展健康医疗旅游，促进健康旅游产品和服务与国际标准接轨，促进高端健康旅游的有效供给。

4. 全面提升休闲农业与乡村旅游品质

聚焦乡村游、周末游、短途游等市场，坚持个性化、特色化方向，注重品质升级，实施乡村休闲旅游精品工程，加强引导，加大投入力度，推动建设一批休闲农业重点县、美丽休闲乡村、休闲农业园区等。积极创建全国乡村旅游重点村镇、星级乡村旅游区（农家乐）、田园综合体等品牌，打造一批特色旅游名镇名村和精品线路。推动阳朔、大新、金秀、三江、富川等地完善国际化的乡村度假服务设施，培育发展乡村驿站、休闲园区、生态园、共享农庄、家庭农场、养生山吧等多样化的乡村旅游业态，建设文化特色鲜明、服务水平较高、休闲业态丰富的国际乡村旅游目的地。

5. 大力发展旅游装备制造业与工业旅游

以中国—东盟（柳州）旅游商品与装备制造产业园等文旅装备制造产业园区为基础，积极引进房车、户外运动装备、旅行日用设备等旅游装备制造企业，打造特色鲜明、优势突出的旅游装备制造业集群。通过合资、并购、联盟等多种战略方式整合旅游装备产业链，打通生产、分配、流通、消费各环节，提升产业基础能力和产业链水平，推进产业基础高级化，产业链现代化。统筹产学研各方力量，通过制订重大专项研发计划、设立专项攻关基金等方式提高广西旅游装备制造研发水平。积极依托工业生产场所、生产工艺和工业遗产开展工业旅游，提升广西文化旅游装备制造业知名度，展现广西现代工业文明。

6. 做大做强体育旅游

结合全民健身需求，加快体育旅游公共服务设施系统化、规范化和品质化建设，进一步完善城市公园绿地、滨水空间、乡村旅游区、旅游景区、产业园区等公共空间运动设施配套，高品质建设一批休闲绿道、自行车道、健身步道、登山步道、户外运动营地等体育旅游设施。结合旅游景区、旅游度假区、乡村旅游区或体育特色鲜明、旅游条件优越、产业要素完善、运营管理良好的运动休闲基地等，重点打造一批体育旅游综合体，培育一批水上文体旅星级体验基地、建设一批以山地户外、水上运动、汽摩运动、航空运动等为主题且设施齐全、服务优良的户外运动基地。依托都安地下河、乐业—凤山世界地质公园、大化红水河等特色资源，重点打造一批世界级的潜洞、攀岩、垂钓、漂流等特色旅游基地。充分发挥广西自然山水、气候优势和民族体育资源优势，发展徒步、马拉松、冲浪、摩托艇、热气球、滑翔等户外运动业态，创新发展抛绣球、打扁担、抢花炮、珍珠球、龙舟、板鞋竞速、舞龙舞狮等体验性好、参与性强的民族体育旅游项目。创新策划体育赛事，积极举办和引进一批国内外高水平赛事，培育一批产业融合性强、社会影响力大的群众性休闲娱乐体育赛事。盘活资源，依法依规改造旧厂房、仓库、老旧商业设施等，增加体育消费场所。

7. 深入开展研学旅行

依托长征国家文化公园（广西段）、左右江革命老区、桂东南红色研学基地等红色文化富集区，开展以爱国主义教育、红色文化体验、红色培训教育为主要内容的研学旅行。依托少数民族文化、非遗文化以及文博院馆等，打造以文化遗产研习、文化艺术体验为主要内容的文化研学旅行。依托喀斯特和丹霞地貌、生物景观、自然保护地等自然资源条件，培育打造一批自然、历史等教育基地。发展以农耕文化传承、现代农业科普为主要内容的农业主题研学旅行。鼓励社会和民营资本投资研学旅行项目，通过政府和社会资本合作模式，投资、建设、运营研学实践教育基地（营地）。策划推出一批研学旅游精品线路，提升研学旅游课程设计和服务水平，持续提升"力行学堂"广西研学旅游品牌影响力。

8. 积极拓展会展商务旅游

着力提升南宁、桂林、柳州等城市会展服务品质，推动会议场馆、会务酒店等设施建设，创新经营理念和运营机制。培育引进专业会议组织协会、会议场馆及酒店管理公司等专业机构，提高会展服务精细化程度和国际化水平。引进一批有世界影响力的国际旅游会议、国际艺术展、高端文化论坛、学术会议，争取 RCEP 国际会议落户广西。配合展会、论坛的举办，整合旅游景区、旅游企业等资源，开发会展商务旅游考察线路。

（三）加强文旅资源整合，挖掘广西山水的巨大潜力

1. 大力推进"景区焕新"

实施转型焕新、升级焕新、业态焕新、数字焕新、管理焕新五大"焕新工程"。对标一流，加快推进漓江、遇龙河打造世界级旅游景区、度假区。推动兴安灵渠景区、宁明花山岩画景区、乐业大石围天坑景区、龙脊梯田景区、靖西通灵大峡谷景区等现有 A 级旅游景区在服务、管理、设施等方面苦练"内功"，结合自身特色，迭代升级旅游产品和供给模式，推出具有地方特色的旅游产品，打造核心价值和独特卖点。加强旅游与其他领域深度融合，拓展多元化的经营模式，加快街区、园区、场馆等类型景区从单一业态向多元化、复合化转型，催生更多二次消费场景和消费业态，提升旅游综合收入。推动人文型景区向综合体验型景区转型，打造一批能让游客记忆深刻的高品质景区、度假区和高营收景区。

2. 全面推动"穿珠成链"

强化景区全域联动、产品全域优化、线路全域统筹，打造山水休闲、中越边关、北部湾滨海、长寿康养等若干条愉悦身心的高品质文化旅游廊道和精品旅游线路。以国道、高速、高铁等区内交通干线为重点加快推进环广西国家风景道建设，完善沿路营地、驿站、观景平台等设施，把景点与路线、时间与空间、旅游与文化、历史遗产与现代生活等串联起来，构建"点状辐射、带状串联、网状协同"的广西旅游发展新格局。加快建设干线旅游公路、乡村旅游公路和旅游航道，推动国家 4A 级旅游景区实现二级（含）以上等级公路直达，国家 3A 级旅游景区通达旅游交通公路，完善景区之间交通连接，进一步提高通景公路通行能力，补齐基础设施短板。结合风景道和旅游线路，推出主题旅游列车、自驾车房车营地、低空旅游基地、主题邮局运旅体验等交旅融合新业态，进一步促进交通功能旅游化、旅游交通便捷化和交旅产品共享化。推动旅行社转型发展，加快跨界融合和线上线下融合，为游客提供个性化推荐，提供便捷的预订、支付和行程管理等服务。常态化开展旅游线路推荐推介和征集活动，开展主题旅游线路、特色旅游线路、精品旅游线路、热点旅游线路年度评选活动。

3. 深入推进"文化润景"

充分挖掘广西文化底蕴，弘扬优秀传统文化、革命文化、社会主义先进文化，大力实施文创润景、诗书润景、演艺润景、节庆润景、影视润景五大行动，用文化润景讲好广西旅游故事。以县（市、区）为重点，挖掘本地历史文化街区、废旧厂区、传统村落等场所的文化底蕴，结合城镇改造项目，打造一批文创街区，吸引文创企业、设计师工作室、艺术家工作室、研学培训等机构入驻。梳理广西景区历史来源及题刻、匾额、楹联、诗词等资源，重点展现景区特有的文化品质和精神内涵，并将文化艺术成果结集出版，重点推出文化古迹、节庆民俗、古城古镇类景区文化旅游丛书。深挖景区文化特点，找准景区定位，以"景区特色＋文化形象＋科技创新"为方向，推出一批景区沉浸式、互动式演艺项目。深入挖掘当地民族节日的文化内涵和表现方式，策划举办主题鲜明、特色突出的景区民族节庆活动，弘扬优秀传统文化，赋予景区时代新内涵。

4.推动闲置资源盘活利用

持续在全区范围内开展文化和旅游领域存量项目摸排工作，分类建立清单、逐一登记造册，定期更新，动态管理。对于停工项目，积极解决手续等相关问题，争取基金及地方政府专项债券支持、引进金融及社会资本，引进实力强的投资者，通过重组、混改、转让等方式进行盘活。对于停业和低效项目，引进经营性市场主体，指导提升规划，合理增设经营业态，创新营销方式，通过增强项目核心吸引力来盘活。对涉及生态环保红线或违反相关法律法规的项目，严格按照相关规定，依法采取关停等处置措施。加强文旅产业项目谋划，邀请文旅行业专家、实战能人、社会公众等参与项目策划、规划和立项审查，集众智之力谋发展之策，减少低效开发和同质化开发。

5.加强文化遗产保护利用

加快健全安全长效的文化遗产保护管理与创新利用机制，全面推动广西历史文化、红色文化、民族文化创新发展，用好文化遗产资源，培育更多新型文化体验业态，让文物和文化遗产"活"起来、"火"起来。构建全面普查、专项调查、空间管控、动态监测相结合的文化遗产管理体系，开展全区文化遗产资源普查，建立文化遗产数字化保护平台，运用数字技术激发文物遗产活力。在调查和保护的基础上，针对重点文化遗产制定保护利用规划，谋划好以产业化发展赋能文化遗产保护的正确路径和创新方式。加强宣传，深度挖掘桂林甑皮岩、左江花山岩画、合浦汉墓群等历史文化遗产价值，将深厚的历史文化融入旅游中。集中编辑、提炼、加工"广西三月三"、刘三姐、瑶族油茶、铜鼓习俗、坭兴陶等文化故事，柳宗元、徐霞客、于成龙等历史名人故事，刘永福、冯子材等民族英雄故事，韦拔群、李明瑞等革命英雄故事，百色起义、龙州起义、湘江战役等革命斗争故事，塑造广西文旅故事知识产权IP、形象IP、产品IP。推动历史文化街区、村镇的整体保护和活态传承，按照"留人见物有生活"的要求统筹好保护和旅游，深化文化内涵，留住乡愁记忆，促进传统社区的可持续发展。

6.统筹自然资源保护与开发

坚持生态优先、注重绿色发展，正确处理发展和保护的关系，算好旅游发展"生态账"，落实"降碳""节能""环保"等理念，大力发展绿色旅游。严格执行漓江保护条例、红树林资源保护条例等法律法规，保持好发挥好"金不换"的生态优势。用好生态稳定性较好、承载能力较强的森林、草原、湖泊、湿地等自然空间，在保护基础上适度有序开放，以国家公园创建为抓手，持续加强各类自然保护地的整合、归并和优化，解决生态空间与生产生活空间相互挤压的问题，合理有序推进自然保护地特许经营，发展生态旅游、森林康养、研学科普等特色产业，让保护成果更好地造福人民群众。以绿色低碳、环境优美、宜居宜游为导向，因地制宜推进美丽城市、美丽乡村、美丽河湖、美丽海湾等示范建设。

（四）强化文旅品牌建设，焕发桂风壮韵的迷人魅力

1. 谋划打造标志性文旅项目

推动各市立足资源优势，找准发展定位，谋划开发一批特色突出的标志性文化和旅游产业项目，推动各地形成城市旅游品牌形象和主打产品，从单一的自然品牌向集自然、历史、人文、服务于一体的综合品牌转变。重点依托南宁、桂林、北海等城市，谋划打造一批主题鲜明、产业融合度高、示范性强、市场认可度高、经济社会效益突出的现象级文旅项目，擦亮桂林山水旅游、巴马康养旅游、宁明花山岩画文化旅游、北海银滩滨海度假旅游、乐业—凤山地质奇观旅游等五张世界级旅游名片。

2. 做优做精"广西美宿"

以桂林、北海、巴马等地和自治区级（含）以上旅游度假区为重点，引入国际、国内知名亲自然、轻度假休闲酒店品牌，建设一批以山水休闲度假、滨海休闲度假、森林休闲度假为主题特色的中高端度假酒店。深入挖掘各地特色地域文化，在环广西国家旅游风景道沿线，以及沿山、沿海、沿江地区培育一批以民族文化、养生文化、海洋文化、红色文化等为特色的山水主题酒店。以阳朔、大新、龙胜、涠洲岛、金秀、三江等区域为重点，引导旅游民宿连点穿线成片规模发展，培育一批旅游民宿集聚区，打造一批中高端酒店品牌及民宿品牌。

3. 升级打造"广西美味"

深挖广西"嗦粉"等美食文化，重点发展米粉、酸野、油茶等特色美食，鼓励餐饮企业创新制作技艺、研发新菜品，推动美食文化传承创新。持续举办"广西美味·百县千菜"广西非遗特色美食大赛、桂菜创新发展大赛

等特色美食活动，推进非遗美食形象体验店、桂菜"三名"（名店、名菜名小吃、名厨师）评选，推动符合条件的餐饮企业申报"老字号"，推动餐饮品牌创新化、精致化、标准化、IP化发展。因地制宜打造"美食名街""美食名村""美食名镇"，推广地方传统特色饮食文化。培育南宁三街两巷、桂林东西巷等特色美食集聚区、高品质美食街区，评选一批特色小摊小店集聚区。持续推出广西美食地图、广西特色节气美食旅游线路，打造"寻味美食去旅行"品牌项目，不断壮大美食产业规模。

4. 创意发展"广西有礼"

依托国家地理标志产品、非物质文化遗产等，大力开发以工艺美术品、风味土特产、旅游纪念品、特色日用品、绿色食品、长寿食品、红色文化商品等为主的具有广西传统工艺、民族文化特色的"广西有礼"旅游商品。重点扶持柳州螺蛳粉、桂林米粉、南宁老友粉、钦州坭兴陶、梧州六堡茶、桂林油茶、横州茉莉花茶、防城港金花茶等旅游商品发展，打造"广西老字号""广西桂字号"等系列特色商品品牌。

5. 全面唱响"广西有戏"

挖掘广西历史文脉、人文资源，传承文化遗产，不断推出具有鲜明时代特征、浓郁地域特色的旅游演艺精品力作。因地制宜开发一批思想精深、艺术精湛、制作精良，具有国际水准的实景演出剧目。鼓励发展中小型、主题性、特色类、定制类文化旅游演艺项目。依托广西少数民族节庆活动丰富的独特优势，以活动为载体，丰富旅游节庆主题与活动、开发相关旅游产品和纪念品，增强体验性和参与性，打响广西三月三等具有国际影响力的节庆品牌。

6. 拓展宣传推广新渠道

整合全区文化和旅游宣传资源，统筹中央、自治区级媒体传播平台和渠道，打造品牌传播矩阵，持续塑造"秀甲天下 壮美广西"品牌形象。用好快手、抖音等短视频平台，以图文直播和视频直播为核心，以快讯、微视频等多种形式聚合打造核心IP。扩大与海内外主流媒体的合作，推出高质量的文化和旅游短视频、专栏和出版物，鼓励制作和播出旅游休闲类节目，支持形式多样的旅游题材文艺创作。充分借助重大会议、活动、赛事等平台，紧跟国内外重大事件、娱乐新闻等，从宣传推广广西优质文旅资源，讲好广西故事的角度出发，策划引导一批网络话题，吸引流量。推动实施"拍在广西"行动，结合广西优美的自然风光和深厚的文化底蕴，推出一批优质影视作品，持续带动广西文旅发展。

（五）扩大对外交流合作，激发文旅市场的强大活力

1. 拓展国际大市场

持续举办中国—东盟博览会旅游展、中国—东盟文化论坛、桂林艺术节等国际国内交流活动。持续深化与世界各国、共建"一带一路"国家和地区，特别是东盟国家的旅游合作，打造东盟旅游重要集散地，不断优化跨境旅游消费服务和供给。参加大型国际旅游展会，举办入境旅游产品对接会，加强与国际旅行商合作，开展境外客源地市场精准营销，赴东盟、日韩、欧美等重点海外客源市场开展旅游交流及推广活动，共同开发旅游线路。

2. 加强对外文化交流

通过高层领导外事活动将广西丰富的民族文化、深厚的历史底蕴和现代发展的活力进行重点推介，全面加强对外文化交流宣传推广工作，持续打造"壮美广西境外行""中国—东盟戏剧周""中国—东盟电影展映"等文化交流品牌，加强广西经典剧目海外巡演，办好海外欢乐春节专场文艺演出、展览、民俗文化交流等海外交流活动，加强文物国际交流合作，联合申报"古代海上丝绸之路"世界文化遗产，打造文物对外宣传品牌。探索以国际合作、委托代理、建设出口基地等方式，参与境外艺术节、图书展、影视展、文艺演出、文化遗产展示等国际文化活动，扩大文化产业和文化服务贸易出口。继续加强与各国在体育、文化等领域的交流合作，持续推动平果哈嘹足球队与文莱皇太子足球俱乐部足球友谊赛等赛事和活动，搭建更多交流平台，推动国际人文交流更加深入。利用"视听中国走进东盟"国际传播工程、中国—东盟广播影视产品译制工程等，全面推动广西与东盟国家开展文化贸易、项目建设、人才交流等全方位的交流合作，推动广西文化企业融入东盟国家产业链供应链，提高跨国经营能力和水平。

3. 拓展国际旅游合作

针对过境游客积极谋划周期短、小而精、小而美的文旅产品，接住国

际流量。用好过境免签政策，与更多国家开通直航或中转航班，拓宽国际旅游合作。提升航线网络国际通达性，加密广西至东盟、共建"一带一路"国家和地区的国际客运航线航班，打造东盟游客入境中国第一站。提高入境旅游便利化水平，完善智能化口岸通关设施建设，优化通关服务，提高通关速度。推动重点交通枢纽、旅游景区、文博场馆、涉外饭店等场所完善境外银行卡、外币兑换、电子支付等设施和服务，为入境游客提供更便利的支付服务。积极推动广西防城港边境旅游试验区旅游便利通关，探索设立东兴、凭祥、靖西旅游经济特区，与越南形成旅游市场一体化发展。深化中越德天（板约）瀑布跨境旅游合作区建设，积极推动中国（凭祥）—越南（文朗）跨境旅游合作区申报，完善合作区基础设施，丰富旅游产品和业态，打造面向东盟的国际旅游目的地。持续推进旅游规则与国际接轨，引导标准互认，提升入境旅游吸引力和接待水平。

4. 深化区域旅游合作

构建面向粤港澳的文化和旅游交流合作平台，加快东融步伐，推动广西北部湾经济区和粤港澳大湾区"两湾联动"，打造粤港澳大湾区重要战略腹地，承接大湾区产业转移，优化"双飞地经济"模式，深度融入西部陆海新通道，加快建设"一带一路"有机衔接重要门户，实现双方互促共进、加快发展。加强与西南、中南地区的合作，共建长征国家文化公园联盟、左右江红色文化旅游联盟等合作平台，共同打造跨省、市长征主题旅游线路和左右江红色革命老区经典线路。加强与长三角、京津冀等发达地区合作，支持跨区域共建产业园区、基地，创新合作机制，立足广西资源优势，开发健康旅游、休闲度假旅游等有针对性的文化和旅游产品。

（六）培育壮大市场主体，夯实文旅高质量发展根基

1. 培优育强文旅龙头企业

制定更加具体、更具针对性的文旅产业发展政策，如制定发挥龙头企业作用助推文化旅游强区建设等专项政策，为文旅龙头企业提供税收减免、财政补贴、金融支持等多方面的优惠和激励措施。实施旅游龙头企业促进计划和上市文旅企业培育计划，支持广西旅游发展集团、广西文化产业集团、桂林旅游股份有限公司等本土大型国有企业、上市企业做大做强做优，设立文旅产业发展

专项基金，用于支持文旅龙头企业的项目建设。加大对文旅科技创新的投入力度，支持文旅龙头企业开展技术研发、产品创新和市场拓展，鼓励文旅龙头企业探索新业态、新模式。聚焦品牌酒店、旅游装备和商品制造、文化演艺、特色民宿、品牌餐饮和文旅新业态，积极引进国内外强优企业、四类"500强企业"、行业领军企业及"独角兽"企业。同时，吸引央企、跨国企业、高新技术文旅企业及强优民企入桂拓展业务、增加投资、设立总部或子公司，以推动广西文旅产业升级发展。加强与粤港澳大湾区、贵州、云南等周边省份的文旅产业协作，加强与上下游产业的联动发展，形成完整的文旅产业链和生态圈。梳理产业合作项目清单，谋划并储备多样化项目，实施精准招商策略，吸引文旅大项目、新业态新场景以及新流量热点落户广西。

2. 推动文旅企业上规入统

鼓励广西文旅企业通过兼并、整合、重组、上市等方式增强企业实力，形成市场主体梯度培育新格局。积极深入企业，实地调研走访，对文旅企业进行细致摸排，结合市场监管、税务等部门的相关数据，将成长性好、创新力强、发展前景好的小微文旅企业纳入"小升规"培育库，建立种子库、成长库、达标库企业的"三本台账"，加强对列为培育对象的小微企业入库培育、指导服务和动态运行监测工作，及时进行动态调整，主动跟进、靠前服务。引导达到条件的市场主体"个转企""企升规"，优化奖励政策，对首次达到上规入统标准并于次年实现生产或销售规模增长的文旅企业给予一定奖励，不断扩大规上企业新增量。鼓励成长性好的企业进行股份制改造，对规上企业以上市为目的进行规范化公司制改制的给予奖励。建立存量企业退库预警机制，加强临退企业经营情况监测分析，全力帮助企业纾困解难，最大限度减少退库数量。

3. 促进文旅企业创新发展

大力推动文旅企业向专业化、特色化和创新型方向发展，强化分类指导，做好做活一批"小而精、小而特、小而优、小而新"的文化和旅游企业。打造中小微文旅企业孵化平台，完善捕捉寻找、孵化培育、扶持壮大机制，遴选一批有较大发展潜力的民营文旅企业进行重点扶持，以资源整合、技术创新、品牌输出等为途径，将其发展成为核心竞争力强且具有自主知识产权的企业品牌。推动企业经营向现代化、集约化、多元化、高效化转变，在文旅策划、运营、文创设计、出版、民宿、商品产销、旅游电商、影视动漫、网络视听、舞台艺术、文化互联网服务等细分领域，培育一批单项冠军、隐形冠军企业，创建一批具有竞争力的景区、酒店、餐饮、旅行社等企业品牌。搭建专业化、特色化的合作平台，推动中小微企业与文旅龙头企业加强协作配套，促进其产品、技术融入文旅龙头企业生产链和供应链。

4. 高水平建设文化产业示范园区（基地）

加大力度创建和提升一批产业规模较大、发展特色鲜明、创新能力突出、配套服务完善、社会效益和经济效益显著的国家级和自治区级文化产业示范园区和基地。积极吸纳文化创意、影视制作、出版发行、印刷复制、文化旅游、工艺美术、演艺娱乐和动漫等文化企业进驻，提高文化产业规模化、集约化、专业化水平，增强示范带动能力，切实将广西文化优势转化为产业发展优势及核心竞争优势。

（七）提升服务保障水平，以诚意满满换取硕果累累

1. 全面提升公共服务数字化、智能化水平

持续优化提升"一键游广西"项目，打造"吃、住、行、游、娱、购"等要素一站式服务平台，加强自主运营能力，逐步实现市场化运作模式。用好"一键游广西"智慧旅游平台，整合广西旅游要素资源，推动全区各部门、涉旅企业、文化场所等进驻，为游客提供更好的产品和服务。运用大数据、人工智能等先进技术，推进文旅产业"云、网、端"数字化改造，拓宽数字文旅服务应用场景，加强公共文化"沉浸式""互动式"体验服务，实现景区景点多维呈现、旅游资源可视可感、游览体验便利便捷。

2. 加快推进公共服务国际化、标准化升级

着力提升南宁、桂林两大国际航空枢纽服务水平，加密南宁、桂林至国内省会级城市、东盟国家和前往澳大利亚、日本、欧洲等主要旅游目的国（地区）的航班，加快实现高铁站与主要旅游城市、景区景点、酒店、机场等交通工具换乘无缝对接。以桂林、南宁两大国际旅游集散中心，结合重大交通枢纽、公路服务区、重要交通节点、重要旅游景区景点，完善景区景点旅游咨询服务、集散中心、旅游码头服务功能，加快旅游交通引导标识的多样化、规范化建设，完善交通服务和文化旅游基础设施。结合沿线旅游景区、

度假区、节点城市等推进自驾车营地、旅游驿站、观景平台、旅游厕所建设，优化升级跨境自驾车服务，推进边关、粤桂、滇桂风景道（广西段）沿线公共服务和基础设施建设，做好旅游公路提档升级，优化沿线景观。将阅读、非遗展示、艺术表演等文化服务融入旅游服务中心、旅游集散中心等旅游公共服务场所。推动博物馆、美术馆、图书馆、文化馆、剧院、非物质文化遗产展示场所、考古遗址公园等完善旅游服务配套设施，提升旅游公共服务水平。在确保文物安全的前提下，支持有条件的公共文化场所创建A级旅游景区，鼓励文博单位在学生暑假等旅游旺季科学调整开放时段。

3. 建立健全以信用为基础的市场监管体系

加强跨部门旅游市场举报投诉和联合执法，全面提升文旅市场管理服务水平，对旅游市场中的非法经营、欺诈宰客、虚假宣传、强迫购物等违法行为进行全方位、无死角的打击，公开曝光典型案例，形成有效震慑。实行文明旅游推进计划，开展"文明旅游宣传周"等活动，积极营造文明旅游环境，推进有条件的文化旅游企业发展，创建一批国家级文明旅游示范单位。着力优化文旅消费体验，强化服务保障，在桂林遇龙河、南宁青秀山等热门景区景点设立消费维权服务点，及时受理处置消费投诉。以游客为导向，建立快速响应机制，全区政府部门、旅游企业、市民多方携手，参与到旅游志愿服务、旅游保障和应急处置等工作中，并将快速响应机制从重点景区向周边扩散，实现旅游公共服务全覆盖。

4. 大力优化文旅发展营商环境

提升政务服务水平，继续深化"放管服"改革，全面实行行政许可事项清单管理，开通绿色通道，优化审批流程。坚持全产业链招商，推动各设区市、县（市、区）建立文化和旅游项目库，强化与央企、头部企业、行业协会交流合作，积极引进国际和国内头部企业，吸引世界500强和中国500强企业投资文旅项目。常态化开展项目大起底工作，召开旅游规划对接会，梳理出一批典型文旅项目，建立跟踪台账，进行分类研判，加快推进项目落地建设工作，帮助外来投资者协调解决项目落地过程中的问题。完善融资增信支持体系，建立长期性、动态性资金补充机制，探索建立民营企业信用评价机制，推行企业融资信用白名单制度，为文化和旅游领域小微企业、民营企业融合发展营造良好政策环境。

5.持续加强人才队伍建设

建立政府性和社会性的专家智力支持系统，着力打造梯队式文旅人才培养体系，统筹推进文化艺术、公共服务、文博行业、产业发展、乡村运营等领域人才培育，开辟各类人才发展赛道。深化桂林旅游学院、广西旅游发展集团等的校企合作，稳固联合培养机制，开展一批创新型、示范性、订单式校企合作人才培养项目。加强与鼓励社会各界人士、民间组织等参与文旅合作，使其共同推动文化旅游事业的发展。立足特色培育人才，制定专项政策，培育非遗传承人队伍，支持基层文旅单位引育人才，促进乡村文化旅游发展，全方位打造区域性人才集聚区和面向东盟的国际人才高地。

课题组组长：唐毓流

课题组副组长：黄 红 秦晓军

课题组成员：那 鹏 张 旗 黄 巍

亢红涛 林子栋 李玉琴

孙艺匀 李 刚

广西建设现代新国企对策研究

摘要 国有企业是我们党执政兴国的重要支柱和依靠力量。近年来，广西在推动国企改革发展方面取得显著成效，但存在主业有待做强做大、创新能力有待提升等问题。我们从根本在党、关键在人、重点在主业、动力在创新、潜力在开放、活力在市场化、基础在新治理、底线在防风险八个方面提出广西建设现代新国企的建议。

现代新国企是适应社会主义市场经济体制和推进中国式现代化要求的、具有现代属性的国有企业，区别于传统国有企业，是公有制、国有经济与社会主义市场经济深度融合的必然结果。习近平总书记强调，国有企业是中国特色社会主义的重要物质基础和政治基础，是我们党执政兴国的重要支柱和依靠力量[①]。党的二十大报告提出"深化国资国企改革，加快国有经济布局优化和结构调整，推动国有资本和国有企业做强做优做大，提升企业核心竞争力"，"完善中国特色现代企业制度，弘扬企业家精神，加快建设世界一流企业"。党的二十届三中全会提出"深化国资国企改革，完善管理监督体制机制，增强各有关管理部门战略协同，推进国有经济布局优化和结构调整，推动国有资本和国有企业做强做优做大，增强核心功能，提升核心竞争力"。当前，广西正在深入学习贯彻习近平总书记关于广西工作的重要论述要求，全力以赴推动经济回升向好，加快建设现代新国企对推进新时代壮美广西建设、谱写中国式现代化广西篇章具有十分重要的意义。本课题深入分析现代

---

① 《习近平在全国国有企业党的建设工作会议上强调：坚持党对国企的领导不动摇》，新华社，2016年10月11日。

新国企的深刻内涵和特征，结合当前区直企业 ① 发展现状，在借鉴外省建设现代新国企有益经验的基础上，提出广西建设现代新国企的对策建议，供自治区党委、政府决策参考。

一、现代新国企的深刻内涵和特征

面对当前我国经济发展新的战略机遇、新的战略任务、新的战略阶段、新的战略要求、新的战略环境，广西要建设现代新国企，就必须准确认识现代新国企的深刻内涵和特征。

（一）现代新国企的内涵

新国企的内涵是适应高水平社会主义市场经济体制要求，并与之深度融合，建立现代企业制度的新型国有企业。而现代新国企的核心内涵更为强调现代化，是在新国企建设基础上对国有企业提出的更高标准和要求，即在此基础上新型国有企业要适应中国式现代化要求，并为之提供关键支撑，不仅要有健全的中国特色现代企业制度、优化的产业结构布局，更要有现代企业治理能力和现代产业体系建设能力。建立具有中国特色社会主义现代企业制度的现代化新型国有企业，是百年未有之大变局背景下，立足新发展阶段、贯彻新发展理念、构建新发展格局、统筹发展和安全、实现高质量发展的必然选择。

1. 从国营企业到新国企概念的历史演变

从传统国营企业到国有企业，再到新国企和现代新国企，我国公有制特别是全民所有制的实现形式不断创新发展，实现了历史性的转变。改革开放以来，国企的概念也随着时代变化而不断演变，我们的国有企业从传统计划经济体制下的国营企业逐步转变为适应市场经济体制要求的独立市场竞争主体的现代新国企，主要经历了三个阶段变化。第一阶段是"新国企"的出现。1993 年，《中华人民共和国宪法修正案》中用"国有企业"替代了"国营企业"，用"国有经济"替代了"国营经济"，规定"国有企业在法律规

---

① 从广西国企来看，除央企外，主要有自治区国资委监管企业、区直部门监管企业、各市及开发区直管国有企业和各县直管国有企业，我们研究的主要是前两类，以下简称"区直企业"。

定的范围内有权自主经营"。我国国有企业经历了公司化改制和建立现代企业制度、抓大放小和战略性重组、建立管人管事管资产相结合的国有资产监督管理体制和中国特色国有资本出资人制度等一系列重大改革。在这一过程中，我国国有企业由与计划经济体制相适应的全民所有制企业，演变为适应市场经济体制的公司制企业，演变为产权明晰、权责明确、政企分开、管理科学、自主经营、自负盈亏、自我发展、自我约束的经营主体，从大面积亏损到具有较强的盈利能力，国有企业的效率与竞争力日益提升。第二阶段是"新国企"的成熟定型及向"现代新国企"过渡。以党的十八大召开为标志，国有企业改革迈入全面深化阶段。在此期间，国有企业改革除继续提升自身经济效率外，更加强调企业社会责任，体现社会公平，强化国有企业的人民属性和国家战略导向，既体现了中国特色社会主义的本质要求，又强调遵循市场经济规律和企业发展规律。特别是，这一阶段的国有企业改革开始注重分类改革，强调国有企业要坚持"两个一以贯之"（坚持党对国有企业的领导和建立现代企业制度），改变了以往过于强调产权的资本逻辑的改革范式。在此期间，中国特色现代企业制度建设取得重大进展，国有企业市场化经营机制建设取得历史性突破，公司制改制全面完成，国有企业自主创新能力不断增强，具有全球竞争力的世界一流企业和现代新国企不断涌现。第三阶段是从"新国企"全面转向"现代新国企"。2022年10月，党的二十大胜利召开，标志着以中国式现代化全面推进中华民族伟大复兴全面启动。中国式现代化意味着需要构建高水平的社会主义市场经济体制，更需要着重强化国有企业在中国式现代化建设中的使命担当，国有企业要以自身高质量发展推进、引领和带动国民经济高质量发展。在此背景下，建设适应中国式现代化要求的"现代新国企"成为国企改革发展的新目标。

2. 新国企承担的重大发展任务

国务院国资委提出"十四五"期间国资国企，特别是中央企业要实现"五个新"和"一个总目标"，做强做优做大国有资本和国有企业，建成一批世界一流企业，充分发挥国有经济的战略支撑作用，加强党建独特优势的转化发挥和创新拓展，坚持以高质量党建引领保障国有资本健康发展。我国新国企具有社会主义性质和适应市场经济要求的双重属性，这决定了其既具有特殊功能，也具有一般功能。特殊功能在于保持社会主义制度的物质基础与政治基础，实现社会公平、人民当家作主、解决社会主要矛盾的物质基础和政治基础。而一般功能是在社会主义市场经济体制下，国家代表公众利益对经济进行重点参与和控制，这是由社会主义制度下公有制经济主体地位以及国有企业所具有代表公众利益的性质所决定的，也是区别于西方资本主义国家的国有企业功能的关键。在从新国企到现代新国企的演变历程中，国企的特殊功能和一般功能等的功能类型没有变，但由于经济社会发展的时代基点与要求有所变化，新国企和现代新国企在一般功能内涵上发生了变化。其经济目标和社会目标等的目标类型也没有变，但目标的内涵发生了变化，表现为不同类别国有企业需要与经济社会发展阶段相适应。作为现代新国企，必须积极服务国家重大战略，在建设现代化产业体系、构建新发展格局中，切实发挥好科技创新国家队、产业发展领头羊、安全支撑主力军和国计民生基础保障作用。

3. 新国企肩负的发展新质生产力的使命

国有企业既是培育和发展新质生产力的中坚力量，又是新质生产力发挥作用和实现价值的主要阵地。习近平总书记强调，要提升国有企业原创技术需求牵引、源头供给、资源配置、转化应用能力，打造原创技术策源地[1]。要创新链产业链融合，关键是要确立企业创新主体地位。要增强企业创新动力，正向激励企业创新，反向倒逼企业创新[2]。新质生产力的关键在于"新"，而现代新国企的关键也在于"新"。作为发展新质生产力的主阵地，现代化国有企业必须紧紧围绕战略性新兴产业、未来产业，主动承担探索新领域、新技术、新市场，探索新兴产业和未来产业的使命，要鼓励国有企业主动发展新质生产力、推进颠覆式创新，以技术创新和外部协同推动国企深化改革，从传统规模化发展模式转向高质化、创新化发展模式。

（二）现代新国企的新特征

在进入新发展阶段后，现代新国企普遍以"创新"为动力，坚持党的

---

① 《习近平主持召开中央全面深化改革委员会第二十四次会议强调：加快建设世界一流企业 加强基础学科人才培养》，新华社，2022 年 2 月 28 日。

② 习近平：《在中国科学院第二十次院士大会、中国工程院第十五次院士大会、中国科协第十次全国代表大会上的讲话》，新华社，2021 年 5 月 28 日。

领导，把"党建"融入公司治理的各个环节，建立健全市场化经营机制，并具有较强的战略管理能力。现代新国企的特征主要是发展方式新、公司治理新、经营机制新和布局结构新。

1. 发展方式新

发展方式新以高质量发展为导向，实施创新驱动发展战略，提高价值创造能力，以效率变革、动力变革促进质量变革。党的十八大以来，习近平总书记一直要求坚持创新思维，提高创新思维能力。创新也是推动国有企业成长和竞争的关键要素，只有坚持创新驱动发展，提高自主创新能力，才能服务高水平科技自立自强。要完整准确全面贯彻新发展理念，实现绿色发展、区域协调发展，为构建高水平开放型经济体系和实现全体人民共同富裕作出贡献和表率。一方面，新时代的国企肩负着支撑国家战略安全的重大使命责任，更应该积极投入研发，同时衔接国家战略的最新需要。另一方面，新时代的国企也要采用更加灵活的方式，不仅解决核心技术难题，而且能够更快地适应市场需求和技术变革。

2. 公司治理新

公司治理新即持续推进政资分开、政企分开，完善中国特色现代企业制度，大力弘扬企业家精神，提升治理现代化水平，形成中国特色现代企业的治理模式。从治理管控的视角看，国有企业通常有三条线：一是国有企业的党建线，这条线实际上可以从集团到子公司一直穿透下来，体现了国有企业的特色；二是公司治理线，按照"四会一层"组织的法人治理结构，该董事会决策的由董事会决策，该股东会决策的由股东会决策，该经理层决策的由经理层决策，有的可能需要党委前置，有的需要党委来决策。三是职能管控线，这条线实际上是相关职能部门，如人力资源部、财务部、战略投资部等各个部门向下管理，也就是通常意义上的行政式管理。职能管控线对相对控股的混合所有制企业可能未必完全适用，因为要尊重其他股东方的意见，管控时不能直接下红头文件。所以，要处理好、统筹好治理线跟管控线。

3. 经营机制新

经营机制新即深入推进分类改革，全面构建新型经营责任制，真正按市场机制运营、按市场规律办事。与其他所有制企业更加平等地获得和使用生产要素、更加公平地参与市场竞争，要具有战略管理意识，立足国家所需、行业所趋，聚焦主责主业和新产业、新业态，具有明确的使命和战略定位；具有现代化的人力资源管理制度；企业组织文化以社会主义核心价值观为引领、以践行新发展理念为目标，为企业高质量发展提供正确的价值导向，形成企业强大的精神内核。

4. 布局结构新

国有企业的布局关系到国家安全，必须向国民经济命脉的重要行业和关键领域集中，向关系国计民生的公共服务、应急能力、公益性领域等集中，向前瞻性战略性新兴产业集中。在布局前瞻性、战略性新兴产业的层面上，现代新国企通过部署推进"国企产业焕新行动"和"未来产业启航行动"，聚焦未来产业，推动国有企业更好地发挥产业引领的作用；在积极参与优化全球产业链供应链布局方面，新国企应当抓住全球产业结构和布局调整的新机遇，优化国际产业布局和投资方式，积极承担高质量共建"一带一路"任务，聚焦重点国家（地区）和重点项目深耕细作，在开辟新领域、制胜新赛道上发挥引领作用。在确保安全自主可控前提下，支持企业主动融入全球市场，增强资本、技术、人才等各类要素全球化配置能力，力争形成一批主导全球产业链供应链价值链重要领域的龙头企业。积极参与《全面与进步跨太平洋伙伴关系协定》（CPTPP）等相关工作，主动对照相关规则、规制、标准深化改革，支持引导龙头企业积极参与并逐步引领国际标准、产业规范、行业技术规则等，在一批新领域争取获得更大影响力。

（三）广西现代新国企定位

当前，国际政治经济面临更多不稳定、不确定性因素。从国内来看，我国经济恢复的基础尚不牢固，外部环境复杂严峻，需求收缩、供给冲击、预期转弱三重压力仍然较大，但我国展现出经济韧性强、潜力大、活力足的特点。广西作为我国欠发达的省区之一，从区内来看，面临着做大总量、做优质量的双重艰巨任务，正处在船到中流浪更急、人到半山路更陡的关键时期。广西区直企业必须找准定位，坚决当好推动边疆民族地区高质量发展、谱写中国式现代化广西篇章的重要支撑性力量，现代新国企的定位在于以下方面。

1. 实施国家重大战略的排头兵

当前，我国开启了全面建设社会主义现代化国家的新征程，广西进入新时代中国特色社会主义壮美广西发展新阶段。广西区直企业必须勇于担当、勇挑重担，立足新阶段、贯彻新理念、构建新格局，坚决肩负起落实国家和自治区重大战略，服务构建新发展格局的使命，加快做强做优做大，不断增强竞争力、创新力、控制力、影响力、抗风险能力，充分发挥国有企业战略支撑作用。在实际工作中，区直企业必须自始至终服从服务于国家和自治区重大战略，在广西实施北部湾经济区开放开发、西部陆海新通道建设、对接粤港澳大湾区、中国（广西）自由贸易试验区、面向东盟金融门户开放试验区、沿边开发开放试验区、中国—东盟信息港等国家重大战略中，充当主力军并发挥战略支撑作用，发挥国有企业在沿海、内河港口及物流网络布局的优势。目前，尤其重要的是依托平陆运河优势积蓄经济势能，要对标全国运河建设管理标杆，加强运河运营管理，发展航运衍生服务业，利用运河宏大场景，挖掘运河价值，打造"平陆品牌"，将运输通道转化为产业通道。所有与平陆运河有关的区直企业都应当积极参与平陆运河产业布局和经济带开发，发挥平陆运河连接北部湾国际枢纽海港和西江黄金水道的战略大通道作用，推动运河经济带总体规划与高水平共建西部陆海新通道、沿边临港产业园区、中国—东盟产业合作区建设等高效衔接，打造繁荣、创新、开放、畅通、绿色、幸福的现代运河经济带。

2. 打造国内国际双循环市场经营便利地的先行者

区直企业要积极服务和融入新发展格局，特别是要抢抓广西打造国内国际双循环市场经营便利地的重大机遇，争当建设西部陆海新通道、沿边临港产业园区、中国—东盟产业合作区的主力军。支持区直企业在确保安全自主可控前提下走进东盟、融入全球市场，优化国际产业布局和投资方式，围绕深度融入共建"一带一路"，聚焦马中关丹产业园、中国·印度尼西亚经贸合作区、交投南非锰矿基地等境外重点项目深耕细作，增强资本、技术、人才等要素全球化配置能力。深度参与中国—东盟产业合作区重大基础设施建设运营，加快临空经济示范区、智慧口岸、智慧港口、物流仓储、大宗商品交易市场、加工贸易产业园、中国—东盟网络视听产业基地等重大项目建设，充分利用《区域全面经济伙伴关系协定》（RCEP），主动对照相关规则、规制、标准深化改革，参与制定国际标准、产业规范、行业技术规则等，在国际市场争取更大自主权。

3. "风口"产业和产业链关键环节精准投资的引领者

广西区直企业要围绕加快构建现代产业体系，加快建设中国—东盟产业合作区和沿边临港产业园区，立足广西产业基础和优势特色，聚焦信息技术、智能装备制造、生物医药、新材料、新能源等优势产业，深入研究产业"风口"和产业链关键环节，加快推动传统产业向"风口"产业转型，找准并培育扶持一批高成长性中小微企业、高新技术企业，并逐渐形成产业集群。优化产业组织模式，通过并购重组、股权合作、产业协同、联合攻关等方式发展战略性新兴产业，积极参与招引战略性新兴产业重大项目的投资合作。鼓励跨企业合作搭建"一键游广西"、公共物流信息、特色农业服务、会展时空信息等共性平台。培育以引领推动战略性新兴产业发展为主的国有资本投资、运营公司，控股、参股产业链上下游资源企业，打造一批战略性新兴产业"孵化器"。

二、广西国企发展现状

党的二十大以来，广西国有企业认真贯彻落实党中央、国务院深化国有企业改革战略部署，全力做好深化国有企业改革的大文章，积极应对各种风险挑战，管理体制和经营机制发生了深刻变化，企业竞争力明显提升，国有资本布局结构进一步优化，区直企业展现出新担当新作为。

（一）取得的成绩

回顾广西国有企业的发展历程，区直企业是推动全区经济发展当之无愧的主力军、排头兵和突击队，始终发挥着顶梁柱的作用。主要成绩可归纳为以下几个方面。

1. 顶层设计持续完善

在顶层设计上坚持党建引领和深化改革，是国有企业发展的"根"和"魂"。区直企业认真贯彻落实"第一议题"制度，自觉运用习近平新时代中国特色社会主义思想指导实践、解决问题；在公司章程中明确提出"坚持和加强党的全面领导"，确保党组织成为公司法人治理结构中的有机组成部分，使党的全面领导在制度上有规定；把党建工作要求写入公司章程，持续推动党建工作与生产经营深度融合，将党的领导的独特优势转化为企业的发展优势。国有企业改革持续深化，自治区层面出台了《关于全面深化我区国资国企改革的意见》《关于改革和完善国有资产管理体制的实施意见》《广西壮族自治区国有企业改革深化提升行动实施方案（2023—2025年）》等系列文件，以上率下推动改革举措落地见效，这些改革配套文件设计了全区新一轮国企国资改革的时间表和路线图，明晰了如何做好党的建设制度体系与企业规章制度的衔接，不断完善国有企业党的建设制度体系，是未来一个时期国企国资改革强有力的政策保障。2022年底，全面完成国企改革三年行动251项改革任务，并开启新一轮国企改革，现代企业治理水平实现新提升。

2. 综合实力稳步提升

近年来，广西聚焦转型发展，突出抓好区直企业科技、效率、人才等各项工作，全力推动企业提高核心竞争力。从宏观数据上来看，自治区层面国资系统企业实现资产和利润总额大幅提升。截至2023年末，全区国有企业（含广西建工集团）资产总额71412.43亿元，同比增长10.19%，首次突破7万亿元大关；所有者权益总额23552.03亿元，同比增长10.02%。其中自治区国资委监管企业资产总额26214.77亿元，同比增长9.12%；所有者权益总额7360.31亿元，同比增长7.08%。设区市国有企业资产总额44412.94亿元，同比增长10.52%；所有者权益总额15671.17亿元，同比增长10.65%。广西区直企业资产总额达4万亿元、营业收入8370.2亿元、利润总额184.7亿元。广投集团连续3年进入世界500强。广投集团、柳钢集团、北港集团、交投集团、北投集团、玉柴集团6家企业入围中国企业500强，柳钢集团居世界钢企第18位，柳工机械居世界工程机械行业第15位，北部湾港进入国内港口前十强。

3. 科技强企取得新进展

2020年以来，广西持续推进国企改革三年行动和贯彻落实《国有企业改革深化提升行动方案（2023—2025年）》，鼓励企业在完善公司治理、市场化经营机制、强化激励约束等方面深化改革、探索创新，同时推动21家转企科研院所优化调整，成为集团公司科技研发和创新发展的重要平台。把科技创新发展列入企业经营业绩考核，增大研发投入、科技成果产出转化等指标考核权重，实施企业研发费用全额视同利润加回、核心技术攻关研发费用视同利润加倍加回、科技创新成果予以加分奖励等激励措施，指导科技型企业用足用好工资总额管理和股权激励、超额利润分享等中长期激励政策，极大地激发了企业创新发展的内生动力。目前，广西路桥大跨拱桥建造技术、柳工欧维姆预应力技术、玉柴集团大马力船电动力、南南铝加工全国首台套气垫炉等关键核心技术处于国际领先地位。自治区国资委把科改示范企业打造成为科技创新的"领头雁"。目前，全区共有15家企业入选国家科改示范企业，数量居全国第5位，63家企业入选自治区科改示范企业，建成国家级科技创新平台34个、自治区级创新平台145个，拥有各类授权发明专利1461件。据统计，自治区国资委监管的17家区直企业研发经费投入占全区的一半以上，重大科技成果占全区的1/3，创新平台占全区的1/4，高层次科技人才数量占全区的1/4，是全区科技创新的重要力量。

4. 服务重大战略成效显著

全区区直企业坚决当好服务沿边临港产业园区、西部陆海新通道、中国—东盟产业合作区等国家和自治区重大战略的排头兵和主力军。北港集团集装箱吞吐量突破800万标箱、西部陆海新通道海铁联运班列突破9000列，建成启用全国首个海铁联运自动化集装箱码头二期工程。交投集团8条高速公路建成通车，助力全区高速公路通车里程突破9000公里。北投集团顺利完成平陆运河旧州特大桥中段拱肋整体提升工程，助力加快平陆运河建设。机场集团累计开通16条国际客运航线，实现南宁至东盟"十国通"，南宁机场国际货邮吞吐量突破8.5万吨，居全国第11位。南南铝航空航天用铝、电子3C用铝等高纯铝，北投天峨龙滩世界最大跨径拱桥，玉柴世界首台超低浓度瓦斯发动机和发电机组、广投与华为合作推出具有完全自主知识产权的"数达"一体机、服务器密码机等一批国内国际领先的科技成果不断涌现。农垦非粮生物质能技术全国重点实验室获批，广西低碳智能动力实验室落户玉柴，北投新增9个自治区级科研平台。

5. 国有资本效率不断提高

2023年全区国资系统企业实现营业收入10474.9亿元，同比增长

8.0%，营业收入首次突破 1 万亿元；利润总额 211.7 亿元，同比增长 38.7%。区直企业实现营业收入 8370.2 亿元，同比增长 7.29%；利润总额 184.7 亿元，同比增长 50.05%。自治区国资委监管企业实现营业收入 8088.8 亿元，同比增长 6.8%；利润总额 173.8 亿元，增长 53.9%，增速排在全国前列。出台加强监管企业主责主业管理的政策，修订投资、融资担保等管理办法和负面清单，加强企业投资合规管理，在 17 家企业设立首席合规官，同时印发《企业境外国有资产监督管理暂行办法》等文件，指导企业聚焦主责主业，主业投资占总投资的比重进一步提升。强化境外国有资产管理，有效化解监管企业历史积案，避免和挽回损失 146.5 亿元，得到国务院国资委充分肯定。通过强化资金运行监管，实现"三全一穿"（全覆盖、全天候、全级次、穿透式）实时监管，累计向企业发送重大风险预警信息 355 条，指导监管企业解除历史包袱 189 亿元。全区共有 133 家各级子企业扭亏，扭亏金额 37.7 亿元；156 家减亏，减亏金额 64.6 亿元。推进企业存量土地盘活利用，通过自主、联营等方式盘活使用土地 250 万亩。针对农投集团重大债务问题，专门推出农投集团改革发展三年行动方案，实施特别监管措施，指导农投集团成功化债解困，实现扭亏为盈，信用评级恢复良好。推动宏桂集团所属北部湾产权交易所以市场化方式并购广投集团北部湾股权交易所，打造全区统一交易资源大平台。推动广投集团组建广西铝业集团、广西广投产业链服务集团、广西能源集团，推动现代物流集团组建广西循环集团，推动广林集团组建森林资源产业投资集团，推动农投集团组建能源集团、糖业集团。制定自治区国有控股上市公司高质量发展实施方案，促进企业利用资本市场做强做优。

6. 海外市场拓展不断加强

随着国际市场需求的多样化与国企服务国际市场能力的快速发展，全区区直企业着眼不同国家、不同区域、不同民族、不同对象等的市场需求，围绕国家赋予的新定位、新使命，积极搭建新平台，努力破除梗阻，优化发展环境，深化开放合作，积极拓展海外市场。2023 年，自治区监管企业实现出口收入 140 亿元，增长 31.7%，创历史最高水平；其中柳工集团出口收入 112 亿元，增长 39.1%，玉柴集团铸件外贸出口进入欧洲市场。2023 年，北部湾港（本港）全年累计完成货物吞吐量 3.1

亿吨，同比增长 10.8%，其中集装箱吞吐量完成 802.2 万标箱，同比增长 14.3%；全港货物吞吐量和集装箱吞吐量稳居全国主要港口前十。林业集团高端绿色家居产品进军欧洲市场。汽车集团新能源轻型物流车首次进入美国、日本市场。

（二）存在的主要问题

虽然近年来全区区直企业多方面工作取得了一定成绩，但距离党中央、国务院关于国有企业改革发展决策部署和自治区党委工作要求仍有差距，问题集中表现为部分区直企业聚焦发展主责主业使命任务不清晰、在科技创新中发挥中流砥柱作用不明显、风险管控仍需加强等。

1. 主责主业有待做大做强

目前，全区区直企业增加值占全区 GDP 总量在 10% 左右，贡献度偏小。一些国企经营目标和主责主业不清晰，为追求高利润、高回报而忽视高风险及自身企业主业优势，盲目铺摊子拓展业务领域，出现决策失误、成本增加、财务周转不灵、管理质量下降、资本结构恶化、规模经济丧失等问题；也有的国有企业在产业基础薄弱、缺乏资源优势的情况下盲目布局新产业，造成企业经济利益受损。例如，在自治区国资委监管的 16 家国企中，存在部分国企主业明显重合、部分国企主业跨度较大、部分国企划定的主业范围过广等问题，主业不明确、产业布局缺乏长远规划，导致区直企业在激烈的市场竞争中持续落后。

2. 创新能力有待提升

面对日益激烈的国内外竞争环境，全区部分区直企业在引领科技创新方面仍有待提高，主要体现在对基础研究重视不够、重大原创性成果缺乏、研发投入与产出利润不成正比等方面。从全区的 16 家国资委监管的一级企业看，仅有 6 家研发经费投入强度超过 2.5%，平均研发经费投入强度仅为 1.77%，与中央企业研发经费支出强度 2.7% 相比差距较大。其中，玉柴集团研发经费投入强度仅为 0.83%，刚好与全区研究与试验发展（R&D）经费投入强度持平。农投集团、广投集团、北港集团、宏桂集团等 7 家企业研发经费投入强度低于全区 R&D 平均水平。同时，全区国企还存在原创性科技成果不多、科技成果转化率不足，特别是突破关键技术促进产业化、转化为新兴产业的案例偏少，企业与高等院校、科研院所合作攻关较少等问题。人才储备与高质量发展需求之间存在着一定缺口，干部、人才梯队建设难以满足企业快速发展要求，特别是领军型、复合型的管理人才，创新型、创效型的经营人才等结构性人才相对紧缺。

3. 公司治理有待完善

党建与公司治理的有效融合是实现企业高效运营与党的领导深入实施的关键，然而，在实际操作中存在融合程度有待进一步提高的问题，对全区区直企业的健康发展和市场竞争力的提升造成了不小的影响。这些问题主要表现在党建工作与公司治理缺乏有效衔接、党建活动与企业发展战略脱节，以及党组织在公司治理中的角色定位不明确等方面。目前全区一些国有企业在法人治理结构上已经各司其职，但在形成推动企业发展合力方面还需加强。区直企业对下属各级子公司董事会未开展考核评价工作，董事会授权跟踪监督评估和动态调整机制不健全，缺少担保、负债、捐赠等方面职权的配套制度及方案。经理层向董事会报告未形成机制，在落实董事会考核分配职权、建立相关配套制度方面还不完善，个别经理层成员经营业绩考核内容或个性指标没有差异。

4. 混改有待科学推进

从自治区层面看，混合所有制改革推进并不十分顺利，先前进行混改的广西建工集团由于多方面原因，企业经营难以为继，大量员工被迫辞职离岗。当前自治区国资委监管的 16 家企业中，仅有广西汽车集团、广西现代物流集团的国有股权占比低于 100%，分别为 99.74% 和 98.35%。在几乎所有省一级的国资委监管系统中，广西的国有股权占比是最高的。尽管股权结构比例没有一个固定"标准"，但是当前全区 16 家国企这样的股权结构明显存在不合理的情况，不利于充分调动多种所有制资本的投资活力，也不利于健全现代国企的治理机制。作为对比，2022 年，四川省地方国企混改比例达到39%，其中省属企业混改比例达到 62%。

5. 风控能力有待加强

当前一些区直企业在风险管控方面仍存在明显的不足，主要表现在部分国企风险意识薄弱，对风险的认识和重视程度不够。在日常运营中，部分国企更注重业绩和效益，而忽视了潜在的风险。这种风险意识的缺失，致使企业在面临突发状况时往往措手不及，难以及时应对。此外，一些国企尚未建立起完善的风险管理机制，或者虽然有相关制度，但执行不力，形同虚设。这导致企业在风险识别、评估、监控和应对等环节存在诸多漏洞，无法有效预防和化解风险。从 2023 年资产负债率来看，中央企业整体资产负债率稳定在 65% 以内，但广西国资委监管的 16 家企业中，7 家资产负债率高于 65%，造成这一现象的主要原因是不懂、不会、不想使用直接融资工具如 REITs、ABS 等。

总体来看，全区区直企业在迈向现代新国企的征程中还存在较大的瓶颈制约，只有正视改革推进中存在的问题，精准把脉、有的放矢、对症施策，坚持以问题为导向，深入分析自身不足，才能真正有效破解改革难题。

三、国内其他省份建设现代新国企的经验

他山之石，可以攻玉。为深入开展课题研究，课题组多次赴山东、四川、甘肃等省份调研，发现其他省份在推动现代新国企建设方面有一些比较典型的经验做法，值得我区学习借鉴。

（一）山东省：推动国企心无旁骛地攻主业

近年来，山东省聚焦主责主业扎实推进现代新国企建设，推动省属国有企业发展迈向新台阶。2023 年，纳入山东省国资委统计的省属企业（由山东省国资委监督管理的企业有 29 家，另有 16 家财政金融类企业由山东省财政厅监督管理）实现营业收入超 23504 亿元，同比增长 8.9%，利润总额 1064 亿元，同比增长 12.15%，净利润 755 亿元，同比增长 21.7%，资产总额超 50032 亿元，同比增长 10.5%，资产总额、营业收入、利润总额、净利润均高居全国省级监管企业（不包括直辖市）前两位。其聚焦主责主业的主要经验做法有以下几个方面。

一是强化班子建设。让真正懂企业的领导干部长期担任国企负责人，支持国有企业配强班子，是山东省壮大省属国有企业最典型的经验。以潍柴为例，尽管其间潍柴也经历风风雨雨，甚至出现破产危机，但山东省始终坚定支持潍柴聚焦主责主业的发展思路。潍柴也不负众望，不断凝聚发展共识，

扫清改革障碍，扛住内外压力，力出一孔谋发展。20多年间，潍柴动力营业收入从2004年的62亿元增长到2023年的2140亿元，增长了33倍多。

二是强化主业管理。拟定省属企业主责、主业、拟培育主业，深入开展"一企一业、一业一企"改革试点。例如中国重汽，先后完成了房地产、物业、医院、低端零部件及非主业参股企业等98家非主营业务的有序退出，资产变现近109亿元，资产负债率从2018年的70.3%降低到2023年的60.8%。

三是强化重组整合。印发实施《关于进一步加强省属企业专业化整合工作的意见》，通过专业化整合方式，先后打造了能源、高速、重工、港口等一批具有重要影响力的企业集团。例如山东港口集团，整合了青岛港集团、日照港等山东省内四大港口，共有21个主要港区、370余个生产性泊位、340多条集装箱航线，2023年山东港口货物和集装箱吞吐量实现17亿吨、4000万标箱"双突破"。

四是强化风险监管。出台《关于构建省属企业内部大监督体系的指导意见》，实行重大决策终身责任追究制度。建设省属企业司库体系，开展银行账户专项清理，对单笔超过5000万元的大额资金流出实行严格监管。加强债务总量控制，明确债券余额不得高于带息负债总额的40%。组建国有企业风险基金，专项用于满足企业应急资金需求。

（二）四川省：推动国企管理市场化改革

打造现代新国企是新一轮国企改革的重要目标和方向。现代新国企"新"在哪里？四川省作出了"四新"的有益探索，激发国企崭新动能，发挥国资国企"顶梁柱""主力军"作用。2023年，四川省属国企资产总额达2.63万亿元，同比增长12.1%；地方国有企业营业总收入首次突破2万亿元，达到2.12万亿元，同比增长11.9%。其中，省属国企营业总收入7014亿元，同比增长13.2%；利润总额再创新高，达1433亿元，同比增长25.1%。省属国企利润总额301亿元，同比增长15.4%。省地方监管企业资产总额、营业总收入、利润总额均在全国名列前茅，分别位列全国第5、第7、第3。其推进市场化改革的主要经验做法有以下几个方面。

一是金融"撬动明显"、资本"流动增值"。强化区域金融联动，联合国企渝富集团组建 100 亿元成渝发展基金，编制成渝指数并上市首支交易型开放式指数基金（ETF），与上海实业（集团）、北京亦庄国投等机构开展联合投资。整合组建省属企业"三只基金"，形成科创投资基金、战略性新兴产业投资基金、产业发展并购投资基金超 700 亿元基金集群，灵活开展多形式、多期限股权投资。支持国企灵活运用债券、银行、租赁及信托等多元融资渠道。例如，绵阳市指导参与综合改革的国企明确上市挂牌计划，市属国企华丰科技成为四川省第一家自主培育的科创板上市国企。

二是干部"能上能下"、员工"能进能出"。经营层全面实施任期制和契约化管理，中层管理人员实行竞争上岗和市场化选聘，实行常态化末位淘汰等调整和不胜任退出政策。例如，省属企业经营层实施任期制和契约化管理完成率 100%，企业新聘任管理人员竞争上岗占比达 99.5%。绵阳市市场化引进职业经理人和专业人才超千人、占员工总数的 14%，市属国企绵阳市投资控股（集团）管理层级控制在 3 级以内，各级中层管理人员竞争上岗、员工市场化招聘，管理人员末位淘汰和不胜任退出比例平均达 7%，员工市场化退出比例平均达 5.3%；宜宾市指导市属国企制定 3~5 年用工规划，规范国企员工规模、进人渠道等，对新进员工实行公开招聘。

三是收入"能增能减"、风险"共担共治"。实施市场化经营业绩考核，薪酬向价值贡献和关键岗位倾斜。例如，绵阳市指导国企按照"一岗一契约、一年一考核"原则签订经营业绩责任书，实行"月考核＋季度绩效＋年底绩效"全员绩效考核方式，同职级薪酬差距平均在 2 倍。推动中长期激励提质扩面，将经营团队及核心关键岗位人员收益与国企长期利益挂钩，制定以增量价值创造为导向的中长期激励管理办法。例如，省属国企商投集团搭建骨干员工持股、超额利润分享、跟投等多方式相结合的激励体系；绵阳市对持股比例超 5% 的科技型企业、持股比例超 3% 的非科技型企业骨干员工，以及因改革需要"上持下"行为等特殊情况，经研判后予以认定支持；宜宾市筛选 37 家市属国企开展中长期激励试点。

（三）甘肃省：推动国企全面强化技改和研发投入

近年来，甘肃省坚定不移坚持党的全面领导，以高质量党建工作引领保障国企高质量发展，全力发挥省属企业"主引擎"作用，优化布局结构、构建现代化产业体系的"加速器"。2023年，甘肃省属企业实现工业总产值4492.13亿元，较2020年度增长1993.22亿元；实现营业总收入9034.34亿元，较2020年度增长1823.74亿元；实现净利润144.30亿元，较2020年度增长80.17亿元。甘肃省属企业经济效益达到历史最好水平。其主要经验做法有以下几个方面。

一是强力推动国企"三化"改造。省属企业带头推进传统产业转型升级。省属企业近三年"三化"改造投入年均增长50%以上，2023年实施"三化"改造项目240个，完成投资150亿元以上，推动有色、钢铁、煤炭、装备制造等传统产业改造提升和转型升级，加快向产业链中高端迈进。截至2023年底，甘肃建成国家级绿色工厂11个、省级智能工厂5个、数字化车间26个。金川集团完成镍精炼加压系统优化提升等项目，年新增产值约51亿元；电解镍和阴极铜综合能耗下降，达到国际先进和国内领先水平。白银集团白银炉技术创新升级项目点火，形成40万吨铜冶炼产能，主体产业提档升级。

二是推动国企强化创新投入。省属企业深入实施强科技行动，深化科技创新体制机制改革，提升科技创新能力，为企业转型升级注入新动力。统计数据显示，近三年来甘肃省属工业企业研发投入年均增幅10%以上，2023年省属工业企业完成研发投入124.85亿元，同比增长14.77%，研发投入强度达到2.7%，带动新产品产值增长11.48%，带动实现新产品产值、"三新"营业收入有序增长。同时，省属企业加强创新平台建设，推动产学研深度融合成绩显著。近三年来甘肃省属企业与科研院所、高校累计实施科研项目4000多个，对35项关键核心技术和99项重大技术攻关项目进行联合攻关，多个研究应用项目取得突破，性能达到国际先进水平。目前甘肃拥有国家级研发平台28个、省部级研发平台171个、产业技术创新联盟40个、博士后工作站10个，5家省属企业联合高校院所和民营企业组建5个创新联合体。

三是全力引导国企聚力培育壮大新兴产业。省属企业充分发挥资源禀赋和特色产业比较优势，加大国有资本在高端装备制造等战略性新兴产业布局力度，培育了新的经济增长点。2023年省属企业新材料产值突破1000亿元。依托资源优势，省属企业做大做强动力电池材料、做专做精有色金属新材料、做优做细先进钢铁材料、做尖做新前沿新材料，新材料产业实现新突破。截至 2023 年底，省属企业新能源装机 262 万千瓦，在建及开展前期工作的新能源装机规模 1520 万千瓦，助推甘肃省"风光无限"的能源资源优势转化为经济优势和发展优势。

四是以高质量党建护航国企发展。出台《关于省属企业在完善公司治理中加强党的领导的若干措施》《省属企业重大决策事项清单指引》《重大事项决策程序管理办法》等制度文件，把企业党组织内嵌到公司治理结构之中，省、市国有企业全面完成"党建入章"，同时省、市国有企业全部实现董事会应建尽建，各省属企业集团公司外部董事占多数，有效解决了内部人控制、"一把手"个人说了算等问题。推动符合条件的党组织班子成员进入董事会、监事会、经理层，30 家省属企业集团实行了党委书记、董事长"一肩挑"。开展党建融入生产经营典型创建、党支部建设标准化、"样板党支部"创建等活动，推动党建责任制与生产经营责任制联动，甘肃省属企业党支部标准化率达 99% 以上。省属企业创建党员责任区 7100 多个、示范岗 6430 个，70 个党支部被评为"全省标准化先进党支部"。重点考核加强党的全面领导、党的基层基础建设、党建融入生产经营发挥作用等情况，将考核结果与干部选拔任用、领导人员薪酬、选先评优等工作挂钩。

（四）对广西的启示

一是聚焦主责主业，不断增强核心竞争力。将企业的战略定位、核心功能、重要使命和重大责任归纳为企业的主责，根据主责确定主业、拟培育主业。按照"从严管理"总基调，坚持"聚焦核心功能、坚持高质量发展、加强科学管理、强化责任落实"的管理原则，推动区直企业心无旁骛攻主业。

二是建立健全以管资本为主的国资管理体制。在党的全面领导下，紧紧围绕监管权、所有权和经营权三方面推进改革，在体制层面和顶层设计上，以管资本为主，探索"两类公司"或平台公司；在微观国企层面，以混合所有制改革为突破口，加快建设世界一流企业。

三是履行国企职责，加快培育发展新质生产力。聚焦企业的职责使命和功能定位，围绕落实国家重大发展战略，以更大力度聚集创新要素，提高应用基础研究投入占比，加强关键核心技术攻关和前沿技术布局，持续推进原创技术策源地建设。进一步培育壮大战略性新兴产业，强化与产业链上各类所有制企业协同合作，积极参与区域发展；持续推动传统产业转型升级，加大新型基础设施建设投入力度；探索适应新一代信息技术发展特点的企业组织、运营和商业模式，打造一批满足"四新"标准的创新型国有企业。

四、广西建设现代新国企的对策建议

党的二十届三中全会提出，高水平社会主义市场经济体制是中国式现代化的重要保障，强调"两个毫不动摇"，广西国有企业面临新的机遇。广西建设现代新国企，必须坚持以习近平新时代中国特色社会主义思想为指导，全面贯彻落实党的二十大和二十届二中、三中全会精神，认真学习贯彻习近平总书记关于国有企业改革发展和党的建设的重要论述，深入学习贯彻习近平总书记关于广西工作论述的重要要求，坚持和加强党对国有企业的全面领导，聚焦完善现代企业制度，围绕增强核心功能、提高核心竞争力，深入实施国有企业改革深化提升行动，从抓根本、抓关键、抓重点、抓动力、抓潜力、抓活力、抓基础、抓底线八个方面发力，更好发挥广西国有企业在科技创新、产业投资、开放合作等各方面的作用，助力加快建设"一区两地一园一通道"，书写中国式现代化广西国企高质量发展的华章。

（一）根本在党

坚持党的领导、加强党的建设，是国有企业的"根"和"魂"，是新时代国有企业发生根本性、转折性、全局性重大变化的关键所在，也是引领国有企业未来改革发展的根本政治保证。

1. 坚持党的绝对领导

坚持"两个一以贯之"不偏离，把党的建设作为国有企业建设的首要任务，整理发布一批适用不同层级、不同类型企业情况的"党建入章"示范文本，规范权属企业"党建入章"。深入实施"五基三化"系列行动，加强国有企业基层党组织建设，做到企业发展到哪里、党的建设就跟进到哪里。开展国有企业党建责任落实督导行动，切实把党的领导融入公司治理各环节，提升国有企业党组织把方向、管大局、保落实的能力和水平。

2. 强化党建主体责任考核

推动国企领导班子强化主责意识，及时转换角色定位，适应党建由"指导"到"领导"的新变化。强化党建纳入国有企业领导人员经营业绩考核结果应用，把党建"软指标"变成"硬约束"，使考核结果同企业领导班子综合考评、经营业绩考核衔接起来，同企业领导人员政治素质考查和综合考核评价等相挂钩。

3. 树立"党建+主业"工作理念

积极推动国企党建与公司治理深度融合，构建全维度党建工作机制和全级次党建考核评价机制，为各级党组织建设提供规范化指导和标准化支撑，从目标管理、工作运行、考核评价等方面明确制度指引和推进路径，着力打造"融合"载体，将党建量化到科技创新、管理提升、工期履约、安全生产、降本增效、环境保护等各项工作中。

4. 强化清廉国企建设

开展党纪学习教育，聚焦国企工程建设、投资融资、产权处置等重点领域，进行专项"廉政体检"，督促企业党组织扛起全面从严治党主体责任，认真落实风险排查防控责任，推进用制度管权管人管事。针对国企廉洁风险防控共性问题，实行清单式管理，督促限期整改销号。以"常态化工作机制+月度性集中宣传"推进廉洁文化建设。按照"责任到人、制度到岗"总要求，以点带面，健全完善廉政风险防控机制，对经营决策制度、内控制度、风控制度、监督制度全面规范。

（二）关键在人

党的二十大报告指出，教育、科技、人才是全面建设社会主义现代化国家的基础性、战略性支撑。人才资源已成为关系企业核心竞争力强弱的基础性、核心性、战略性资源。人才队伍建设是引领和推动现代新国企建设的关键因素和重要保障，国有企业要实现持续稳定发展，就必须紧紧抓住人才这个最具根本性和关键性的资源。

1. 大力培育和弘扬企业家精神

国有企业的领导人员是党在经济领域的执政骨干，肩负着经营管理国有资产、使其实现保值增值的重要责任。选拔任用国有企业的领导人员既要坚持党管干部、党管人才原则，确保选出的领导人员坚守对党忠诚、清正廉洁的政治本色，又要遵循市场经济规律和人才成长规律，确保选出的领导人员具备勇于创新、治企有方、兴企有为的能力素质。要选强配优国企领导班子，特别是对成绩突出、干事创业有激情的企业主要负责人不随意调整；当出现企业利润暂时不佳或其他负面情况时，客观评价主要负责人履职情况，确认无过的不轻易进行调整。支持更多现代企业家长期在国企任职。坚持"用企业家来管理企业"和"用管理企业的方式来管理企业"的用人导向，引进、挖掘、培育一批现代企业家。建立延长优秀国有企业负责人服务年限制度。对政治可靠、业绩突出、经验丰富、精力充沛、积极性高的国有重要骨干企业主要负责同志，达到退休年限但确因工作需要继续留任的，在本人同意的基础上，适当延长服务年限。对明显不适应企业管理的领导干部要及时调整。

2. 厚植沃土聚英才

坚持"三个区分开来"，建立规范可行的容错纠错机制，尊重企业家智慧和创造性，尊重企业家对市场规律和经济形势的判断，尊重企业家依法独立行使经营决策权。对区管企业负责人带领企业从事新技术、新产业、新业态采取包容审慎的监管办法，激励企业家干事创业、开拓创新。对做出突出贡献的国有企业负责人适当给予奖励。在自治区级媒体开设专栏，广泛宣传国有企业负责人先进事迹。对经实践证明的优秀企业家，按规定研究授权其管理更多国有资本、国有企业。加强外部董事队伍建设，建立符合市场规律的外部董事管理机制，多渠道开展外部董事遴选，建立跨行业、跨区域、多元化的外部董事人才库；健全履职支撑和服务体系，促进外部董事决策监督职能作用的发挥；逐步推进外部董事担任专门委员会职务，在专委会中发挥有力作用。

3. 着力构建人才雁阵

建立科学的人才引进和培育体系，研究制定"进一步加强区管企业人才队伍建设的工作方案""加强区管企业技能人才队伍建设的实施意见"等，明确企业人才队伍建设的"任务书""路线图""时间表"，大力弘扬工匠精神，夯实国资国企高质量发展的人才基础。加强中青年人才储备，定期评估人才库储备数量和质量，建立完善的企业后备干部的选拔机制和选拔流程，确保后备干部队伍具有合理的年龄、知识和专业经历结构，做好人才梯队建设。健全完善企业创新人才库，将科技创新人才、技术技能人才、科技型企业管理人才等入库管理。不拘一格创新模式引进人才。学习华为引才的经验，面向重点高校理工科专业，高薪吸引一批毕业生到国有企业，放到各类研发岗位锻炼，再通过内部的观察与考核淘汰不符合标准的人员。加强企业海外人才的发掘与储备，搭建适合海外员工展现自己的舞台，逐步提高企业国际化的能力。

（三）重点在主业

1. 推动聚焦主责主业

尽快修订推出区管企业投资项目负面清单。推动区管企业加强投资项目全过程管理，精准界定每项主业所对应的国民经济行业分类（大类、中类），严控非主业投资，如广西农垦集团、广西林业集团、广西农村投资集团等聚焦农业、林业产业化规模化发展开展投资运营，积极推动设施农业、智慧农业、智慧林业等新产业新业态发展；广西柳州钢铁集团、广西柳工集团、广西玉柴机器集团等制造业企业聚焦自身金属冶炼、工程机械、发动机等通用专用设备制造主业升级发展，增强科技创新引领力；广西北部湾投资集团、广西北部湾国际港务集团、广西交通投资集团等聚焦基础设施建设加大投资运营，服务保障"一区两地一园一通道"建设；广西投资集团、广西宏桂资本运营集团、广西北部湾银行股份有限公司等聚焦金融服务实体经济发展，扮好长期资本、耐心资本、战略资本角色；对于确有必要投资的非主业项目，企业须在年度投资计划中专门报告非主业投资金额、比例和总体执行进度，逐项列示非主业投资项目的实施情况。建立国有经济布局优化和结构调整指引制度。立足国有资本功能、定位、使命、责任，全面系统对接国家发展战略需要，建议由自治区国资委牵头，发改、财政等部门配合研究明确全区国有资本重点投资领域和方向，形成并动态发布国有资本布局结构优化调整的目录范围和操作指引，逐步建立完善坚持"三个集中"推动国有资本布局结构优化调整的考核、评价、监测、反馈、督导、调整的制度体系和管理机制，适时开展效果评估。科学合理地确定改革试点企业。重点针对当前存在主业过多的自治区直属企业抓好改革试点工作，有序抓好组织实施，及时总结评估试点工作成果，推广试点经验，推动更多符合条件的区管企业子企业实现"一企一业、一业一企"，真正做到"有所为有所不为"。优化国有企业新兴产业投资。加快指导直属企业编制短期和中长期投资计划，引导更多直属企业投向实体经济、科技创新和战略性新兴产业，通过并购重组、上市融资、产业协同、联合攻关等方式优化国有企业组织模式，推动战略性新兴产业与传统产业深度融合，稳步提升国资国企战略性新兴产业收入和增加值占比。对直属企业投资新兴产业、未来产业视同主业投资予以支持。

2. 加快重点企业资源整合

制定实施监管企业战略性重组和专业化整合方案。指导企业开展企业内部和企业之间分散、重复等业务板块整合，培育一批有竞争力的新型产业公司，打造一批专业化的产业集团。企业进一步压缩层级，制定"三无企业"处置工作方案。推动经营性林产资源和环保、水务、物流、物业等业务板块以市场化方式开展重组整合。主动挖掘跨企业、跨层级、跨区域的整合空间，在更大的范围内促进资源优化配置，强化整合后的深度融合，推动现代物流集团、北投集团、农投集团、国宏集团等环保、水务板块以市场化方式开展重组整合。三年内推动实现区管企业业务板块清晰、"小散弱"问题基本清零，打造一批具有较强竞争力的行业领军企业。实施国有链主型龙头企业培育工程，力争每年新增3~5家链主型龙头企业。打造牵引发展的"火车头"。探索成立区管国企布局优化和结构调整工作领导小组，对区管国企进行机构重新设置、职能重新定位、人员择优选聘，探索对区直企业存量资产进行优化配置，建立国有企业冗余资金基金化管理，推动资产规模由"千亿元级"跨入"万亿元级"。建立一流企业评价指标体系，有效引导国有企业持续提高利润总额、净资产收益率、全员劳动生产率、研发投入强度等。

3. 建立国有企业履行战略使命评价制度

建立落实国家重大战略和自治区重大需求担当作为体制机制，加快指导区直企业编制短期和中长期投资计划，引导区直企业积极参与现代化产业体系、沿边临港产业园区建设等；对区直企业投资新兴产业、未来产业视同主业投资予以支持，稳步提升国资国企战略性新兴产业收入和增加值占比。支持企业参与园区基础设施建设运营、实业投资等活动。

（四）动力在创新

加快发展新质生产力是推进广西边疆民族地区高质量发展的重要着力点，现代新国企是新质生产力形成和发展的重要主体。

1. 支持重点企业带头开展技术创新

建立健全科技领军、科改示范、转制院所、科技成长等四类名录库，对标国际国内已分类制定科技型企业培养方案。积极用好研发费用税前加计扣除政策和先进制造业企业增值税加计抵减政策，突出科技产出、科技转化、科技产业，加大科技研发投入支持力度，加强关键核心技术攻关，推动产学研用深度融合，从传统要素驱动向创新驱动转变，推动国企成为技术创新主体。实施创新型企业培育工程，力争国有高新技术企业、科改企业均突破100户。出台转制科研院所改革发展三年行动方案，促进转制科研院所转型为科技型企业。

2. 加大财政资金支持力度

加快研究制定国有企业攻关的关键核心技术和重大科技项目清单。积极争取部门科技项目资金，科技研发每年安排不低于5亿元国有资本经营收益支持企业科技创新项目。设立优势产业关键核心技术攻关专项资金，支持国企开展揭榜项目；对国企上年度研发投入增量，给予补助支持。对承担市级及以上科技项目的科研团队，在项目周期内实行工资总额单列管理；对实施科技创新、技术改造、产业发展等项目的国企，在国有资本经营收益分配、产业扶持资金等方面给予倾斜，研发投入强度力争超过10%。

3. 推动国企创新平台提质升级

聚焦国家和自治区重大需求，建设一批由国有技术领军企业牵头的体系化、任务型创新联合体。已有国家级创新平台的企业集团，要巩固提升，争创更高等级的创新平台；已有自治区级创新平台的企业集团，要持续发力，争创国家级创新平台；尚未有创新平台的企业集团，要积极创建。到2025年力争每家区管企业至少拥有1个自治区级创新平台，增加10个国家级企业技术中心，以及一批自治区级技术创新中心、工程研究中心和企业技术中心。

4. 建立健全鼓励国企创新的容错纠错机制

在国有企业负责人经营业绩考核计算经济效益指标时，可将研发费用全额视同利润加回，关键核心技术攻关项目的研发费用可提高加回比例；对关键核心技术攻关取得重大突破，在科技成果转化、国际国内标准制定、高水平研发平台建设等方面取得突出成绩的，在考核中给予激励。建立国有企业科技创新责任豁免机制，在履行勤勉尽责义务的前提下，在关键核心技术攻关中因探索创新产生的失误、错误和损失，经认定后在考核中不作负面评价。以国有资本投资、运营公司为主体，设立以市场化方式为主的国有企业科技创新基金。

5. 推动企业"三化"转型

支持国有企业尤其是自治区直属企业带头推进产业高端化、智能化、绿色化"三化"转型升级，利用3~5年实现区直企业年"三化"投入年均增长30%以上，每年实施"三化"改造项目100个以上，完成投资100亿元以上，推动有色金属、钢铁、煤炭、装备制造等传统产业改造提升和产品升级，加快向产业链中高端迈进。加快企业数字化转型步伐。推动企业开展产业互联网、人工智能等新型基础设施投资建设，打造数字化车间、智能化工厂、信息化工程。培育壮大数广集团、北投信创、柳钢东信等一批数字经济龙头企业，推动中国—东盟数字经济产业园成为全区数字经济发展的高地，打造自治区国有企业数字化转型标杆。

（五）潜力在开放

1. 支持企业"向上争取"

健全完善与中央企业常态化工作联络机制，积极对接国务院国资委等，加大协调支持力度，争取让更多中央企业在广西设立区域总部、创新中心、与广西国企联合设立区域性发展基金等，推动其参与"一区两地一园一通道"重大基础设施建设，并投资布局新能源、新材料、装备制造、通信网络等产业，辐射带动国内相关产业向广西转移。

2. 支持企业"对内合作"

引导全区国企主动加强同粤港澳大湾区、长三角等区域国企合作，深化"研发＋制造""总部＋基地"等合作模式，加快与其应用研发、产业促进、孵化转化等创新主体对接，探索学习互鉴，建立跨区域干部交流等定期合作交流机制，以务实举措鼓励双方企业扩大相互投资。

3. 支持企业"向外突破"

支持自治区直属企业在确保风险可控的前提下加强与东盟国家的投资合作，例如支持柳工、玉柴等企业布局海外业务。加强对外投资管理，建立境外投资重点项目清单，规范境外投资行为。

（六）活力在市场化

在当前将国有企业改革推向纵深之际，建立健全国有企业的市场化经营机制，已成为提高国有企业市场竞争力的当务之急。从长远来看，这也是持续激发国有企业活力不可或缺的体制建设。

1. 加快构建市场化经营机制

全面构建新型经营责任制，引入市场竞争机制，建立市场化用工制度、干部人事制度、薪酬分配制度等，增强营利能力，提高"一利五率"。持续推进市场化专业化整合，推动优势资源向头部企业集聚。推动国有控股上市公司市场化改革。推动上市公司增强市场认同和价值实现，支持和鼓励国有股东持股比例高于50%的上市公司引入高匹配度、高认同感、高协同性的战略投资者作为积极股东。建立健全上市公司绩效评价体系，鼓励将证券交易所年度信息披露工作考核结果、价值实现等因素纳入评价体系，推动上市公司加强环境、社会和公司治理建设。

2. 完善职业经理人制度

支持国有企业按照市场化选聘、契约化管理、差异化薪酬、市场化退出原则，进一步规范职业经理人制度。实行内部培养和外部引进相结合，畅通现有经营管理者与职业经理人身份转换通道。加强企业党委（党组）在职业经理人契约化管理和激励约束中的领导作用，严格把好职业经理人"履职关"，规范职业经理人经营决策程序和行为。深入开展职业经理人薪酬试点。

3. 加大资产盘活力度

建立"两资""两非"动态监测机制，出台盘活土地资产措施，推进企业存量土地盘活利用。指导企业全面梳理"两资""两非"，实现清单化管理，督促企业依法依规采取不同方式进行处置，加快低效无效资产市场化出清。充分用好国有大基金，通过"基金＋基地＋产业"模式，推进"产融投"协同发展。用好金融工具特别是直接融资工具。

4. 健全激励机制

推行干部能上能下机制。探索区管企业经营层全面实施任期制和契约化管理，全面落实企业管理人员经营管理责任，广泛推行管理人员竞争上岗、末位调整和不胜任退出机制，集团总部层面要实现全覆盖，二、三级子企业覆盖面不低于80%。把项目制作为"领导力的训练场"，选拔优秀年轻干部在重大项目、关键岗位上历练成长，每年对考核排名末尾、绩效完成低于70%的干部予以调整。推动收入能增能减。实施市场化经营业绩考核，薪酬向价值贡献和关键岗位倾斜。推动中长期激励提质扩面，使经营团队及核心关键岗位人员收益与国有企业长期利益挂钩，制定以增量价值创造为导向的中长期激励管理办法。坚持精神奖励和物质奖励相结合的原则，充分发挥经济效益和精神荣誉带来的双重激励作用。

（七）基础在新治理

习近平总书记强调，要"完善公司治理，推动企业建立健全产权清晰、权责明确、政企分开、管理科学的现代企业制度"[①]。我区国有企业承担了经济稳增长的"顶梁柱""压舱石"作用，必须进一步完善公司治理。

1. 完善现代企业制度

厘清法人治理结构、加强董事会建设、强化内部管理，建立科学决策机制、执行机制、监督机制，提升决策效率和执行力。充分发挥董事会定战略、作决策、防风险等职能作用，开展董事会运行机制评价。针对当前全区外部董事年龄偏大等情况，加快修订企业外部董事管理办法，提升外部董事素质和履职能力。根据新修订的《中华人民共和国公司法》加快研究推出企业公司章程指引。

2. 加快完善依法经营决策机制

参照中共中央办公厅《关于中央企业在完善公司治理中加强党的领导的意见》明确中央企业党委（党组）在公司重大问题决策前置研究的17个重大事项，研究自治区具体实施意见，建立区管企业动态优化调整党委研究决定事项、前置研究讨论事项和负面事项"三张清单"。推动区管企业集团公

---

① 《习近平主持召开中央全面深化改革委员会第五次会议强调 完善中国特色现代企业制度 建设具有全球竞争力的科技创新开放环境》，新华社，2024年6月11日。

司全部建立董事会和外部董事考核评价制度、制定分批分类落实子企业董事会职权工作方案。建立健全区管企业重大经营决策合规审查管理机制。

3. 深化混合所有制改革

吸引民营资本积极参与国有企业的混合所有制改革，同时推进国有资本积极参与民营企业的改革，促进民营企业的发展。在改善资本结构上要取得新进展。采取"增资扩股""协议受让老股+参与后续定增"等方式，深化产权制度改革，引入战略投资者、实施员工持股计划，推动国企与民营企业、外资企业、上下游企业、金融机构等各类市场主体有机融合，实现产权结构多元化。审慎选取混改对象，优先选择在新兴产业、未来产业方面具有一定优势的企业进行混改。

（八）底线在防风险

从近年来全区国企发生的生产经营风险来看，部分企业在债务、融资、担保、借款、贸易等方面仍存在风险隐患，必须增强忧患意识，保持对风险防范和管控的敬畏，始终绷紧防范风险的这根弦，既要关注企业"造血"，也要防止企业"出血"，更要做好企业"止血"；既要高度警惕"黑天鹅"事件，也要防范"灰犀牛"事件。

1. 强化企业合规管理

指导企业深化企业建设，紧盯重点领域、关键环节和重要人员，深入开展合规管理体系有效性评价，健全严监管强约束的企业内控体系，提高企业穿透监管能力。加强企业合规管理队伍建设，研究出台总法律顾问和首席合规官管理办法，力争重要直属企业和重要子企业总法律顾问或首席合规官比率超过70%。推动总法律顾问或首席合规官进入领导班子。

2. 加强协同监管

在党内监督统筹协调下，进一步厘清审计、财务、法律等业务部门监督职能，加强各业务部门之间的横向协同、各层级单位之间的纵向协同，推进自治区审计、政法、国资、财政、金融等相关部门的协同联动，加强自治区对市一级国资国企监管部门指导和监督，加快构建衔接顺畅、贯通融合、监督有力的国资监督工作新格局。探索建立将财政金融类区管企业划分由财政、金融部门分管的机制。

3. "一企一策"管控资产负债率

力争区管企业债务水平保持在合理水平。聚焦监管企业及所属企业贸易业务、股权投资、工程建设、资金管理、对外担保、金融业务等领域，常态化开展违规投资专项整治工作。探索建立区管企业风险基金，为出现资金缺口的企业解决燃眉之急。从严控制风险增量。直属企业不得新设、收购、新参股各类金融机构，对服务主业实业效果较小、风险外溢性较大的金融机构原则上不予参股和增持。分级分类解决企业亏损问题。经营性亏损企业通过严控成本、优化融资结构、实施技术改造、积极拓展市场等措施提高盈利水平，确实扭亏无望的，原则上清理退出；对政策性亏损企业，要加强运营管理、降本增效，并积极争取有关政府部门政策支持，力争实现盈亏平衡甚至扭亏为盈；对处于培育期的亏损企业，力争做到培育期内亏损额不断减少，尽可能缩短培育期。

4. 加强风险管理和内控体系建设

健全落实事前事中事后监管闭环机制，严格规范重要岗位和关键人员在授权、审批、执行、报告等方面的权责。编制覆盖自治区、市、县（市、区）三级问题较多的重点管控企业名单，强化业务规范、考核约束、违规追责等联动机制。健全数字化监管模式。建设统一的信息化数字化监管基础后台设施，对业务和资金流程流向全覆盖记录；不断完善广西国资国企在线监管系统功能，实现全流程、无障碍、穿透式的数字化国资监管。深入开展各级政府拖欠国有企业应收账款清理工作。

课题组组长：覃　超
课题组副组长：荣先恒
课题组成员：陆　敏　余　竞　任建勋　刘梦夏　尚毛毛
周吉意　甘柳燕　谢名雪　韩佳倩　刘继业

广西充分激发各类经营主体活力对策研究

摘要 自治区党委、政府扎实落实"两个毫不动摇"，全面深化改革开放，持续优化营商环境，不断激发经营主体活力。广西各类经营主体发展较快，在总量规模、发展质量效益等方面明显提升，但近年来由于受国际形势、新冠疫情等多重因素影响，发展遇到困难，迫切需要进一步激发活力。本课题总结分析广西激发各类经营主体活力的主要做法、成效和存在的困难、问题，借鉴部分省份经验，提出从优服务稳预期、降成本增质效、快审快批快办、科技创新赋能、促公平破壁垒、深化开放合作等方面着手激发各类经营主体活力的对策建议，供自治区党委、政府及相关部门决策参考。

中央经济工作会议提出，不断完善落实"两个毫不动摇"的体制机制，充分激发各类经营主体的内生动力和创新活力。经营主体是我国经济活动的主要参与者、就业机会的主要提供者、技术进步的主要推动者，经营主体活力代表着经济发展活力。自治区党委、政府扎实落实"两个毫不动摇"，全面深化改革开放，持续优化营商环境，针对广西各类经营主体发展中的困难，出台政策措施，不断激发经营主体活力。广西各类经营主体在总量规模、发展质量效益等方面明显提升，但近年来由于受国际形势、新冠疫情等多重因素影响，发展遇到困难，迫切需要进一步激发活力。本课题在深入调研基础上，总结分析广西激发各类经营主体活力的主要做法、成效和存在的困难、问题，借鉴部分省份经验，提出从优服务稳预期、降成本增质效、快审快批快办、科技创新赋能、促公平破壁垒、深化开放合作等方面着手激发各类经营主体活力的对策建议，供自治区党委、政府及相关部门决策参考。

一、广西充分激发各类经营主体活力的主要做法及成效

（一）广西各类经营主体发展的基本情况

1. 国有企业发展态势平稳

2023 年自治区全区国资委系统国有企业实现营业收入 9707.98 亿元，同比增长 7.91%；利润 128.19 亿元，同比增长 82.03%；资产总额 52436.28 亿元，同比增长 8.09%（见表 14），主要集中在金融、建筑施工、机械制造、汽车、冶金、农林、能源、交通运输、仓储物流、文旅康养等领域。2024 年上半年，全区国资委系统国有企业资产总额为 54364.77 亿元，同比增长 6.39%；应交税费总额 149.78 亿元，同比增长 3.60%；实现劳动生产总值 569.35 亿元，同比增长 4.16%；职工人数（不含劳务派遣人员）30.47 万人，同比下降 1.53%；出口产品销售收入 93.24 亿元，同比增长 16.42%。

表 14 2023 年广西国资委系统国有企业财务状况

指标	当年累计（亿元）	同比增减（%）
一、资产负债状况		
1.资产总额	52436.28	8.09
2.负债总额	36569.71	9.14
3.所有者权益总额	15866.57	5.73
二、1—12 月运营状况		
4.营业收入	9707.98	7.91
5.利润总额	128.19	82.03
6.劳动生产总值	1122.92	6.68
7.应交税费总额	304.60	−3.37
8.职工薪酬（不含劳务派遣费用）	506.76	−0.25
9.职工人数（万人）（不含劳务派遣人员）	30.97	−1.88
10.固定资产投资额	2603.95	−7.96
11.出口产品销售收入	146.57	28.53
12.新产品产值	249.19	−7.69

2. 民营企业发展彰显活力

民营企业在广西的经济活动中扮演着越来越重要的角色，对推动外贸稳增长发挥了突出的作用。2023 年广西进出口总值达到了 6936.5 亿元，同比增长 7.3%；其中民营企业进出口总值占据重要地位，达 4364.6 亿元，增长 7.5%，占进出口总值的 62.9%。这一占比已经连续 5 年超过 60%，显示出民营企业在广西对外贸易中的重要作用和贡献。2023 广西百强民营企业营业收入总额 6628.53 亿元，同比增长 8.7%；纳税总额 159.91 亿元，研发投入总额 81.03 亿元，取得明显提升。2024 年上半年，全区经营主体 439.6 万户，其中民营企业 108.5 万户、个体工商户 311.9 万户，民营经济主体占 95.6%。2024 年上半年，全区外贸进出口总额 3452.8 亿元，同比增长 12%，其中民营企业进出口额 2381.7 亿元，同比增长 32.6%，比全国高 21.4 个百分点，规模占全区的比重提升至 69%。2024 年一季度广西民营企业运行状况问卷调查（2476 家民营企业参与）结果显示：广西民营经济运行积极因素增多，民营企业主要经营指标稳中有升，民营经济发展整体平稳。

2023 年广西民营企业 25 强的情况见表 15。

表 15　2023 年广西民营企业 25 强

序号	企业名称	地区	营收（亿元）
1	广西盛隆冶金有限公司	防城港市	803.68
2	广西南丹南方金属有限公司	河池市	601.14
3	桂林力源粮油食品集团有限公司	桂林市	402.75
4	广西贵港钢铁集团有限公司	贵港市	285.17
5	吉利百矿集团有限公司	百色市	198.04
6	广西桂鑫钢铁集团有限公司	贺州市	163.93
7	广西渤海农业发展有限公司	北海市	147.87
8	广西信发铝电有限公司	百色市	133.90
9	广西洋浦南华糖业集团股份有限公司	南宁市	119.65
10	梧州金升铜业股份有限公司	梧州市	113.19
11	广西平铝集团有限公司	百色市	93.22
12	柳州津晶电器有限公司	柳州市	86.91
13	广西欣茂再生资源回收有限公司	防城港市	85.87

序号	企业名称	地区	营收（亿元）
14	梧州市鑫峰特钢有限公司	梧州市	76.98
15	广西中伟新能源科技有限公司	钦州市	66.06
16	梧州市永达钢铁集团	梧州市	62.09
17	广西湘桂糖业集团有限公司	南宁市	60.75
18	广西梧州市金海不锈钢有限公司	梧州市	60.51
19	广西方盛实业股份有限公司	柳州市	54.27
20	广西登高集团有限公司	百色市	53.93
21	防城港澳加粮油工业有限公司	防城港市	45.16
22	靖西天桂铝业有限公司	百色市	41.87
23	柳州国轩电池有限公司	柳州市	39.55
24	广西田东锦盛化工有限公司	百色市	34.96
25	广西金源生物化工实业有限公司	贵港市	34.30

3. 外资企业发展面临压力

2023 年，广西新设立外商投资企业 657 家，同比增长 22.8%；实际使用外资金额 86.8 亿元人民币，同比下降 4.55%。从行业看，制造业实际使用外资金额 38.3 亿元人民币，同比增长 70.67%；服务业实际使用外资金额 41.46 亿元人民币；同比下降 38.48%；建筑业实际使用外资金额 4.03 亿元人民币；高技术产业引资 32.44 亿元人民币，占实际使用外资金额的比重为 37.37%，较 2022 年提升 25.93 个百分点。从来源地看，中国香港地区、英国、新加坡实际投资占全区的比重分别为 61.72%、26.46%、7.26%。

受以美国为首的发达国家多轮加息、贸易保护、长臂管辖等多重因素影响，2024 年以来全区实际使用外资下行压力较大，上半年广西新设立外商投资企业 252 家，实际使用外资金额 9.89 亿元人民币（见图 23）。从行业看，制造业实际使用外资 2.34 亿元人民币；高技术产业引资 3.23 亿元人民币，占全区比重为 32.67%。从来源地看，中国香港地区、英国、中国澳门地区实际投资占全区的比重分别为 89.56%、5.06%、1.52%。

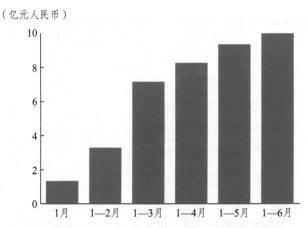

（亿元人民币）

图 23 2024 年 1—6 月广西累计实际使用外资情况

4. 其他经营主体发展情况

2023 年，广西新登记个体工商户 47.33 万户，实有个体工商户 309.91 万户，注销 47.42 万户。个体工商户新登记数量与注销数量基本持平，与 2023 年上半年的新登记注销比（74∶100）相比有所回升，个体工商户的新陈代谢速度加快。农民专业合作社期末实有 6.26 万户，本期登记 0.32 万户（见表 16）。

表 16 2023 年广西市场主体登记注册户数统计　　　　单位：万户

指标名称	期末实有	本期登记
合计	435.69	61.15
一、企业	119.6	16.14
其中：国有、集体及其控股企业	11.76	1.65
私营企业	107.07	14.41
外商投资企业	0.77	0.08
二、个体工商户	309.82	44.69
三、农民专业合作社	6.26	0.32

（二）广西激发各类经营主体活力的主要做法及成效

2024 年国务院政府工作报告提出，要不断完善落实"两个毫不动摇"的体制机制，为各类所有制企业创造公平竞争、竞相发展的良好环境。广西对标中央部署要求，牵住深化经济体制改革这个"牛鼻子"，高标准、高起点谋划改革"施工图"，瞄准制约全区高质量发展最突出的问题、企业群众最期盼的领域，大刀阔斧推进经济体制改革，为推动高质量发展注入强劲动力。

1. 强化顶层设计，完善落实"两个毫不动摇"的体制机制。

（1）注重增强国有企业核心功能

在全面完成国企改革三年行动（2020—2022年）任务基础上，为加快全区国有经济布局优化和结构调整，完善中国特色国有企业现代公司治理和市场化运营机制，制定了《广西壮族自治区国有企业改革深化提升行动实施方案（2023—2025年）》，鼓励企业在完善公司治理、市场化经营机制、强化激励约束等方面深化改革、探索创新，不断压紧压实地市和企业责任，深入扎实推进各项国有企业改革任务落实落地。截至2024年4月底，国企改革深化提升行动方案明确的181项任务，已完成70余项，占比接近40%。

（2）大力推进营商环境提质增效

制定《广西促进民营经济高质量发展若干措施》，优化民营经济发展环境，支持民营经济最大限度释放活力潜力，加快全区民营经济高质量发展，助力打造国内国际双循环市场经营便利地。召开全区优化营商环境大会，实施"补短提弱、品牌领跑"专项行动，推进改变"新官不理旧账"专项行动，纪委监委牵头组织专项监督检查，高位部署、系统推进营商环境改革。召开全区中小企业工作会议，制定实施《广西全区促进中小企业发展2023年工作要点》，实施中小企业梯度培育"三个一"工程。制定《广西壮族自治区市场主体多领域轻微违法行为免罚清单和可以不采取行政强制措施清单（2021年版）》《中国（广西）自由贸易试验区市场主体轻微违法行为免罚清单（2021年版）》等，提质降费，切实减轻企业负担。制定《广西壮族自治区知识产权保护和促进条例》，加强知识产权法治保障。推进深化知识产权运营机制改革，建立区市联动的知识产权质押融资模式，获评全国知识产权质押融资及保险典型案例。

（3）不断健全科技创新体制机制

成立自治区教育科技人才综合改革专项小组办公室，统筹推进各项改革措施。制定《广西科技创新平台优化整合方案》，优化创新平台体系，推动各类平台有机融通和相互支撑，夯实科技创新物质技术基础。出台《广西科技计划项目贷补联动管理办法（试行）操作细则》等文件，推动各类创新要素向企业加速集聚。实施科技创新"六大工程"和高质量发展"六大行动"，大力加强创新企业库、平台库、项目库、产品库、人才库"五库"建设，对标国内外行业一流企业，紧盯关键核心技术，加大研发投入力度，提高科技创新能力，提升核心竞争力。

（4）不断完善监督管理反馈制度

建立经营主体反映问题响应处置机制，推动常态长效解决经营主体堵点卡点问题，健全受理、分办、处理、评价、督办、运用等工作程序，建立完善问题受理、科学分办、解决处置、跟踪督办、反馈评价的全流程管理机制，让企业、个体工商户、农民专业合作社等各类经营主体求助"有门"、发展"有路"、解困"有效"，全力打造"营商广西·桂在便利"服务品牌。

2. 持续深化改革，做强做优主业，提高核心竞争力

（1）抓好国企改革深化提升

一是全面完成国企改革三年行动（2020—2022年）任务。191项改革任务胜利完成，中国特色现代企业制度更加稳固，国有资本结构整体优化，三项制度改革更大范围落地见效，国资监管体制实现系统重塑，国有经济战略支撑作用更加显著，党的领导和党的建设得到根本性加强。二是加快推进一流企业创建。召开全区国资国企创建一流企业暨科技创新工作会议，制定培育和建设一流企业方案和开展对标世界一流企业价值创造行动实施方案，开展一流企业重大课题研究，建立一流企业创建评价指标体系，初步建立由世界一流、国内一流、专业领军企业组成的一流企业培育库。

（2）大力发展新质生产力

一是推进产业转型升级。制定国有企业传统产业转型升级和绿色发展方案，推动冶金、机械、汽车、能源等传统产业向高端化、智能化、绿色化发展。广投集团承建的海上风电示范项目首批机组并网发电，实现广西海上风电"零的突破"；页岩气开发项目投产商运，实现"广西人用广西气"。柳工集团建设国际智能产业园，玉柴集团开辟新赛道打造商用车、通用机械、船电、特种、新能源五大动力产品，北港鱼峰集团实现利用工业固废生产环保水泥产品的绿色低碳循环发展等。二是发展战略性新兴产业。制定国有企业

战略性新兴产业发展规划，推动企业加强高端制造、新一代信息技术、新能源汽车、新能源、新材料、节能环保等战略性新兴产业的投资布局，设立科技创新和战略性新兴产业发展基金，培育以发展战略性新兴产业为主的国有资本投资运营公司。2023 年监管企业战略性新兴产业投资达 122.4 亿元，同比增长 21.2%。

（3）优化国有资本布局结构

一是聚焦主业实业发展。出台加强监管企业主责主业管理意见，修订投资、融资担保等管理办法和负面清单，加强企业投资合规管控，指导企业聚焦主责主业发展，近三年来企业主业投资占总投资的比重均在 97% 以上。二是"一企一策"推动企业高质量发展。支持农垦集团打造现代一流食品企业、广旅集团打造世界旅游目的地龙头企业、北港集团打造西部陆海新通道主力军等。出台《支持华锡集团加快提高特色金属产业核心竞争力、建设一流企业三年行动方案（2024—2026 年）》，制定《广西能源集团高质量发展、争创国内一流能源强企三年倍增行动方案（2024—2026 年）》。三是推动企业专业化整合。相继组建广西铝业集团、广西能源集团、广西供应链集团、广西循环产业集团、广西农机服务集团、广西产投资本运营集团。推动宏桂集团所属北部湾产权交易所以市场化方式并购北部湾股权交易所，打造广西统一交易资源大平台。制定广西国有控股上市公司高质量发展实施方案，推动北投集团成功控股广西广电公司，玉柴集团所属华原股份在北交所成功上市。

3. 创新监管方式，构建公平公正法治环境

（1）打造公平竞争环境

全面落实公平竞争政策制度，开展全区妨碍统一市场和公平竞争的政策措施清理，梳理各类政策文件 8307 件，废止、修改 346 件。开展公平竞争审查第三方评估，撤销整改政策文件 42 份。

（2）推进人性化监督执法

切实减少涉企重复检查，在全国率先推行"一业一查"跨部门综合监管新模式，各部门联合"双随机"监管涵盖监管领域 54 个、抽查事项 129 项，同比分别提高 57%、100%。率先开展个体工商户信用风险分类管理试点，试点地区低风险经营主体"无事不扰"实现率达 90% 以上。全面加强信用监管赋能，信用修复实现全程网办，移出经营异常名录 45.89 万户，严重违法失

信企业修复 1854 户。开展"守合同重信用"企业公示，累计公示合同格式化文本 1.38 万份，公示"守合同重信用"企业 1 万多户次，帮助经营主体积累信用红利。

（3）不断优化法治环境

编制《广西壮族自治区市场主体多领域轻微违法行为免罚清单和可以不采取行政强制措施清单（2021 年版）》《中国（广西）自由贸易试验区市场主体轻微违法行为免罚清单（2021 年版）》等，鼓励在现有收费标准基础上下浮 20% 收取鉴定费用，提质降费切实减轻企业负担。深化万所联万会，全区 889 家律所与 111 个县（市、区）工商联、1641 家商会建立联系合作机制，在全国率先实现全覆盖。加强法治民企建设，开展"诉前调解""法治体检""法律三进"等活动 504 次，梳理法律风险点 1176 个。组建"一对一"服务重大企业、重大项目、园区专项法律服务团，开展不公平对待和扰企问题专项整治行动。全区设立 14172 个法律援助联络点，构建法律援助工作站半小时服务圈。

4. 加强科技支持，为企业长远发展提供有力支撑

（1）开展重点产业关键核心技术攻关

组织编制新能源汽车、绿色高效平陆运河建设、现代特色农业等 7 大领域"尖锋"专项实施方案，梳理出亟待解决的"瓶颈"问题清单，凝练形成技术清单，进行项目、资金、平台、人才等一体化部署，遴选有实力的产业链龙头企业牵头、联合其他企业和高校院所开展联合攻关，力求在较短时间内获得关键核心技术突破。全年实施科技"尖锋"行动项目 170 项，总资助经费 12.7 亿元，推动科技与经济对接、创新成果与产业对接。

（2）加强高水平创新平台建设

制定《广西壮族自治区实验室总体建设方案》，加快构建"全国重点实验室—自治区实验室—自治区重点实验室"三级实验室体系。2023 年，非粮生物质能技术全国重点实验室获批重组建设，新增 3 个国家创新型县（市、区）、1 个 2023—2025 年度创新驱动示范市（区）、2 个 2023 年度国家引才引智示范基地等一批国家级科技创新平台。南宁高新区入选国家知识产权服务业高质量集聚发展试验区。自治区批复设立河池、临桂高新区，高新区实现 14 个设区市全覆盖。新增广西林业实验室、广西低碳智能动力实验室 2

家自治区级实验室。

（3）增强企业科技创新主体地位

落实激励企业加大研发经费投入财政奖补、高新技术企业税收优惠等政策，2023年下达研发奖补专项资金2.02亿元，惠及企业1769家；落实奖励办法，首次认定16个广西国内首台（套）重大技术装备。组织开展2023年度科技型中小企业入库评价工作，累计组织4725家企业入库；组织高新技术企业培育入库1434家，年度认定报备高新技术企业1282家。企业研究与试验发展（R&D）经费支出占全区总量的比重连续5年提高，达到78.8%，高于全国平均水平1.2个百分点。柳工欧维姆公司入选"世界一流专精特新示范企业"。玉柴发布了自主开发的首个实现商业化运营的柔性燃料发动机平台，推出全球首台混动电驱无级变速动力总成等具有首创意义的新产品，5项系列标准荣获"中国标准创新贡献奖"标准项目二等奖，实现了广西在该奖项上零的突破。

（4）营造良好创新生态

联合广东省印发《加快粤桂合作特别试验区协同创新发展2023年重点工作任务清单》。举办2023年桂粤科技人才对接交流会，搭建项目技术和人才对接交流平台。成功举办2023年广西科技"两周一展"活动，举办广西"十佳科普"大赛等七大配套系列活动。出台《关于持续开展减轻青年科研人员负担专项行动的工作方案》，充分激发青年科研人员创新活力。获国家自然科学基金立项710项，立项数再创新高，3项"十四五"国家重点研发计划专项项目获得立项。

5. 优化发展环境，为企业发展壮大增加动力

（1）充分利用政策资金促进产业发展

一是争取到中央出台"1010"重要文件、支持建设沿边临港产业园区等重大政策，自治区与工业和信息化部签署了《加快推进广西制造强区建设战略合作协议》，国家发展改革委、科技部等有关部委从政策、资金、项目等方面大力支持广西发展。二是制定《关于推进工业振兴三年行动方案（2021—2023年）》和10条政策措施，每年安排100亿元财政资金、300亿元专项债资金支持工业发展。自治区先后就强龙头壮产业、工业稳增长、工业提速增效、壮大实体经济、重大项目建设一事一议和要素保障等方面出台政

策措施 450 多条，有力保障各项决策落地见效。三是积极争取中央资金支持广西中小企业发展。2023 年，中央财政下达中小企业发展专项资金 26516 万元，包含专精特新、小微企业融资担保降费奖补、中小企业数字化转型方向等。自治区也加大对中小企业发展的支持力度，全年筹措下达中小企业发展资金 7440 万元，支持"小巨人""专精特新"中小企业发展。

（2）主动为企业解难纾困

一是落实落细减税降费政策，以纳税人、缴费人满意为落脚点，深化拓展运用"快速、优化、精准、有效、安全"十字工作法，统筹推进税费优惠政策落地见效。2023 年，全区新增减税降费及退税缓费 392.91 亿元，有力减轻市场主体税费负担。二是深入开展"便民办税春风行动"，接续推出 5 批便民措施，推进 109 项税务总局任务措施和 10 项广西特色创新举措落实落地。认真落实税收协定待遇，强化税费支持政策宣传辅导，落实好境外投资者以分配利润直接投资暂不征收预提所得税政策；深入推进"非接触式"办税，搭建了双语"非居民纳税人跨境办税场景"，实现跨境申报缴税"一次不用来"。三是进一步强化财政金融联动。调整优化"桂惠贷"贴息政策，自治区财政筹措贴息资金近 34 亿元，撬动贷款投放 2132.36 亿元，惠及市场主体 11.25 万户。推动新增政府性融资担保贷款金额 357.25 亿元，新增担保户 3.44 万户。

（3）开展个体工商户分型分类精准帮扶

一是研究制定广西开展个体工商户分型分类精准帮扶提升发展质量的实施方案，建立完善个体工商户分型分类标准。二是推动构建涵盖个体工商户不同发展阶段的政策体系。结合广西实际，在现有的政策体系内，对不同发展阶段和发展水平的个体工商户采取差异化帮扶措施。三是加大对"名特优新"个体工商户的培育力度。在个体工商户分型帮扶基础上，支持和培育一批特色鲜明、诚信经营好、发展潜力大的个体工商户，带动同行业、同类型经营主体实现更好的发展，推动个体工商户高质量发展。2024 年一季度，全区新培育 124 个"名特优新"个体工商户，累计培育 1624 户。

（4）稳步推进对外开放

利用中国—东盟商务理事会机制，深化区域工商交流合作，加强对话协商，开展互访交流，促进双方商协会和工商界企业在贸易、投资、技术、新兴产业等多领域交流合作，推动区域产业链供应链深度融合，将广西打造成为中国—东盟工商界资源的汇集地。高质量实施区域全面经济伙伴关系协定（RCEP），服务企业发展壮大，为企业提供 RCEP 等自贸协定推广实施、原产地证书签发、商事调解与仲裁、知识产权保护等方面的服务。发挥广西国际商会 RCEP 境外企业服务中心的作用，促进双边贸易发展，推动双向投资。

二、广西充分激发各类经营主体活力存在的主要问题

（一）服务企业的质量仍需提高、产业发展认知仍有待深化

政务服务效能有待进一步提升。利企增值服务一体化供给不足。帮办代办能力有待提升，帮办代办队伍仍需壮大，线下帮办代办窗口不多。依托线上线下政务服务渠道的法律、金融、人才、科创、国际贸易等领域定制化、套餐式、模块化的涉企增值服务拓展空间较大。部分助企纾困、产业扶持、投融资、招商引资等帮扶政策宣贯和解读力度不够。对产业发展规律认识存在偏差。在传统产业中孕育的钢铁新材料、化工新材料等新产业属于战略性新兴产业，但由于在分类汇总上无法将其从单个企业内部拆分，只能归入"高能耗"行业或传统产业的"旧箩筐"里。

（二）资源要素保障体系不够完善、企业生产成本仍然较高

用地用林用海用能紧张。各地占优补优、占水补水难以平衡，存在存量土地使用效率不高、增量用地不足的矛盾。企业物流运输成本偏高。企业投融资渠道不畅通。支持工业的财政资金主要是采取直接奖补的方式，采用股权投资、财金联动等方式，发挥财政资金四两拨千斤的作用还不够；企业融资主要手段是银行金融机构贷款，上市融资、股权融资等直接融资手段不多，区内产业发展基金规模不大、投向较为单一、市场化管理不足。引才用工竞争优势不足。部分企业出现"招工难、留工难"现象，受工资待遇不高、生产淡旺季用工需求不同、岗位技能需求较高等影响，用工缺口问题较大。

（三）监督管理方式还需多样化、行政监管效能有待提升

监管协同联动有待加强。部分监管领域涉及多部门多环节，部门之间监管职责边界不清，各环节之间衔接不畅，信息不对称不充分，监管难以协同；区市县乡层层监管，部门检查较频繁，一定程度上干扰了正常生产经营秩序。适应新经济的监管薄弱。一些地方或部门对新经济认识滞后，依照传统模式监管，使新业态经营主体申请注册经营困难，叠加相适应的监管方式、监管能力欠缺，监管"选择性包容"与"选择性审慎"同时存在，适应新经济发展特点的监管制度仍不完善。

（四）科研资源配置效率不高、产业创新水平有待提高

全社会研发投入强度提升缓慢。2023 年广西研发投入强度只有 1.25%，比全国平均水平 2.64% 低 1.39 个百分点，不足全国平均水平的 1/2，综合科技创新水平指数居全国第 22 位。2023 年全区可获认定的高新技术企业数量与 2022 年持平，不及预期目标。产业科技创新能力亟待提升。广西在基础零部件、基础元器件、基础材料、基础软件、基础工艺等"五基"领域攻坚突破的能力还不强，参与国家关键核心技术攻关的项目不多，企业自身研发投入资金不多，创新支撑工业发展的力量不足。

（五）企业发展仍受欠账影响、市场运行仍有梗阻障碍

部分地区拖欠企业账款问题仍然存在。部分市、县（市、区）财政紧平衡状态持续存在，基层"三保"压力较大，传导到企业应收账款增多，现金流压力增大，影响企业扩大再生产。本地配套不足与区内外循环不畅并存。产业链本地配套仍有提升空间。广西机械、纺织、石油、化工、医药类产品，原材料多从广东、福建、浙江省购入，本地化配套能力有待提高。

三、广西充分激发各类经营主体活力的总体要求

（一）总体思路

以习近平新时代中国特色社会主义思想为指导，全面贯彻落实党的二十

大和二十届二中、三中全会精神，坚决贯彻落实中央经济工作会议和中央财经委员会第四次会议部署，深入贯彻落实习近平总书记关于广西工作论述的重要要求。解放思想、创新求变，向海图强、开放发展，不断完善落实"两个毫不动摇"的体制机制，为各类所有制企业创造公平竞争、竞相发展的良好环境。着力发挥"有效市场"和"有为政府"作用，重点打造统一的要素和资源市场，打通制约经济循环关键堵点，促进商品和要素资源在更大范围内畅通流动。加大国有企业市场化改革力度，聚焦主责主业，强化功能定位，更好服务保障产业链供应链和能源资源安全；坚持创新驱动，强化科技创新主体地位，更好地服务实现高水平科技自立自强；进一步发挥行业引领作用，更好带动中小企业融合发展。加强制度设计，完善法律法规，通过在提升服务意识、强化要素保障、创新监管方式方法等方面精准发力，不断优化营商环境，进一步增强各类市场经营主体发展信心，形成充分激发全区市场经营主体活力的强大合力，充分融入国内国际双循环，促进全区经济高质量发展。

（二）基本原则

——坚持以市场为主、政府引导相结合。充分发挥市场在资源配置中的决定性作用，充分激发市场经营主体活力，充分激发群众采购意愿，依靠市场经营主体提供多样化供给和服务。更好地发挥政府作用，加大财税、金融、投资等政策支持力度，打好政策组合拳，引导商家适度让利，形成产品消费规模效应。配合乡村振兴，引导形成"桂字号"产品消费上规模，充分激发县域经济和农村市场活力。

——坚持自主培育、招商引资相结合。通过自主培育和招商引资，持续壮大全区市场经营主体体量和规模。同时，更加注重品牌培育和选树形象，不断推动产业升级。坚持承接产业转移和产业升级同步推进。积极开展招商引资，更加注重招大引强，高水平建设粤港澳大湾区战略腹地，打造承接产业转移"广西模式"。引进和培育若干家具有全国乃至全球影响力的龙头企业，实施补链强链延链工程，构建自主可控、高质高效的产业链体系，打造若干超大规模产业集群。

——坚持鼓励先进、淘汰落后相结合。建立激励和约束相结合的长效机制，在充分激发市场经营主体活力的过程中，更加注重发挥科技创新的引领作用，推动产业创新发展。结合高品质、个性化大宗消费品消费需求，引导区内汽车、机械、钢铁、冶金、化工、纺织、食品等行业企业加快淘汰落后产品设备，推动生产设备更新换代，提升安全可靠水平，通过大规模设备更新着力推动提升传统产业。持续发展壮大新兴产业、加快布局未来产业，促进全区产业高端化、智能化、绿色化发展。

——坚持标准引领、有序提升相结合。对标国内、国际先进水平，结合全区产业发展实际，加快制定修订节能降碳、环保、安全、循环利用等领域的标准。统筹考虑企业承受能力和民众消费意愿，有序推动标准落地实施。推动全区深度融入全国统一大市场建设，加快推进全区产业融入全球产业格局。

（三）主要目标

"十五五"期间，全区经营主体活力得到充分激发，企业创新能力和水平得到较大提升，开放发展活力得到更大释放，企业管理运营水平获得较大提高，企业人才潜能获得全面激发，现代企业制度全面建立。服务企业质量和效率获得较大提升，宏观政策精准高效，监管效能全面增强，建成市场化、法治化、国际化一流营商环境。产业转型升级取得显著成效，传统产业转型升级全面完成，新兴产业和特色产业发展壮大，未来产业初步建立，新旧动能转换取得显著成效，产业链体系基本完善，现代产业体系基本建立。

四、广西充分激发各类经营主体活力的对策建议

（一）聚焦优服务稳预期，营造宽松发展环境

1. 建立健全容错纠错机制

坚持从严管理监督和鼓励担当作为相统一，按照"三个区分开来"的原则，遵循事物发展客观规律，相关主管部门要明确勤勉尽职界定、免责情形、认定程序、结果运用等具体事项，合理把握政策界限，正确看待公职人员在服务民营经济过程中的失误，对该容的大胆容错，不该容的坚决不容，切实破解履职中担当不足"不敢为"的堵点。对干部在改革发展中出现的失

误要进行综合研判，对出于公心、无心之失、履行程序、遵纪守法、影响轻微的决策失误责任依规依纪依法免于追责，对给予免责的领导干部不作负面评价，在各类考核、评先评优、选拔任用、推荐提名、发放津补贴等方面不受影响，免责认定意见可作为单位或个人接受审计、监督检查等工作的重要依据，对收到不实举报且产生不良影响的按规定做好澄清正名工作，让担当作为者放下包袱、轻装上阵，激励领导干部锐意进取、敢闯敢试，营造担当作为、干事创业的良好氛围。

2. 常态化开展与民营企业的沟通交流

建立促进民营经济发展壮大厅际联席会议制度，持续完善党政领导干部与民营经济人士常态化沟通协商、干部挂钩联系服务企业等机制。健全涉民企政策制定充分听取民营企业家意见建议工作机制，建立民营企业诉求收集、转办、督办、反馈闭环平台，探索构建"企业诉求—平台吹哨—部门报到"助企服务制度，不断健全与民营企业常态化沟通交流和解决问题机制，完善民营企业签约项目落地协调机制，切实帮助民营企业解决实际问题。鼓励民营经济人士积极主动沟通交流，支持各地各部门邀请企业家开展常态化座谈交流。充分发挥行业商协会作用，搭建政银企沟通平台。

3. 大力弘扬"桂商"企业家精神

加强对优秀企业家先进事迹、加快建设新时代民营经济强区的宣传报道，引导全社会客观全面地认识民营经济和民营经济人士，定期开展自治区优秀民营企业家和优秀民营企业表彰活动。加强涉民营经济舆情跟踪监测，依法打击以负面舆情为要挟进行勒索等行为。探索建立民营企业社会责任评价体系和激励机制，引导民营企业自觉承担社会责任，不断激发民营企业干事创业热情。

4. 提升利企政务服务质效

用好 12345 政务服务便民热线平台经营主体反映问题响应处置专区，打造联系服务经营主体的"总客服"，优化升级民营企业诉求收集、转办、督办、反馈闭环工作流程。打造企业开办"一站式"办理新体系，实现企业开办"一个环节、一天办结、零费用"。迭代升级企业注销"一网服务"，完善强制注销制度，及时清理"僵尸企业"。丰富政务"云服务"内涵，整合惠企政策、涉企数据、便企服务，搭建营商要素信息掌上服务平台，探索经营主体迁移登记的"云迁移"模式，方便经营主体有序流动。提供专业化人才调研服务，选派熟悉经济工作的专业人才，在全区重点园区担任助企服务员，点对点开展网格化联系走访，服务企业需求、回应企业诉求。

（二）聚焦降成本增质效，助力企业轻装上阵

1. 放大财政资金撬动作用

强化财政金融协同联动。优化"桂惠贷"政策实施机制，提高政策精准度。鼓励财政资金以"拨改担"方式发挥担保的金融杠杆作用，及时拨付政府性融资担保机构资本金、降费奖补等资金，提升财政资金使用效益，增强担保机构金融供给能力，切实缓解企业融资难题。

用好专项债券资金。有效发挥债券资金拉动投资的作用，重点支持一批前期准备工作充足、预期经济社会效益好、带动能力强的基础设施领域项目，促进项目早开工、早建设、早见效。强化政府投资基金引导撬动作用。积极整合财政资金，加大政府引导基金投资和管理力度。按市场化方式完成科创投资子基金的设立和募集投资工作，规范设立广西重点产业基金。

2. 推动融资降成本优结构

降低民营企业债券发行成本，对成功发行债券的注册地在广西的民营企业给予承销费用财政补助。加大力度落实创业担保贷款改革，支持创业企业降低融资成本。优化中、小、微企业贷款贴息政策，降低融资门槛及担保费用，支持自治区再担保公司全额免除再担保费，并在三级资产比例管理、放大倍数等方面适当提升监管容忍度，积极发挥融资担保增信作用，鼓励各级政府性融资担保机构弱化和创新反担保措施，提高纯信用业务占比。加大上市挂牌后备企业挖掘培育力度，健全自治区、市两级企业上市重大问题协调解决机制。强化资本市场工具运用，引导企业综合运用股权、债券、基础设施不动产投资信托基金（REITs）扩大直接融资，推动合格境外有限合伙人（QFLP）高质量合规发展，支持企业发行绿色债、创新创业债、科技创新债等创新品种。

强化对重点领域的支持。加大对科创企业融资支持，充分发挥创新驱动发展投资基金和融资担保基金作用，探索建立科技类企业银行授信批量化处理模式。持续深入推进"险资入桂"，探索设立保险资金股权合作产业投资

基金。强化政银企融资对接服务，围绕中国—东盟产业合作区、重大项目等领域开展融资对接活动。

提升薄弱环节金融服务水平。优化"桂惠通""桂信融"等平台功能，大力推广以应收账款、政府采购订单等动产为核心的线上供应链融资。推进"桂惠农"广西农村信用信息系统建设，加强涉农信用信息共享应用。持续扩大"防贫保"覆盖面，推进商业保险产品创新，完善新市民等重点群体金融服务。

3. 激发各类人才活力和潜能

建立民营经济代表人士数据库，优化民营经济代表人士队伍结构，稳妥做好推荐优秀民营经济人士作为各级人大代表候选人、政协委员人选工作。支持民营经济代表人士在国际经济活动和经济组织中发挥更大作用。完善民营企业培训制度，构建多领域多层次、线上线下相结合的培训体系，建设青年创业导师库，健全年轻一代民营经济人士培育"导师制"，凝聚年轻一代桂商力量。

强化高层次人才服务保障，助力企业引进人才。开展"自治区高层次人才认定""自治区特聘专家""广西人才小高地"等自治区有关重大人才项目支持对象遴选工作，在组织实施中向企业倾斜；优化项目实施细则，为项目实施提供更多的政策支持；加大项目指导和考核力度，帮助企业聚集培养一批推动行业发展和产业集聚的高层次领军人才。加强博士后科研工作站建设，加大博士后创新实践基地建设力度，培养一批符合全区产业发展需求和助力企业茁壮成长的青年高层次后备人才。通过"一产一策""一链一策"，实现产业链、人才链、创新链融合发展。依托广西高层次人才"一站式"服务平台开辟"绿色通道"，为高层次人才高效集中办理待遇落实、生活保障等各类服务事项。依托广西中关村创业创新基地，持续引进海内外高层次人才。

加大企业用工指导支持力度，着力降低企业用工成本。开展"就业暖心·桂在行动"专项服务活动，组织开展民营企业服务月、金秋招聘月等就业服务专项活动。提高招聘活动举办频次，突出专业性、行业性、针对性特色，精准搭建"双选"平台。进一步优化广西就业平台，简化业务办理材料，提升平台使用便捷度。落实"企业用工结对、缺工响应、用工信息发布、规范用工"四项机制,为重点企业提供"一对一"用工服务。对有用工需求的企业,有针对性地推荐其参加公共就业服务专项行动、落实"点对点"送工服务,并提供用工指导服务;延续阶段性降低失业保险费率、降低工伤保险费率、稳岗返还等政策,推动各类市场经营主体降低用工成本。紧贴广西产业发展和重点企业用工需求,大力开展订单式、定向式、项目制职业技能培训。

4. 强化企业发展要素保障

优化土地指标配置,引导鼓励受"三区三线"限制的产业园区扩区调区,优化园区用地结构,加大存量建设用地盘活力度,实现项目投资早落地、早建成、早投产。优化排污总量指标管理,建立自治区、市、县(市、区)三级排污总量指标储备库,实现分级储备、先备后用。对低压中小企业电力接入工程实施优惠政策、对小微企业和个体工商户实施阶段性电价优惠,降低企业用能成本、增强企业获得感。对签订劳动合同招用新成长劳动力或登记失业人员并按规定参加职工社会保险(新成长劳动力须为首次参保)的企业给予招工补贴。开展"审批直通车"服务,严格落实企业投资项目承诺制规定,推动环境影响评价审批、节能审查等事项限时并联审批,切实提升项目审查审批效率,做好要素服务保障,最大限度发挥各类政策叠加作用。

(三)聚焦快审快批快办,推动监管效能提升

1. 深化"放管服"改革

升级"证照分离"服务,对经营主体注册登记的经营许可事项实行先发证后核实,扩大"免审即得"。进一步深化线上审批改革,扩大电子证照覆盖面,建立证照统一查询共享平台,使企业办事更便捷高效。继续优化政务服务流程,实现更多事项网上办理,推动跨部门、跨地区通办服务,不断提升政务服务水平。深化商事制度改革,探索"一照多址"改革试点,把企业多个经营场所、住所全部整合到一张营业执照中,精简审批流程、节约成本,助力企业抢占市场先机。推动港资澳资企业"一地两注、跨境通办",主动融入服务粤港澳大湾区市场。

2. 深化准入准营改革

全面实施市场准入负面清单制度，严格落实"全国一张清单"管理模式，定期开展违背市场准入负面清单案例排查和归集工作，及时发现各种市场准入隐性壁垒，推动"非禁即入"全面落实。高效承接不含行政区划名称的企业名称申报登记改革、经营主体登记审查要点应用等试点。在全区范围推行"企业身份码"改革，拓展电子营业执照应用，逐步实现"一企一照一码"。持续推行市场准入一体化登记，探索变更登记"一键通"改革，实现更多高频事项"一件事一次办"。优化行政许可服务，推进登记注册全流程标准化、规范化、便利化。全面落实简易注销、普通注销制度，完善企业注销"一网服务"平台，着力构建经营主体准入准营退出全生命周期服务体系。推动"一照通行"改革，合并办理高频办证事项与营业执照，提升市场准入透明度和可预期性。

3. 创新分类监管模式

探索建立各类经营主体"生存型""成长型""发展型"划分标准和"名特优新"名录库，针对不同类型的经营主体出台差异化、有针对性的扶持措施。总结个体工商户信用分类管理试点工作经验，夯实信用信息数据归集基础，构建经营主体信用分类指标体系，强化分类结果与"双随机、一公开"监管的衔接，进一步实施柔性执法、包容审慎监管，对于轻微违法行为采取减免罚款政策，以更温暖的执法方式指导个体工商户合规经营。

4. 健全完善反映问题响应处置机制

参照优化营商环境领导小组机制调整的做法，将自治区经营主体反映问题响应处置工作小组作为市场经营便利地工作领导小组的直接下设机构，明确工作小组成员单位职责分工。用好"个体工商户服务月"等各类平台，在经营主体集中场所推介经营主体反映问题响应处置机制。启动"全区经营主体反映问题接待日"。打造联系服务经营主体的"总客服"。深入推进跨部门"双随机、一公开"监管，推行"一业一查"，避免多头执法、重复检查。加强部门联动，依法开展信用约束和联合惩戒，让失信主体一处违法、处处受限。完善信用修复机制，鼓励企业自我纠错、重塑信用，持续优化营商环境，促进经营主体量质齐升，为经济持续恢复向好提供更大规模、更高质量的力量载体。

5. 优化政策解读服务

及时跟踪研判国家政策法规变化，对市场主体关心的政策进行通俗易懂的解读，多渠道推送给企业，帮助企业准确理解和充分利用国家政策，防范政策误读风险。在涉及政策、规划、标准制定和评估等方面，充分收集企业在实施国家政策过程中遇到的问题，并及时反馈。解决好政策落实"最后一公里"问题，强化部门联动，制定惠企政策落实清单，根据各类经济主体的特点，因地制宜、分类施策，优化政策执行方式，推动各项优惠政策精准直达快享，变"企业找政策"为"政策找企业"，充分发挥政策效能，增强经营主体获得感。

（四）聚焦科技创新赋能，驱动转型升级

1. 做好科技赋能产业升级工作

立足广西资源禀赋和产业基础，紧盯全国产业链布局，聚焦绿色高效平陆运河建设、现代特色农业等领域，继续组织实施科技"尖锋"行动和一大批科技重大专项，加快打造若干体现广西特色和优势、具有较大规模和较强带动力的支柱产业，发展新质生产力。以打造支柱产业和龙头企业为抓手，积极补链强链延链，辐射带动众多中小企业，优化产业生态，打造国家级产业集群。

前瞻布局未来产业。引导各地成立未来产业专项基金，完善财税金融支持政策，在条件相对成熟的地区打造人工智能小镇，提供研发平台、创业政策等配套，厚植创新土壤，支持低空经济、人工智能、量子信息等未来新兴产业项目创新孵化。推动企业数字化智能化改造，推广数字化工厂集成应用系统，推动新场景新模式在传统制造领域的应用，打造智能制造示范工厂，推动传统业态升级和现代化产业体系构建。完善绿色发展市场机制，探索建设一批零碳工厂和零碳园区，为绿色发展注入动力。

2. 深化科教人才综合改革

针对广西科教资源相对不足的实际，实现科教创新和产业创新融合，主动加强同京津冀、长三角、粤港澳大湾区等科教发达地区合作交流。强化教育科技人才综合改革专项小组办公室协调沟通功能，推动在强化企业科技创新主体地位、转制科研院所改革发展等方面出台相关文件，启动职务科技成

果转化管理改革等试点工作。"向上配置"与"向下配置"相结合，对获得国家自然基金项目予以配套或奖励支持，对自有经费充足、科研人员集中的单位开展自筹科研项目予以匹配。坚持"带土移植""厚土培植"，继续实施"在桂外国专家安心计划"，开展新一批"八桂学者"等自治区重大人才项目申报遴选工作。

3.激发企业科技创新潜能

支持民营企业参与重大科技攻关，牵头承担工业软件、云计算、人工智能、工业互联网、基因和细胞医疗、新型储能等领域的攻关任务。加大对民营企业研发经费投入的财政补贴或奖补，征集和遴选更多适合政府投资引导基金支持的科创项目，引导企业持续强化研发经费投入，通过科创贷款、科技担保等金融工具促进企业科技成果转化应用，完善职务科技成果转化尽职免责机制。支持民营企业申报广西重要技术标准。落实好国产"首台套、首批次、首版次、首轮次、首套件"产品奖励政策，对民营企业符合条件的产品给予奖励，激发企业及经营者科技创新的积极性、主动性。

4.推动科创平台提级共享

支持民营企业联合高校、科研院所组建一批国家级和自治区级技术创新中心、工程技术研究中心、工程研究中心、企业技术中心、博士后科研工作站等研发平台。设立民营企业科技创新基金，对新获批民营企业牵头组建的全国（国家）重点实验室、国家工程研究中心、国家技术创新中心、国家制造业创新中心、国家产业创新中心等，给予专项资金支持。在确保安全、自主、可控前提下，支持自治区实验室、人工智能、云计算等创新基地（平台）向民营企业开放，梳理出适合产业化的技术、适合技术应用的场景，完善产业专家和后备人才、小试和中试基地等配套，推动产品设计、研发和知识共享，加速技术成果转化及产业化，实现创新资源共享。

（五）聚焦促公平破壁垒，打造一流营商环境

1.清理、废除妨碍统一市场建设的政策

深入实施公平竞争政策，破除妨碍要素市场化配置和自由流动的制度障碍，促进经济循环畅通，更好地服务和融入全国统一大市场。强化竞争政策基础地位，研究建立区域市场不公平竞争诉求解决机制，维护广西企业和

产品在全国统一大市场中的正当权益。严格落实公平竞争审查制度，及时清理、废除含有地方保护、市场分割、指定交易等妨碍统一市场和公平竞争的政策。

强化民生领域反垄断执法"破壁"专项行动，重点查处垄断协议行为、滥用行政权力排除和限制竞争行为、滥用市场支配地位行为。组织开展反不正当竞争专项执法行动，重点查处互联网领域的不正当竞争行为，规范民生领域的营销行为，维护企业品牌和信誉。

持续开展涉企违规收费整治工作，切实减轻企业费用负担。加强市场秩序综合治理，加强网络、广告等重点领域监管，加快广西统一大市场智慧监管工程建设，为构建适应统一大市场建设长效监管机制提供有力支撑。

2. 完善拖欠账款常态化清理机制

加大对拖欠民营企业账款清理力度，重点清理机关、事业单位、国有企业拖欠中小企业账款。深入落实《保障中小企业款项支付条例》，持续健全防范和化解拖欠中小企业账款长效机制。加强拖欠企业账款投诉受理、处理，重点督办拖欠中小企业账款金额大、时间久、多次投诉的问题事项，提升全流程工作效率，保护中小企业合法权益。积极发挥动产融资统一登记公示系统、应收账款融资服务平台作用，规范发展供应链金融业务，推动核心企业信用向上下游中小企业传导，利用核心企业信用帮助上游企业增信融资。落实逾期未支付中小企业账款强制披露制度，将拖欠信息纳入政府信息主动公开范围，不定期通报拖欠账款清偿进展情况，并将拖欠账款失信记录纳入相关部门绩效考核评价指标。推动将清理拖欠中小企业账款工作情况纳入审计、督查、巡视内容。适时将拖欠账款失信记录纳入营商环境评价体系。

3. 支持民营企业参与重大项目建设

完善民间资本参与重大项目建设机制，支持民间资本参与"一区两地一园一通道"建设，将符合条件的民间投资项目优先纳入自治区层面统筹推进重大项目。围绕基础设施、工业振兴、设施农业、现代服务业、公共治理、民生保障等领域，全面梳理民间资本参与国家、自治区重大工程和补短板项目、重点产业链供应链项目、完全使用者付费的特许经营项目等"三类项目清单"，并创设一批应用场景，通过定期召开项目推介会、搭建统一推介平台等形式，向民间资本推介清单项目、发布应用场景能力清单与机会清单，做好服务对接，加快项目落地实施。探索建立民间投资问题线索"收集—反馈—解决"闭环管理机制，为项目落地创造良好条件。完善民间投资调度机制，择优推荐民间投资增速快、活力强、措施实的设区市，将其纳入中央预算内投资促进民间投资奖励支持专项范围。

（六）聚焦深化开放合作，集聚高端要素资源

1. 大力"引进来"，积极承接产业转移

引导企业积极对接粤港澳大湾区、长江经济带、成渝地区双城经济圈、海南自由贸易区等，培育孵化产业投资项目，为广西重点产业、重点园区、重点区域招商引资提供精准化、高质量的项目来源和渠道支持，实现招商引资高效有力，不断为广西市场主体提供源头活水。

发挥产业投资对产业导入的引领作用。通过产投、创投等灵活有效的模式将资本导入科创、将科创导入企业、将企业导入广西，促进资本、科技、产业、地区有效融合、良性循环，推动更多优良资本、先进产业流向广西。

建立健全招商引资全流程协作机制，建立自治区有关区直单位、各设市区、产业园区、驻外招商队伍与产业合作发展公司的沟通对接、协同合作和承接落地服务机制，明确各单位的职能分工和具体任务，推动服务招商引资全过程的投资、审批、生产等各种资源要素高效配置，实现招商引资信息互通、资源共享。

2. 大胆"走出去"，积极开拓国际市场

支持企业用足用好《区域全面经济伙伴关系协定》（RCEP）等规则，深耕海外市场。加快实施企业国际化战略，坚持市场导向、要素资源导向、科技创新导向相结合，鼓励有实力的企业通过海外投资、工程承包、国际贸易等方式"走出去"，加强两个市场、两种资源融合发展。强化部门协同，加强分级分类监管服务，在国外市场环境认知、投资审批、人员出境手续、投资风险提示、国际市场资源链接等方面为民营企业提供便利条件，引导企业强化海外投资尽职调查、海外合法合规经营、经营风险管控，实现广西企业发展"墙外开花墙内香"。

加大"桂品"出海力度。组织举办"广西好品"东盟专场供需对接等

活动，支持汽车、机械、冶金、电子等行业重点企业开拓境内外市场，精准服务龙头企业扩大进出口规模。创新发展销售新模式新业态，增加中国（广西）商品博览会展出国别数量，依托跨境电子商务综合试验区，进行"丝路电商"合作先试先行探索，创新"跨境电商＋产业带"模式，引育一批跨境电商企业，提供市场开拓、外贸等一站式服务，对跨境电商交易平台、海外仓建设等给予政策资金支持，通过跨境电商扩大需求，提升经营主体生产活力。在确保安全自主可控前提下，提升民营企业在产业链供应链关键环节的供应能力，加快构建植根广西、面向东盟的产业链体系。研究建立民营跨国公司培育机制，鼓励民营企业参与共建"一带一路"，参与推动中马两国双园、中国·印尼经贸合作区等重点园区建设。

3. 完善配套设施，畅通区内外循环

推动与东盟开放合作。抢抓中国—东盟自贸区 3.0 版进一步推动贸易和投资自由化、便利化发展机遇，促进与东盟绿色经济合作，扩大双边绿色农产品贸易。积极打造面向 RCEP 和东盟的国内国际双循环市场经营便利地。聚焦生产性服务业、跨境产业合作、汽车产业与工程机械、跨境产业链等领域，加快高质量实施 RCEP 示范项目集聚区建设。建立完善跨境供应链平台机制。大力推进沿线城市口岸基础设施升级改造和扩大开放，推进与中南半岛重点口岸城市互联互通和经贸合作，畅通跨境物流大通道。

深化广西自贸试验区建设。聚焦国际高标准经贸规制，深入对标《全面与进步跨太平洋伙伴关系协定》（CPTPP）、《数字经济伙伴关系协定》（DEPA），结合广西自贸试验区实际情况，在区域合作、标准互认、知识产权保护合作、商事仲裁合作、贸易投资便利化、金融服务等方面开展开放压力测试。聚焦开放平台联动发展，加快推进自贸试验区协同发展区建设，强化与中国—东盟产业合作区协同发展。与云南、黑龙江等沿边自贸试验区加强政策联动、创新协同，共同向国家争取政策支持。加强与粤港澳大湾区和海南自由贸易港合作，建立粤桂琼自贸试验区（港）联盟，积极承接东部产业转移。

提升口岸开放和通关便利化水平。持续推进口岸基础设施建设，推进通关便利化，保障口岸安全畅通，为企业提供高效通关服务和稳定的通关预期。补齐口岸能力短板，围绕外贸"新三样"、沿边临港产业园区建设等通关新需求，谋划建设专业化口岸通道，配套相关设施设备，拓展口岸服务功能，提升口岸服务水平。以中越智慧口岸建设为牵引，推进全区口岸数字化转型，探索口岸通关新模式，打造现代化、智慧化国际物流大通道重要枢纽。

课题组组长：唐毓流

课题组副组长：黄　红　刘祖喜

课题组成员：那　鹏　张　旗　王　勇

曹　丽　李玉琴　林子栋